走向高效生态发展之路

——《黄河三角洲高效生态经济区发展规划》实施五年回顾与展望

主　编　王忠林
副主编　秦　柯　梁文跃
　　　　李永红　李　涛

山东大学出版社

《走向高效生态发展之路》编委会

前言

黄河三角洲位于渤海南部的黄河入海口沿岸，其建设发展经历了一个漫长的历史进程。解放前的黄河三角洲“雨天水汪汪，晴天白茫茫”，处于沉睡、封闭、贫困、落后状态。新中国成立后，国家在三角洲相继建立了一些农场、林场和军马场。20世纪60年代，石油天然气资源的勘探开发惊醒了这块沉睡的土地，在这里诞生了我国第二大油田——胜利油田。但总体上看，由于起步较晚，基础薄弱，黄河三角洲经济社会发展在全省处于相对落后的水平。改革开放以来，山东历届省委、省政府团结带领干部群众，背靠大海，聚精会神，改革创新，真抓实干，黄三角地区经济社会发展迅猛。90年代，山东省委、省政府将黄河三角洲开发列为全省两大跨世纪工程之一，摆上了重要议事议程；进入21世纪，黄三角建设相继进入国家“十五”计划、“十一五”规划，黄三角的农业生产能力显著提升，工业生产快速发展，形成了石油装备制造、海洋化工、轮胎、造纸、纺织、农产品加工、黄金加工等一批竞争力较强的支柱产业，社会事业得到长足发展，为黄河三角洲高效生态经济区上升为国家战略奠定了坚实的基础。

2009年11月23日，国务院正式批复《黄河三角洲高效生态经济区发展规划》(以下简称《规划》)，这是我国第一个以高效生态为特征的国家区域发展战略，也是山东省第一个进入国家层面的发展规划，为山东转变发展方式、建设生态文明提供了重大战略机遇。围绕《规划》任务目标，山东省委、省政府坚持以科学发展为主线，牢固树立生态优先理念，不断加大环境保护和生态建设力度，大力发展高效生态经济，在建立生态文明发展模式方面进行了有益的探索，为我国高效生态经济科学发展探索新经验和新途径。经过五年多的努力，黄河三角洲高效生态经济区综合实力显著增强，现代产业体系初步建成，特色园区布局初具规模，科技自主创新能力实现新突破，生态文明建设取得新成效，呈现出投入力度大、增长速度快、质量效益好、发展后劲足的良好态势，对全省科学发展发挥着重要的引擎、示范和带动作用，在全国区域经济科学发展上走到了前列，发挥了重要的示范引领作用，得到了国家有关部委的充分肯定，中组部、国家发改委将黄河三角洲高效生态经济区建设确定为全国区域科学发展的典型案例。

对山东的发展，党中央、国务院十分关心、高度重视，习近平总书记多次作出重要指示和批示，要求山东在全面建成小康社会进程中走在前列，强调山东区域发展战略要扎实向前推进，为我们提供了重要指导。党的十八大提出，要继续实施区域发展总体战略，促进区域协调发展。国家启动实施了“一带一路”、京津冀协同发展、长江经济带三大战略，发布环渤海地区合作发展纲要，相继签订了中韩、中澳自贸协定，进一步为山东省实施区域发展战略指明了方向。黄河三角洲高效生态经济区作为全国高效生态改革开放的前沿将继续向纵深推进，深入贯彻落实国家“五位一体”总体布局和“四个全面”战略布署，坚持创新、协调、绿色、开放、共享发展理念，适应把握引领经济发展新常态，积极融入三大战略和环渤海地区发展战略，统筹区域城乡发展，纵向对接、横向协同，进一步优化发展空间，打造全国重要的高效生态经济示范区、重要的特色产业基地、重要的后备土地资源开发区和环渤海地区重要的增长区域。

回顾过去，我们心潮澎湃；展望未来，我们信心百倍。黄河三角洲高效生态经济区建设已经站在了新的历史起点上。我们将更加坚定不移地高举改革旗帜，大胆探索，开拓创新，勇于打破常规，用改革创新解决发展中的问题，建立完善科学发展的体制机制，开启新一轮区域经济协调发展新征程，为实现山东全面建设小康社会进程中走在前列，提供规划引领和强大引擎，走出一条新型高效生态发展之路。

目录

第 1 部分

总 篇

努力开创黄河三角洲高效生态发展新局面

综观世界经济发展史，大河三角洲既是人类文明的摇篮，同时也是现代市场经济发展的龙头，而位于中国山东半岛北部的黄河三角洲，因其独特的自然地理因素，成为我国最后一块待开发的大河三角洲。黄河三角洲蓄势待发，默默等待着一个机会，一个实现跨越发展的机会。

2009 年 11 月，国务院正式批复了《黄河三角洲高效生态经济区发展规划》，标志着黄河三角洲开发建设正式上升为国家战略。五年多以来，中共山东省委、省政府紧紧把握黄河三角洲高效生态经济区建设的重大战略机遇，通过创造性的发展模式、路径和载体，更加注重开发与保护、资源与环境、经济与生态的有机统一，转变观念，创新思路，调整布局，在发展中促转变，在转变中谋发展，形成了人心凝聚、干事创业的良好氛围，经济社会及文化生态等多方面都发生了巨大变化。

一、政策背景:黄三角经济区发展战略的形成

(一)黄河三角洲的“前世”与“今生”

滔滔黄河是中华民族的摇篮和我国文明的发源地，其蜿蜒万里，奔腾东流，在山东省垦利县注入渤海，全长约 5464 公里。在入海口，由于海水顶托，流速缓慢，大量泥沙在此落淤，填海造陆，形成黄河三角洲。据水文资料记载，由于海水搬运能力差，使约 40％的入海泥沙在河口和滨海区“安家落户”，年均新造陆地 1.5 万亩，同时这里地处荒凉，发展基础较为薄弱，这也是黄河三角洲与其他三角洲主要不同之处。自然地理概念的黄河三角洲可分为古代黄河三角洲、近代黄河三角洲和现代黄河三角洲。近代黄河三角洲，是 1855 年黄河于河南省铜瓦厢决口北夺大清河由注入黄海改注入渤海后冲积而成的三角洲，其范围是以山东省垦利县宁海为顶点，北起套尔河口，南至淄脉沟口的扇形淤积地区。现代黄河三角洲，指 1934 年黄河分流点下移，以山东省垦利县渔洼为顶点的三角洲，北

起挑河湾，南至宋春荣沟口。规划区域内的黄河三角洲，是指以黄河历史冲积平原和山东北部沿海地区为基础，向周边延伸扩展形成的经济区域。

图 1　黄河入海口

由于黄河尾闾摆动大，成陆时间短，土地盐碱化严重，加上交通不便、人口稀少，解放前的黄河三角洲曾经是一片贫瘠荒凉的土地，处于沉睡、封闭、贫困、落后的状态。新中国成立后，国家在三角洲上相继建立了一些农场、林场和军马场，农林牧渔业开始起步。20 世纪 60 年代，石油天然气资源的勘探开发惊醒了这块沉睡的土地，拉开了黄河三角洲大规模开发建设的序幕，在这里诞生的胜利油田成为继大庆油田之后的我国第二大油田。但由于起步较晚，基础薄弱，黄河三角洲经济社会发展在山东省处于相对落后的水平。1978 年，现规划区域内黄河三角洲地区国内生产总值、固定资产投资和地方财政收入分别仅为 19.7 亿元、3.94 亿元和 1.43 亿元。

改革开放以来，山东历届省委、省政府高举中国特色社会主义伟大旗帜，以邓小平理论和“三个代表”重要思想为指导，认真贯彻落实科学发展观，团结带领干部群众，背靠大海，聚精会神，改革开放，真抓实干，黄三角地区经济社会发展明显加速。1983 年，为支持胜利油田建设和实现区域综合开发，国务院批准以胜利油田的主产区——广饶、垦利、利津三县为辖域建立东营市。20 世纪 80 年代，以中共东营市委、市政府为主，黄三角地区党委、政府率先发展高效生态经济，农业生产能力显著提升，以土地改良、中低产田改造为先导，通过引黄河水压碱、培肥地力为主要措施，粮食产量有了大幅度提高，渤海滩涂分层次开发模式获得成功，在滩涂的浅海带、潮间带、潮上带、重盐渍带和轻盐渍带因地制宜发展鱼虾贝类养殖、建设盐场、种植棉花，有效地提高了滩涂开发效益，提高了沿海农民的收入。工业生产快速发展，形成了石油装备制造、海洋化工、轮胎、造纸、纺织、农产品加工、黄金加工等一批竞争力较强的支柱产业，社会事业得到长足发展，为晋升国家战略、建设高效生态经济区奠定了坚实的基础。截至 2008 年，黄三角地区人口达到 980 万，占到全省的 1/10；实现国内生产总值 4700 亿元，占全省的 15%；粮食产量 680 万吨，占全省的 16%；工业总产值 2400 亿元，占全省的 14.4%；地方财政收入近 200 亿元，也占到全省的 1/10。

(二)黄三角经济区发展战略的提出与确立

加快推进黄河三角洲开发，是山东几代人的"世纪之梦"，不仅是山东实现又好又快发展的战略需要，而且对加强山东与京津冀和辽东半岛的互利合作、促进环渤海经济圈加速崛起和可持续发展，具有重要而深远的意义，也一直得到了国内外的广泛关注和支持。

20 世纪 90 年代初，黄河三角洲开发就被中共山东省委、省政府列为两大跨世纪工程之一，成为山东北翼产业聚集带的建设重点。1994 年，"黄河三角洲资源开发与环境保护"列入"中国 21 世纪议程优先项目计划"，联合国开发计划署实施了"支持黄河三角洲可持续发展"项目。进入新世纪，国家从全国区域经济发展的总体战略格局出发，作出了发展黄河三角洲高效生态经济的战略决策，国家发改委先后将其列入国家"十五"计划和"十一五"规划。中共山东省委、省政府适时启动了新一轮的黄河三角洲开发。在 2007 年 6 月召开的山东省第九次党代会上，"加强黄河三角洲高效生态经济区规划建设"写入省委工作报告。2007 年 8 月，中共山东省委、省政府提出实施"一体两翼"区域发展和海洋经济战略，其中，"一体"主要由山东半岛城市群和省会城市群经济圈构成，作为我省的优化开发区，"两翼"即是山东北翼的黄河三角洲地区和南翼的鲁南经济带，作为我省的重点开发区和新的经济增长带。2008 年 3 月，山东省人民政府制定下发了《山东省黄河三角洲高效生态经济区发展规划》，提出了加速构建现代产业体系、加快发展外向型经济、推动黄河三角洲成为全省新的经济增长极的规划构想。2008 年 9 月，中共山东省委、省政府制定下发了《关于支持黄河三角洲高效生态区又好又快发展的意见》，进一步加大了对黄河三角洲地区开发建设的支持力度。

2009 年 3 月，国家发改委会同国务院有关部门组成联合调研组赴黄河三角洲进行实地调研，在此基础上组织开展了规划编制工作。2009 年 11 月 23 日，国务院正式批准实施《黄河三角洲高效生态经济区发展规划》，黄河三角洲高效生态经济区成为我国第一个以"高效生态"为功能定位的区域发展规划，也标志着黄河三角洲开发正式上升为国家战略。

(三)黄三角经济区的规划要点和基本内涵

规划的黄三角经济区位于渤海南部的黄河入海口沿岸地区，是黄河入海形成的冲积平原，处于京津冀都市圈与山东半岛的结合部，地理条件优越，土地广袤，自然资源丰富，生态系统独特，开发前景广阔。区域范围包括东营、滨州两个市和潍坊北部寒亭区、寿光市、昌邑市，德州乐陵市、庆云县，淄博高青县，烟台莱州市，共涉及 6 个市的 19 个县(市、区)，总面积 2.65 万平方公里。

图 2 黄河三角洲高效生态经济区在山东省的位置

1. 指导思想。高举中国特色社会主义伟大旗帜，以邓小平理论和“三个代表”重要思想为指导，深入贯彻落实科学发展观，以资源高效利用和生态环境改善为主线，着力优化产业结构，着力完善基础设施，着力推进基本公共服务均等化，着力创新体制机制，率先转变发展方式，提高核心竞争力和综合实力，打造环渤海地区具有高效生态特色的重要增长区域，在促进区域可持续发展和参与东北亚经济合作中发挥更大作用。

2. 高效生态经济内涵。指具有典型生态系统特征的节约集约经济发展模式。在产业类型上，形成由清洁生产企业组成的循环经济产业体系；在产业布局上，形成由若干生态工业园组成的生态产业群；在生产工艺上，做到无废或少废，实现生产过程再循环、再利用，最终表现为整个经济体系高效运转，经济、社会、生态协调发展。

3. 发展原则。坚持生态优先，实现可持续发展；坚持统筹兼顾，推进一体化发展；坚持互利共赢，促进共同发展；坚持改革开放，推动创新发展。

4. 功能定位。全国重要的高效生态经济示范区、全国重要的特色产业基地、全国重要的后备土地资源开发区和环渤海地区重要的增长区域。

5.空间布局。总体框架分为核心保护区、控制开发区和集约开发区。其中，集约开发区作为开发重点，主要依托"四点"，建设"四区"，打造"一带"。四点，即东营港、滨州港、潍坊港和烟台港莱州港区。四区，即东营、滨州、潍坊北部、莱州四大临港产业区。一带，即以四个港口为支撑，以四大临港产业区为核心，以经济技术开发区、特色工业园区和高效生态农业示范区为节点，形成西起乐陵、东至莱州的渤海南岸经济聚集带。

6.发展目标。到 2015 年，本地区人均 GDP 翻一番，达到 90000 元，单位 GDP 能耗降低 22%，主要污染物排放总量降低 20%，城镇居民人均可支配收入达到 30000 元，农民人均纯收入达到 12500 元，基本形成经济社会发展与资源环境承载力相适应的高效生态经济发展新模式。到 2020 年，人与自然和谐相处，生态环境和经济发展高度融合，率先建成经济繁荣、环境优美、生活富裕的国家级高效生态经济区。

二、实施跨越:黄三角经济区建设的主要成就

经过五年的发展，黄三角经济区建设取得了显著成效，已经成为山东省转方式调结构的重要抓手和科学发展的强大引擎，在全国区域经济科学发展上走到了前列，为全国高效生态经济发展发挥了重要的示范引领作用，得到了国家有关部委的充分肯定，中组部、国家发改委将黄三角经济区建设确定为全国区域科学发展的典型案例。截至 2014 年末，《规划》确定的 14 项主要发展指标中，核心保护区面积、城市污水集中处理率、总供水能力、农业灌溉水有效利用系数、城镇居民人均可支配收入、农民人均纯收入 6 项指标，已完成并超过《规划》2015 年目标。单位 GDP 能耗降低、万元工业增加值用水量降低、林木覆盖率、城镇化水平等 4 项指标，预计可完成目标任务。地区生产总值、人均地区生产总值 2 项指标，随着我国经济发展进入新常态，经济增速由高速转向中高速，任务目标需作适当调整。《规划》提出的各项重点工程项目全面铺开，总体进展顺利。四大临港产业区建设加快推进，16 家循环经济示范园区发展势头良好，20 家物流园区规模不断扩大，基础设施建设成效显著。土地资源开发、科技创新平台建设、金融创新、开发区升级、综合保税区设立、产业发展等方面的 17 项重大政策事项，已基本完成或取得重大突破。

(一)区域综合实力显著提升

综观五年来的发展，黄三角经济区在经济基础比较薄弱的基础上，实现了平稳较快发展。除个别年份外，区域地区生产总值、固定资产投资、规模以上工业、

进出口总额、地方财政收入等指标增幅均高于全省平均增幅，充分显示了国家战略实施对黄三角经济区经济社会发展带来的重要推动作用。同时，随着我国经济发展进入新常态，经济下行压力不断加大，黄三角经济区各项主要经济指标增幅呈逐年放缓趋势。

1.地区生产总值。2014年，黄三角经济区实现地区生产总值8512亿元，比规划基期2008年增长79%，年均增长10%，达到《规划》确定的增长速度。《规划》实施五年来(2010～2014年，下同)，黄三角经济区地区生产总值增幅分别为13.6%、12.3%、11.8%、10.9%、9.3%，分别高于全省增幅1.3个、1.4个、2.0个、1.3个、0.6个百分点(见图3)。

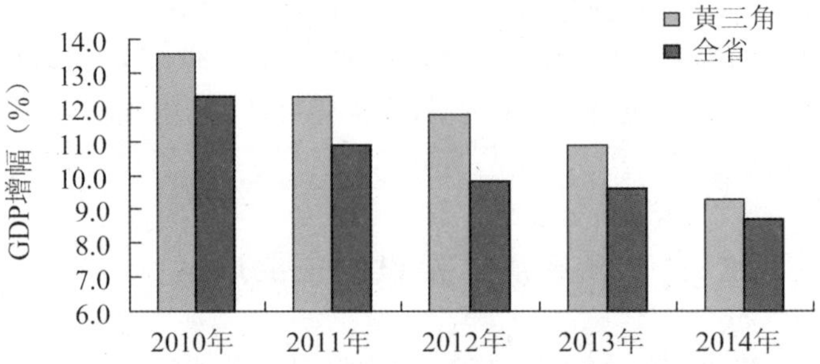

图3　2010～2014年黄三角和全省GDP增幅对比

2.固定资产投资。2014年，黄三角经济区规模以上固定资产投资完成6030.3亿元，是2008年的2.9倍，年均增长19.4%。《规划》实施五年来，黄三角经济区规模以上固定资产投资增幅分别为24.9%、26.2%、23.3%、20.6%、15.6%，除2014年比全省低0.2个百分点外，其余年份分别比全省高2.6个、4.4个、2.8个、1.0个百分点(见图4)。

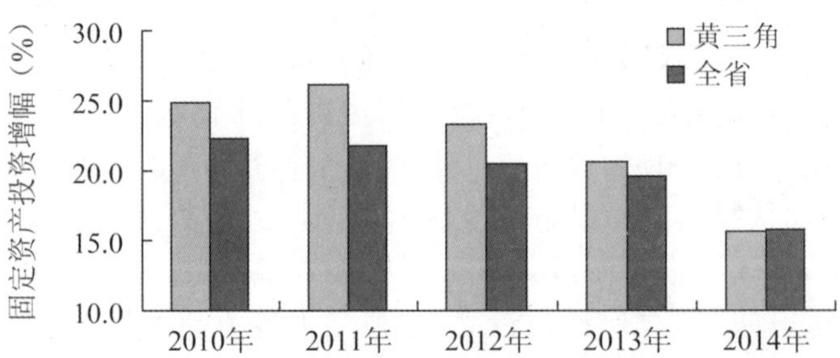

图4　2010～2014年黄三角和全省固定资产投资增幅对比

3.地方财政收入。2014 年,黄三角经济区实现地方财政一般预算收入 614.6 亿元,比规划基期 2008 年增长 2.1 倍,年均增长 20.8%。《规划》实施五年来,黄三角经济区地方财政收入增幅分别为 29.3%、27.0%、18.1%、10.2%、11.6%,除 2013 年外,分别高于全省增幅 4.2、1.3、0.6、1.4 个百分点(见图 5)。

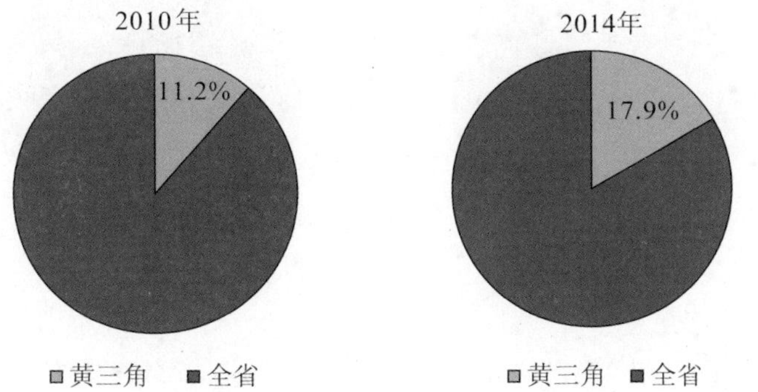

图 5　2010 年、2014 年黄三角地方财政收入占全省情况对比

4.规模以上工业。2014 年,黄三角经济区规模以上工业实现主营收入 27721.9 亿元,比规划基期 2008 年增长 1.78 倍,年均增长 18.7%。《规划》实施五年来,黄三角经济区规模以上工业主营收入分别增长 34.9%、35.9%、21.1%、14.6%、8.7%,除 2014 年外(低于全省 1.1 个百分点),分别高于全省增幅 8.8 个、9.5 个、5.2 个、2.1 个百分点。从规模以上工业增加值增幅看,五年来分别高于全省 0.1 个、0.7 个、1.7 个、1.2 个、0.6 个百分点(见图 6)。

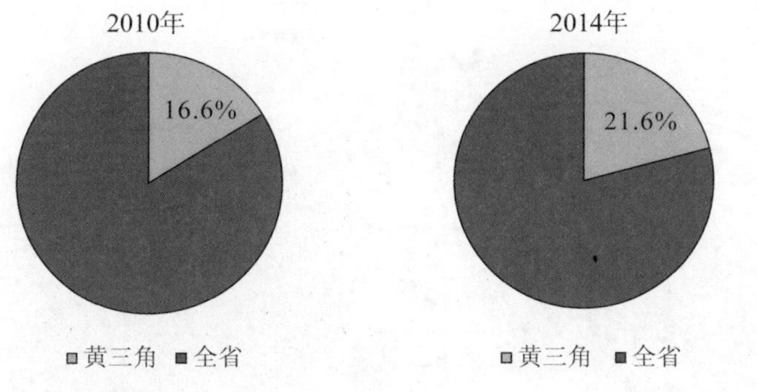

图 6　2010 年、2014 年黄三角规模以上工业主营收入占全省情况对比

5.对外经济。2014 年,黄三角经济区实现进出口总额 290.9 亿美元,比规划基期 2008 年增长 1.38 倍,年均增长 15.7%。《规划》实施五年来,黄三角经

济区进出口总额增幅分别为 67.3%、21.8%、10.7%、15.3%、2.9%，除 2011 年和 2014 年外，分别高于全省增幅 31.4 个、6.6 个、6.5 个百分点(见图 7)。

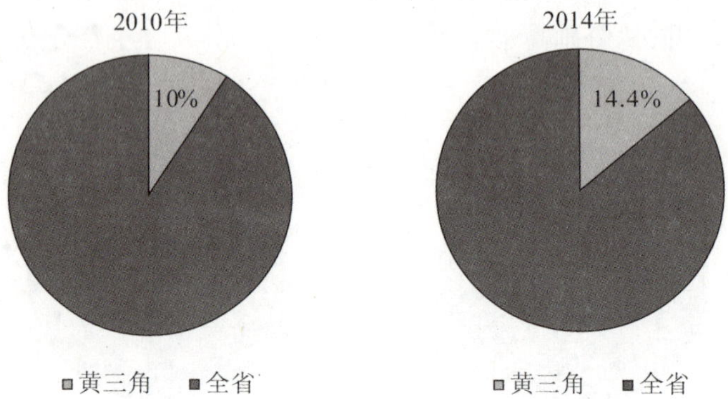

图 7　2010 年、2014 年黄三角进出口总额占全省情况对比

(二)基础设施支撑稳步增强

围绕打造黄三角经济区便捷、通畅、高效、安全的现代综合交通运输网络，加快推进铁路公路、港口及公共配套设施、能源水利等区域重大基础设施项目建设进度，黄三角基础设施支撑能力不断增强，城乡交通服务均等化水平进一步提高。

图 8　东营港 2 个 2 万吨级液体化工品码头

1. 铁路公路方面。德大铁路全线贯通，益羊铁路改线工程建设完成，黄大铁路顺利推进，东营港疏港铁路、滨港铁路二期工程开工建设，淄东铁路扩能改造前期工作启动。滨德高速、济乐高速、东青高速南延工程、滨州港疏港公路、莱州港疏港公路等项目建成通车。济东高速累计完成投资 31.4 亿元，占概算投资的 30.7%，潍日高速滨海连接线项目累计完成投资 7.9 亿元，占潍日高速概算投资的 5.8%，秦滨高速埕口（鲁冀界）至沾化项目已报国家评估，大济路（无棣至大河口段）列入 2015 年立项计划，环渤海高等级公路可行性研究报告编制完成，滨州港到黄骅港疏港公路正在开展前期工作。农村公路建设实现村村通，东营市累计新建改造农村公路 2832.5 公里，完成投资超过 18 亿元；滨州市新建改建农村公路 8467.6 公里，全市农村公路总里程达到 14659.9 公里。《规划》实施以来，区域内铁路公路交通发展累计争取国家资金支持近 20 亿元。

2. 港口建设方面。四大港口 2014 年吞吐总量达 9434 万吨，比 2009 年增长 176%，航道、码头、防波堤等一批重大公共基础设施加快推进，港口配套逐步完善，运营水平显著提升。东营港十大业主码头和 30 公里公共管廊带建成投用，码头总量达到 46 个，最大靠泊能力 5 万吨级，港口液体化工品吞吐能力 3000 万吨，2014 年实现货物吞吐量 2600 万吨，初步建成环渤海地区最大的油品和液体化工品特色港口；东营至旅顺滚装航线复航，累计运送车辆 7 万余台，旅客 20 万余人，全面打通了华北地区与东北地区的海上最近通道。滨州港累计投资 43 亿元，建成了 17 公里的集防波堤、挡沙堤、集疏运通道等于一体的综合性工程，新增深水岸线 28 公里，2 个 3 万吨级泊位正式通航运营，2014 年吞吐量达 1423 万吨，比 2009 年增长 413.6%，成为省会城市群都市圈最便捷的出海通道，为黄三角经济区建设提供了重要的支撑保障。潍坊港 2014 年吞吐量达 2603 万吨，比 2009 年增长 84.6%，鲁辽陆海货滚甩挂运输大通道正式通航，年货物周转量可达 2000 亿吨公里。莱州港 2014 年吞吐量达 2808 万吨，比 2009 年增长 87.2%，港口累计完成投资超过 20 亿元，生产性泊位达到 24 个。

3. 水利设施方面。在全省“T”形供水水网骨干框架下，加快推进南水北调配套工程，完成南水北调主干线小清河分洪道加固工程 12.7 公里，供水单元建设工程进展顺利。新建或除险加固水库 18 座，新增蓄水能力 3.5 亿方，总供水能力达到 58.39 亿方。东营港防潮堤工程全线合龙，全长 13.25 公里，总投资超过 10 亿元，防潮标准达到 50 年一遇，滨州市新建、改造加固防潮堤 76 公里，累计投资 6.5 亿元。潍坊羊口防潮堤完成主体工程建设，建成防潮堤 7 公里，实施了弥河西海堤工程 1.9 公里。莱州市新建防潮堤 8 公里。加大农田水利资金投入力度，实施高标准农田及小型农田水利重点项目建设，新建和改善节水灌溉面积 210 万亩，农业灌溉水有效利用系数达到 0.62。

4. 能源设施方面。东营市全国新能源示范城市获批创建，胜利电厂热电三期工程、大唐滨州热电联产项目、国华寿光电厂等重点能源项目开工建设，大唐东营超超临界火电项目已获批复，华电莱州电厂一期投运发电，二期工程已列入山东省火电建设规划。积极推进新能源项目建设，国电风电、华能风电等项目并网运营，装机总量达到540MW。加快油气管网设施建设，潍坊至东营原油主管线工程、淄博至东营返输气工程、黄岛至潍坊、莱州至昌邑输油管道建成投用。

5. 机场方面。东营机场4D级改造全面完成，中国商飞公司民用飞机试飞中心东营基地正式开工，已开通8条航线，2014年旅客吞吐量达到28.51万人次，比2008年增长约5倍。大高通用机场按照4C级标准建设，大高通用航空产业园被确定为“山东省通用航空产业重点园区”，配套建设飞行员培训、飞行器组装与维修等六大功能区。潍坊新机场建设进展顺利。

(三)区域发展空间有效拓展

1. 四大临港产业区发展成效显著。依托四大港口建设四大临港产业区，形成环渤海南岸经济带，是黄三角经济区产业发展重点布局。截至目前，四大临港产业区累计落户各类重点企业1300余家，总产值超过3000亿元。东营临港产业区加快培育现代物流、生态化工、海洋装备制造等特色优势产业，项目总投资突破1200亿元，初步形成了国内一流的烯烃产业链和芳烃产业链企业集群，是全国第13家国家级石油化工产业区。重点引进实施了中海油、万通、宝港三大临港物流园区及中海油1500万吨渤海湾原油上岸终端项目，仓储能力达到1000万立方米。万达年产2000公里的海缆项目建成投产，成为全国最大的海缆生产基地。滨州临港产业区确立了“一港一城一带六区”的总体布局，50平方公里起步区基础设施基本完工，建成了“九横十八纵”总长182公里的主干路网框架，总投资26亿元。区内海水“一水多用”和海洋化工产业初具规模，签约落户各类园区和单体项目总投资达1511亿元，国内第一条海底软管生产线投入生产。潍坊临港产业区统筹推进潍坊滨海、寿光滨海、昌邑滨海三大板块协同发展，滨海海洋经济新区一体化发展构架加速形成，总配套面积达到320.4平方公里，在建过亿元项目304个，总投资2641亿元。莱州临港产业区完成起步区土地收储20平方公里，开工主干道路8条，在建过亿元项目50多个，黄金百吨加工基地等项目建成投运，滨海产业聚集隆起带快速崛起。

2. 未利用地开发进展顺利。深入实施山东省人民政府《关于黄河三角洲未利用地开发利用的意见》和未利用地开发利用专项规划，先后分三批下达了29个未利用地开发项目，累计安排省级补助资金14.65亿元。截至目前，黄三角共实施了47个未利用地开发项目，完成开发面积51.01万亩，有效地增加了农业用地和建设用地面积，拓宽了区域经济发展空间。探索易地补充耕地指标新途径，共调剂 4.9 万亩耕地异地占补平衡指标，支持了青岛和西部经济隆起带发展。推进未利用地规模化经营，东营市加强与大型企业集团的战略合作，先后引进了正大集团、正邦集团等涉农企业，通过产业带动并辐射周边，实施 100 万头生猪养殖和 100 万亩农业种植重点工程，实现了未利用地开发与特色产业发展双赢。滨州市积极落实土地利用年度计划差别化管理政策，引导企业使用未利用土地进行项目建设，推动魏桥集团、山东焦化集团等一批重大项目落户北海经济开发区，实现未利用地开发与项目建设"一举双得"；深入推进"渤海粮仓"科技示范工程，面积达到 11.4 万亩，在盐碱荒地上种植小麦创造了亩产 449 公斤的纪录，2014 年 5 月汪洋副总理视察"渤海粮仓"工程时予以充分肯定。

3."飞地经济"模式不断创新。潍坊市创新"飞地经济"发展模式，出台了鼓励县区在滨海开发区建设产业园的决议及滨海飞地工业园管理规定，实施园区基础设施"市里配套、县区受益"的政策，14 个"飞地经济"产业园规划总面积 5 万亩，一期配套全部完成，总投资 450 亿元，开工建设产业项目 63 个。东营市出台了在市属开发区内划出部分土地作为"飞地经济"试验园的改革举措，引导工业用地紧张的县区到实验园建设项目，已确定"飞地经济"实验园面积 34 平方公里。庆云县与天津红桥区合作共建的红云高新技术产业开发区，是我国北方首个异地共建的开发区和"飞地经济"试验区，三纵三横主干道路竣工通车，红云创业服务中心建成启用，入驻企业达到 32 家，积极打造新能源、新材料、高端装备制造等千亿元级经济园区，"飞地经济示范区"初具规模。

（四）产业发展质量不断提高

五年来，黄三角经济区坚持传统产业升级改造和战略性新兴产业培育双轮驱动，促进产业规模化、集群化、高端化发展，全力打造产业新优势，高效生态农业、石油装备制造、汽车及零部件、轻工纺织、生态旅游及现代物流等 5 大优势产业加速发展，高效生态产业体系基本建立。2014 年，区域内主营业务收入 30 亿～100 亿元的企业达到 43 家，过百亿元的达到 24 家。

1.现代农业加速发展。围绕绿色种植业、现代渔业、生态畜牧业等传统优势产业，加大对良种繁育研发平台、标准化基地建设的支持力度，现代农业发展水平不断提高。培育了沾化冬枣、黄河口大闸蟹等一系列知名品牌，市级以上农业产业化重点龙头企业达到 1266 家，其中省级以上 159 家，初步建成全国重要的优质粮棉、特色果蔬加工出口基地和生态养殖基地。冬枣、金丝小枣栽培面积达 200 万亩，占全省枣树栽培面积的 75%，鲜枣产量占全省 85%以上。设立了"中国寿光蔬菜价格指数"和"中国昌邑生姜价格指数"两个全国性指数，建立了全国唯一的蔬菜分子育种平台，蔬菜年销量达 600 万吨。以发展高档肉类品牌为目

图 9　渤海粮仓水稻工厂化育苗

图 10　黄金海岸——滨州贝壳堤岛与湿地国家级自然保护区

标，重点扶持了山东黑牛、渤海黑牛龙头企业，各类规模黑牛养殖场（区）达到168 处，10 万头山东黑牛养殖基地基本建成，成为全省重要的生态养殖和畜产品活体储备基地。加快推进标准化认证和示范养殖园区创建工作，标准化饲养比重达到 90％以上，新型产业主体培育成效显著，畜牧合作经济组织发展到 1000

多家，新增家庭牧场 50 余家，省级示范社发展到 76 家。肉鸭综合生产能力位居全球前列，“公司＋标准化农场＋农户”的订单式发展经验入选联合国扶贫开发案例。黄河口大闸蟹养殖面积达到 80 万亩，是黄河流域最大的大闸蟹生态养殖基地，年产值达 15 亿元，30 万亩现代渔业示范区成为全国规模最大、标准最高的单片滩涂养殖区。东营市被整建制列为国家现代农业示范区、全国农产品加工示范基地，被中国菌物学会命名为“食用菌工厂化生产之乡”，食用菌年生产能力达到 40 万吨。滨州国家农业科技园区累计完成基础设施投入 2 亿元，中科院地理所滨州试验站加快建设，国家农作物种质资源基地建成投用。潍坊国家现代农业综合改革试点进展顺利，“中国食品谷”有 500 多种农副产品出口到 120 多个国家和地区。莱州市聚力打造“种业硅谷”，生物育种水平再上新台阶，建成省级以上良种繁育科技平台 14 家，新品种繁育水平领先全国，登海种业杂交玉米新品种不断刷新全国夏玉米高产新纪录。

2. 环境友好型工业加速发展。石油装备、石化、盐化、橡胶轮胎、有色金属等传统产业实现快速转型升级，依托较好的产业基础和技术优势，产业链条不断延伸，80％以上的技术装备达到国内先进水平，规模以上工业企业达到 3952 家，2014 年实现主营收入 27721.9 亿元。石油装备研发制造、内外贸一体的产业体系完善，成为全国规模最大、产业集中度最高和科研能力最强的石油装备制造产业基地，产值占到全国 45％以上。科瑞集团成长为全国单体最大的石油装备制造企业，与 220 多家国际公司建立了合作关系，陆地 9000 米石油勘探装备技术全球第一。除石油装备外的其他装备制造业亦加速发展，研发设计、加工制造等关键技术整体水平不断提高，产业规模不断扩大，规模以上企业达 200 多家。船舶发动机制造业拥有全系列大功率中速船用柴油机生产工艺和装备，在我国船舶动力全系列化中速机产品市场中占有重要地位；汽车刹车片年产销量达 3000 万套，生产能力位居亚洲第一、世界第三；体育装备制造业拥有全球首创的网络运动健身平台，“泰山”牌体育器材占有中国竞技体育器材 90％以上的市场份额，已成为世界最大的综合性体育器材生产基地之一和亚洲最大的人造草坪生产基地。纺织行业装备工艺改造步伐明显加快，质量效益和行业综合竞争力快速提升，规模以上纺织企业达到 400 余家，形成纺织、印染与家纺服装加工配套较为完整的产业链。以改造提升化工、轮胎、造纸等传统产业为着力点，加强与中海油、中石化等的战略合作，打造从油头到化尾的循环产业链，中海油石化盐化一体化等大项目加快推进，造纸行业晨鸣集团跻身全球纸业 10 强，主要指标连续 10 多年保持全国同行业首位。战略性新兴产业发展迅速，潍坊生物基产业集群年产生物基材料 50 万吨，成为国家战略性新兴产业发展专项资金计划支持的全国 3 个城市之一。滨州轻质高强合金新材料基地被列为全省首批十大战略性新兴产业基地，莱州新能源电池隔膜材料生产技术填补国内空白。

3.现代服务业加速发展。现代物流业蓬勃发展，第三方物流和物流专业园区建设成效明显，投入运营了广饶物流园、博兴京博物流等现代物流基地，基本形成了面向京津冀、环渤海地区和东北亚的区域性物流中心。深入实施黄三角冷链物流科技示范工程，建设了涵盖农产品生产、加工、物流、消费等环节的物联网管理平台，促进了三次产业融合发展。生态旅游业突破性增长，建成国家A级旅游景区210余处，生态农业游、乡村休闲游和黄河口风景游成为区域性旅游热点，省区域战略专项切块资金连续三年对生态旅游业的支持不低于资金总量的20%。创新发展金融保险业，完善区域金融服务体系，立足服务现代农业、服务业、高新技术产业等高效生态产业，针对“三农”和小微企业融资难问题，大力开展金融产品和服务创新，2014年末金融机构存贷款余额达到1.3万亿元。多层次资本市场发展步伐加快，累计上市企业36家，共计融资588.7亿元，在“新三板”和区域性股权交易市场挂牌企业分别达到98家和144家。积极引导和支持符合条件的企业拓展债券融资渠道，发行各类债券69只，融资437.7亿元。成立了山东省第一支大型产业投资基金——黄河三角洲产业投资基金，累计投资项目17个，投资额5.75亿元。

4.特色产业园加速发展。立足特色优势，把园区基地培育建设作为产业发展的重要突破口，园区带动效应进一步显现，呈现出载体作用强、产业集聚度高、质量效益优的鲜明特点。黄三角经济区已形成主营收入过50亿元的各类特色园区23家，入驻企业达4000家。胜利石油装备产业园2014年实现工业总产值380亿元，石油装备工业企业占企业总数的80%以上，成为全国产业集中度最高、行业科技水平领先的石油装备制造产业基地。滨州轻工纺织特色产业园产业集聚度达到94.8%，拥有省级以上科技创新平台8个，园区规模档次不断提升。山东黑牛现代循环农业示范园黑牛存栏量达5.5万头，6万头高档肉牛屠宰深加工项目竣工投产，高青县山东黑牛发展模式被誉为“2014年中国畜牧行业优秀模式”。邹平韩店现代生物工程科技园成为全国最大的玉米油生产和出口基地，惠民李庄绳网特色产业园成为全国最大的化纤绳网生产基地，化纤绳网类产品国内市场占有率达到80%以上。博兴板材厨具产业园厨具行业销售额占全国同行业近1/3，板材行业占到全国市场总额的1/4。

(五)科技创新能力持续提升

1.建成了一批科技创新平台。把加强科技创新平台建设、提高科技创新能力作为推进落实黄三角战略的重要抓手，组织认定和支持企业、科研院所和高等学校建设了一大批科技创新平台。截至目前，黄三角共建成省级以上各类科技创新平台292个，其中国家级32个，省级以上工程技术研究中心137个，院士工作站 40 个。黄三角可持续发展研究院成为全国第一家由地方政府组建的可持续发展领域主题科研机构，科技部确定以此为依托建设黄河三角洲国家可持续发展研究中心，已建成设施面积 3.2 万平方米。中国石油大学科技园建成设施面积 26 万平方米，在园机构 210 家，从业人员 4200 人；“生态谷”建成区面积达到 16.6 万平方米，院所合作基地、企业总部二期和科技企业孵化社区等功能区建成投用。依托胜利油田高原石油装备有限公司建设的国家采油装备工程技术研发中心，是我国采油装备领域最高层次的科技创新平台，在美国、阿曼等国家设立了研发和生产基地，累计申请专利 15 项，主持或参与制定国家行业标准 12 项。加快体育新材料研发，泰山高科技体育产业园建成国家体育用品工程技术研究中心、国家认定企业技术中心和国家级博士后科研工作站。生物育种方面，拥有“国家玉米工程技术研究中心”和“国家玉米新品种技术研究推广中心”，多次刷新并保持全国和世界夏玉米单产最高纪录。

2.引进了一批科技创新人才。组织实施黄河三角洲学者工程和泰山学者工程，积极引进“千人计划”“万人计划”人才，对高端人才项目优先支持。共引进和聘请两院院士、国家突出贡献专家、享受国务院特殊津贴专家、新世纪人才支持计划专家 22 人，博士、博士后 84 人，高级专业技术人员 77 人。设立“黄河三角洲高效生态经济区”外国专家项目专项，围绕区域经济发展的重要行业和领域，资助了高端外国专家项目 4 项，常规项目 10 项，依托项目引进外国专家 410 名。

3.建设了一批人才培训基地。加大高级技师和“金蓝领”培训力度，黄三角经济区内建成了 3 所国家级高技能人才培训基地和 5 所国家级技能大师工作室，历年参加考试的培训学员占全省的比例超过 30%。职业教育蓬勃发展，潍坊滨海科教创新园区成为全国第一个在地级市开展的“国家职业教育创新发展试验区”，共有 28 所院校及科研院所入驻，山东海事职业学院、潍坊职业学院等院校在校师生达到 3 万人。滨州职业学院、博兴县职业中专分别通过国家百强骨干高职院校和国家中职教育改革与发展示范学校评估验收，黄河三角洲高技能人才实训广场被确定为全省职业教育公共实训基地。

（六）生态文明建设成效明显

1.环境质量改善明显。建立了跨区域河流污染物排放管理制度，区域内 17 条省控河流的 22 个断面 COD 和氨氮浓度较 2009 年分别改善了 47.9%、66.6%，省控重点河流水质稳定达到恢复鱼类生长目标，海河流域治污连续 5 次在国家考核中名列第一。大气污染物排放强度逐年下降，区域内 55 家燃煤电厂全部安装脱硫装置，15 家进行了脱硝改造。山东省工业固体废物暨危险废物处置中心（邹平）建成投用，危险废物得到妥善处置。关停、淘汰违法超标排放企业及小作坊 350 余家，城乡人居环境明显改善，污水集中处理率达到 92%，城镇生活垃圾无害化处理率达到90%。东营市累计实施环保工程119项,重点行业、领域水气污染恶化势头得到有效遏制,水气环境质量稳步改善。潍坊市PM2.5、二氧化硫浓度比规划初期分别改善18.9%和23.8%,“蓝天白云,繁星闪烁”天数平均200天以上,居全省前列。

2.生态建设成效明显。自2010年以来,在黄河调水调沙期间进行生态补水,断流34年的刁口河流路重新恢复过流,有效遏制了黄河口北部地区湿地生态的退化,修复湿地35万亩。加快沿南水北调干线和沿黄河水系生态建设,累计新增绿化面积230万亩。区域内已建成自然保护区6个,总面积329.4万亩,其中国家级2处,建成省级以上湿地公园25处,其中国家级6处,黄河三角洲被国际湿地公约组织列为国际重要湿地。黄三角经济区核心保护区面积已达到778万亩,超额完成规划目标任务。开展了滨海湿地生态整治修复等工程,破损岸线治理率达到80%。东营市被评为国家现代林业建设示范市,滨州市“五位一体”的生态工程建设经验得到国家林业局的推广,庆云县被国家林业局列为全省首个“碳汇造林基地”,莱州市成为全国唯一通过“水生态系统保护与修复试点”验收的县级市,寿光市被授予“国家生态市”称号。

3.节约型社会建设成效明显。东营市被批准为国家可再生能源建筑应用示范市,完成了29个合计300万平方米示范项目的评审认定,每年可节约标煤7.6万吨,减排二氧化碳21万吨。滨州市被列为第三批全国节水型社会建设示范市,建立和完善了用水总量控制和定额管理相结合的用水管理制度,完成工业节水技改项目60余个,技改投资7.3亿元,实现年节水2400万立方米。潍坊市被确定为首批国家循环经济示范城市,高青县被确定为省级循环经济示范县试点。合理开发利用各类矿产资源,莱州市三大矿采矿废石的利用率达100%,黄金尾矿综合利用率达61.2%。将清洁生产审核工作纳入节能目标责任考核,共有742家单位通过了清洁生产审核验收。坚持以循环经济促节能减排,培育了一批示范园区和企业。滨州鲁北集团创建了海水“一水多用”、清洁发电与盐碱联产等4条循环经济产业链,资源利用率达95.6%,清洁能源利用率达85.9%,被国家发改委确定为循环经济典型模式。东营胜动集团开发研制了节能燃气发电机组、节能柴油发电机组、节能石油装备等主导产品,在世界各地建设了800多个节能项目,装机总容量超过150万千瓦,年绿色能源发电70多亿度。

(七)改革开放力度不断加大

1.重点领域改革不断深入。加大政务公开力度,推行行政审批制度改革,建立深化改革联席会议制度,实施公共资源交易中心、扩权强镇改革试点等创新举措,持续释放区域经济发展的动力和活力。不断深化医药卫生体制改革,扎实推进县级公立医院综合改革试点,完善医疗卫生服务体系,建立了覆盖城乡居民的基本医疗卫生制度。推进金融改革与创新，率先开展民间融资试点，引导民间融资规范化运作，加强风险管控，积极推进民间融资征信系统建设，对融资性担保公司进行分类监管，优化金融生态环境。滨州市积极推进集中集约用海，为临港产业发展提供用海保障，率先在全省试点实施了潮间带高地用海项目审批和海域使用权“直通车”制度，加快了临港产业区涉海基础设施项目建设步伐，累计开展海域使用权抵押 51 宗，抵押金额 119 亿元。滨州市公共资源交易中心自 2011 年运行以来，交易项目 2500 多个，节支增收近 9 亿元。潍坊市被国家发改委确定为现代农业综合改革试点市，在农村经济组织和农业经营制度等 9 个方面先行先试。潍坊滨海区在全省率先推行负面清单、权力清单、服务清单“三张清单”制度，推动相关职能部门实现由“权力部门”向“服务部门”转变。

2. 对外开放步伐不断加快。2014 年，黄三角经济区完成进出口总额 290.9 亿美元，实际到账外资 12.3 亿美元，分别占全省的 10.5% 和 8.1%。积极探索区区联动、港区融合、优势互补的合作新模式，青岛保税港区德州功能区作为“蓝黄统筹、东西联动”的标志性项目，实现了海关监管区向黄三角经济区内陆延伸，基础设施已投入资金 12.3 亿元，建成了总长 27 公里的四纵五横路网，供水、电力等基础设施已通达园区，已落户项目 27 个，中谷保税仓库和华乐保税仓库已获济南海关批复，建筑面积 16 万平方米的保税物流仓储项目部分投入运营，已实现保税功能，年可节约奖金 5000 万元。东营市综合保税区获得国务院批复，成为山东省第 4 个综合保税区。滨州市与天津市东丽区签订了《友好合作协议》，不断深化双方的交流合作，积极推动环渤海各市合作与发展，获得环渤海区域合作特殊贡献集体荣誉。主动融入京津冀一体化，乐陵市启动了总投资 20 亿元的天津农垦现代农牧业示范园项目，实现了与京津冀一体化战略的实质性对接。

3. 各项社会事业稳步推进。持续加大教育经费投入，适龄儿童入学率、小学毕业生升学率、义务教育完成率均为 100%，初中生综合升学率达到 99.7%。加大全民健身公共服务设施建设力度，乡镇健身设施配套覆盖率达 87.5%，黄河口（东营）国际马拉松赛成功举办七届，连续两年蝉联中国马拉松“金牌赛事”。不断完善就业和社会保障体系，扩大社会保障覆盖面，社会保险、社会救助、社会福利相衔接的社会保障体系基本建立。区域内所有街道、乡镇均完成了人力资源社会保障所建设，累计拨付省级扶持资金 4000 万元。东营市在全省率先完成城镇居民养老、医保和新农合整合，补助标准在全省处于较高水平。滨州市 2014 年民生支出占财政支出的 61%，获得全国基本公共卫生服务项目考核第二名，被授予“全国新型农村和城镇居民社会养老保险先进单位”。

三、改革实践：黄三角建设取得的经验和启示

《规划》实施五年来，随着各项工作的持续深入和各领域重点工程的全面开展，黄三角经济区建设无论是在发展成效上，还是在工作措施上，均是亮点纷呈，积累了很多宝贵的典型经验。

（一）规划引领、政策指导是根本方针

国务院批复的《规划》围绕构建高效生态经济发展提出了一系列重大政策和事项，这些政策是确保《规划》顺利实施的重要保障。中共山东省委、省政府科学整合各类政策资源，细化具体政策措施，研究出台了包括财税、金融、价格、土地等一系列扶持政策，进一步清理和规范审批、核准、登记备案等事项，积极营造良好的政策环境。区内各市县根据《规划》确定的战略定位和目标任务，结合本地实际，有序推进优势产业培育、产业园区建设、未利用地开发、民生保障工程等重点工作。五年来的实践充分表明，实施区域发展战略，必须充分发挥规划的引领作用，统筹做好全面推进与重点突破相结合的各项工作，强化顶层设计和配套联动，把握关键环节，集中力量攻克要点难点，形成以点带面、以面促点、协同发展的整体格局。

（二）解放思想、先行先试是强大动力

为使区域发展战略红利得到充分释放，围绕建设全国重要的高效生态经济示范区这一总体目标，全省上下坚持解放思想、先行先试，在行政区划、金融财税、科技支撑、土地管理、开放型经济、民生保障等方面，推出了一系列改革创新举措，着力构建加快科学发展的体制机制，激发了各类市场主体创新创业的热情，增强了区域发展战略的内生动力。尤其在完善科技创新体系方面，通过加快建设具有国际先进水平的科技、教育和人才中心，鼓励建设高水平企业技术中心、工程研发中心、重点实验室等，切实提升了科技引领能力。实践表明，实施区域发展战略，必须要敢为人先、锐意改革、勇于作为，为我国经济社会发展提供更多独具特色、便于推广、经得起历史检验的区域发展经验。

（三）提质增效、转型升级是主攻方向

山东抢抓机遇，始终把争取国家支持政策、实施区域发展战略作为推动黄三角经济区提质增效、转型升级的突破口和重大机遇，深入实施高端高质高效产业发展战略，围绕拉长产业链、塑造价值链、提升财税链，明确重点、调整结构、优化布局，重点发展高效生态农业、石油装备制造、轻工纺织、现代物流和生态旅游等产业集群，着力抓好传统产业改造升级和战略性新兴产业培育，在转方式、调结构方面取得了积极成效，推动了区域经济由粗放增长型向集约效益型转变。实

践表明,实施区域发展战略,必须按照习近平总书记关于山东“凤凰涅槃、腾笼换鸟”的指示要求,把质效双优摆在中心位置,遵循产业发展规律,切实提升区域综合竞争力。

(四)融合互动、错位发展是有效途径

《规划》的实施是一个有机整体,区内各地在产业、科技、人才、资源等方面具有鲜明的特点和极强的互补性。黄三角经济区坚持错位竞争、融合发展,统筹交通、能源、信息网络等基础设施合理布局,统筹资源要素合理配置,统筹优势产业合理发展,统筹生态环境合理保护,从而实现了黄三角经济区的合理建设开发。实践表明,实施区域发展战略,要正确处理好整体与局部、长远与短期、一般与个别的关系,既要实行差异化发展政策,提升不同地区优势竞争力,又要促进人才、技术、资金等生产要素在区域间合理流动,实现互通有无、优势互补,强化区域协调联动,实现区域一体化发展。

(五)生态优先、绿色发展是基本遵循

实施区域发展战略,必须正确处理好经济发展与生态环境保护的关系,实现遵循经济规律的科学发展,遵循自然规律的可持续发展。在实施《规划》过程中,黄三角经济区牢牢把握高效生态主线,坚持生态优先、绿色发展,牢固树立生态文明观念,坚持环保优先,做到在保护中开发,在开发中保护。强化节能减排和生态建设,大力发展高附加值产业和高端产品,努力维护黄河下游流域和渤海湾生态安全。坚持走资源节约型、环境友好型发展之路,建立资源开发保护长效机制,积极开展生态补偿试点,努力提高生态文明建设水平,逐步发展成为全国重要的循环经济发展示范区。

(六)加强领导、健全机制是有力保障

《规划》实施以来,中共山东省委、省政府高度重视,高点定位,精准指导,统筹推进,形成了“六大工作推进体系”。一是建立健全领导体系。省委、省政府成立了高规格的建设工作领导小组,先后召开了全省动员大会、领导小组会、督促检查会、党政联席会等一系列重要会议,统一思想,明确任务,落实责任,全面推进各项工作。二是建立健全规划体系。广泛征求社会各界意见,编制完成 28 个专项规划,各市县也编制了一批区域规划,形成了以国家规划为纲领、专项规划为支撑、市县规划为基础的规划体系。三是建立健全政策体系。省政府出台了《关于贯彻落实〈规划〉的实施意见》等 11 个政策性文件,先后与国土资源部、交通运输部等部委签订了 24 个战略合作协议,国家赋予的一系列重大支持政策和事项取得重大突破。四是建立健全推进体系。省政府设立了 11 个由省政府领导任组长的重点工作协调推进组,定期研究重大事项,协调解决重要问题,形成了上下畅通、左右协调、推进有力的工作协调机制。五是建立健全考核评价体系。出台了年度绩效评价及考核暂行办法，采取定量考核、定性考核和群众满意度评价三种考核方式，考核结果作为地方领导班子建设、领导干部选拔任用奖惩的重要依据。六是建立健全宣传体系。举办了规划建设恳谈会、经贸洽谈会等大型活动，开通“蓝黄两区”网，分别设立了新华社、大众日报和山东电视台“两区”记者站，不断加大宣传推介力度，提高黄河三角洲在海内外的知名度和影响力。

四、矛盾制约：黄三角经济区建设面临的主要挑战

一是实现绿色发展任重而道远。黄河三角洲经济区按照《规划》要求，在绿色发展之路上进行了有益探索，取得了明显成效，但比较“十三五”绿色发展理念要求和到2020年实现人与自然和谐相处、生态环境和经济发展高度融合目标仍有差距。一方面，黄河三角洲因成陆时间短，地质条件不稳定，湿地生态系统脆弱，受自然灾害及人为因素影响，土壤盐碱化程度高，湿地生态系统逆向演替现象严重，部分耕地不稳定，未利用地开发成本高；另一方面，开发与保护的矛盾突出，历史上形成和发展的石油开采、油盐化工、养殖放牧等传统产业在黄三角产业结构中占比较大，加重了黄三角环境保护与生态建设任务的艰巨性。过去的五年，黄三角开展了一些生态补偿试点，在环境友好型、资源节约型发展方面进行了一些有效探索，需要将这些探索规范化和制度化，突出生态机制建设重点，确保政策的稳定性和连续性。

二是基础设施支撑能力相对薄弱。与省内其他各市相比，受种种条件制约，黄三角经济区重大交通基础设施历史欠账较多，建设相对滞后，《规划》确定的部分公路、铁路项目建设进度不快，仍不能满足经济较快发展的需求。比如，环渤海高等级公路(无棣至莱州段)，部分路段路基要建于盐碱滩涂之上，工程造价高，施工难度大，资金筹集困难，目前仍处在可研报告编制阶段。再如，黄三角港口及配套设施建设虽然取得积极成效，但港口功能作用总体还较弱，配套能力不强，缺少疏港铁路及与周边区域连接贯通的干线铁路，内联外接的高速公路网络尚未形成。各市间重大基础设施建设的衔接还不够紧密，公路、港口、疏港路网建设进展不一，政策的协调性和整体效应还有待于进一步加强。此外，能源、水利、环保等基础设施尚不完善，淡水资源紧缺，制约着黄三角经济区的发展。

三是土地等资源要素制约依然存在。未利用地资源是黄河三角洲最大的优势和潜力。多年以来，黄三角经济区未利用地开发工作取得了明显成效，但开发过程中仍存在开发机制和分配机制不够活、开发资金压力大等问题，与《规划》确定的任务目标存在一定差距，需要更好地落实《黄河三角洲高效生态经济区未利

用地开发利用规划》和省政府与国土资源部签订的战略合作协议政策。同时，黄三角经济区资金、技术、人才等资源要素在区域间的流通机制仍不够顺畅，统一开放、竞争有序的现代市场体系尚待完善，高层次人才公共服务平台建设不足，政策集成、资源集约、服务集中的人才综合服务体系尚未形成。

四是产业结构性矛盾比较突出。黄河三角洲产业结构性矛盾主要表现在重化工业比重过大，服务业特别是现代服务业发展相对滞后，新兴产业尚未形成规模优势，产业结构调整仍然任重道远。2014 年，黄三角经济区三次产业比例为 7.4∶58.8∶33.8，第三次产业产值占国内生产总值的比重较全省低 9.7 个百分点，滨州市、东营市服务业增加值占生产总值比重分别比全省平均水平低 4.6 个、15.5 个百分点。从高新技术产业来看，2014 年全省高新技术产业产值占 GDP 比重达到 31.4%，而滨州市只有 24.5%。2014 年，黄三角经济区金融机构本外币贷款余额为 5940.5 亿元，在总量和增幅上都低于山东半岛蓝色经济区、省会城市群经济圈和西部经济隆起带，实体经济融资难、融资贵问题仍然突出，区域性金融风险防控压力不断加大。

五、前景展望：黄三角未来发展方向和政策取向

（一）黄三角经济区发展面临的形势

当前，国内外形势错综复杂，多重矛盾相互交织，发展机遇与风险挑战并存。我国经济发展进入增速换挡期、改革攻坚期和结构调整期，区域经济发展呈现新格局，黄三角经济区必须从战略全局的高度，正确判断经济发展新形势，科学把握经济发展新走向，积极融入区域发展大战略。

一是我国经济发展进入新常态，黄三角经济区面临的机遇和挑战并存。目前我国仍处于大有可为的战略机遇期。经过改革开放三十多年的高速增长，我国已经成为世界第二位的经济大国，世界多极化、经济全球化趋势持续深入发展，世界政治格局出现新变化，新兴经济体国际影响力逐步提高。国内经济由高速增长向中高速增长转变，经济长期向好的基本面没有变，经济韧性好、潜力足、回旋余地大的基本特征没有变，经济持续增长的良好基础和条件没有变，经济结构调整优势的前进态势没有变。也要看到，当前我国经济发展下行压力不断加大，资源环境约束日渐突出，发展中深层次矛盾和问题逐步凸显，稳定经济增长的任务繁重，正面临"中等收入陷阱"的风险与挑战。黄三角既要抓住用好新常态蕴含的新机遇，又要高度重视面临的风险和挑战，增强忧患意识和底线思维，再蓄发展新能量，重聚发展新动力，再创发展新优势。

二是区域经济发展呈现新特点，对黄三角经济区发展提出了新要求。"一带

一路”、京津冀协同发展、长江经济带三大战略，是中央经济工作会议提出的我国今后相当长时期全面对外开放和经济合作的总体战略，也是促进区域协调发展的重要战略，国家发布环渤海地区合作发展纲要对于黄三角经济区发展有着重要的指导意义。黄三角经济区是环渤海地区的重要组成部分，濒临京津冀，具有广泛参与三大战略和环渤海规划实施的区位优势，在跨区域重大基础设施建设、推进产业对接合作、构建开放型经济格局等方面有着良好的资源禀赋和经济基础。黄三角经济区需高站位、宽视野，深化改革创新，积极融入国家战略，通过广泛参与全球市场竞争，积极承接北京、天津优势产业转移，在更广阔的开放平台上实现可持续发展，推动区域联动发展取得更大突破。

三是我省经济持续健康发展，为黄三角经济区发展营造了良好氛围。从2014年数据来看，我省经济发展总体平稳、稳中有进，主要经济指标完成情况较好，呈现出根本性、趋势性的四个变化：发展质量效益加快提升，内涵式增长和可持续发展的趋势正在呈现；转方式调结构加快推进，产业层次逐步提升；发展动力开始接续，消费拉动和创新驱动作用逐步加强；改革开放的红利不断释放，经济发展的活力不断增强。全省经济发展进入新常态阶段，也正是黄三角经济区加快转方式、调结构的最佳时期，必须更加注重经济增长质量和效益，在经济下行压力加大的背景下，做到调速不减势，量增质更优，努力在全面建成小康社会的进程中走在前列。

四是国家确定绿色发展理念，对黄三角经济区发展提出了新的更高标准。绿色是永续发展的必要条件和人民对美好生活追求的重要体现。党的十八届五中全会提出了“十三五”时期我国经济社会发展遵循的发展理念，其中包括绿色发展理念，即要坚持节约资源和保护环境的基本国策，坚持可持续发展，坚定走生产发展、生活富裕、生态良好的文明发展道路，加快建设资源节约型、环境友好型社会，形成人与自然和谐发展现代化建设新格局。黄河三角洲高效生态经济区是全国第一个以高效生态为主题的发展战略，绿色发展是其本质要求，必须坚持青山绿水就是金山银山的生态文明观，坚持走绿色发展、循环发展和低碳发展道路，强化节能减排和生态建设，加快建设资源开发保护机制，努力建成全国重要的生态文明建设示范区。

(二)黄三角经济区未来五年发展策略

未来五年，面对经济发展新常态所带来的新形势和新机遇，黄三角经济区必须全面贯彻落实“五位一体”总体布局和“四个全面”战略布局，牢固树立“创新、协调、绿色、开放、共享”的发展理念，按照“走在前列”为高点定位，提升发展标杆、提升工作标准、提升精神境界，更加注重问题导向和规划导向相结合，更加注重改革创新和转型发展相结合，更加注重突出特色和统筹协调相结合，进一步完善以生态农业为基础、先进制造业为主体、现代服务业为支撑的高效生态产业体系，全面加强生态文明建设，推进生态环境和经济发展高度融合，提高开放型经济水平，基本建立覆盖全社会的公共服务体系，全国重要的特色产业基地、全国重要的后备土地资源开发区、环渤海地区重要的增长区域等功能定位全面实现，率先建成经济繁荣、环境优美、生活富裕的国家级高效生态经济示范区。

一是强化规划引领，一张蓝图抓到底。习近平总书记在视察山东时强调，"一张蓝图绘就后，就要一任接着一任干"。黄三角经济区建设必须坚持以国家"三大战略"和环渤海地区合作纲要为引领，切实维护《规划》的权威性、导向性和约束性，增强落实规划的主动性、自觉性和创造性。对《规划》确定的重大政策事项，及时评估实施效果，保持与国家部委有效沟通，最大限度地发挥政策效应。建立完善《规划》实施评价与督促检查长效机制，及时研究解决区域发展重大问题，全面做好《规划》实施的中期评估和调整工作。搞好与全省"十三五"规划的衔接，把黄三角重大政策、重大项目纳入"十三五"规划，放在统筹区域和经济社会协调发展的总体布局中重点研究。在抓好国家政策争取和落实的基础上，进一步研究制定价格、土地、金融等方面的扶持政策，营造良好的营商环境，促进黄三角经济区建设实现新的跨越式发展。

二是深化改革开放，全面释放生产力。党的十八届三中全会作出了全面深化改革的决定，这是中央的重大战略部署。黄三角经济区必须抓好贯彻落实，以更大决心和力度推进重点领域和关键环节改革，推动黄三角经济区向纵深发展。积极对接中央出台的各项改革举措，结合实际落到实处；用足用好中央赋予黄三角经济区的一些先行先试政策，加大改革创新力度；及时清理那些制约市场化进程的区域性规章制度，真正使市场在资源配置中起决定性作用，更好地发挥政府的作用。认真学习上海自贸区的先进经验，主动争取首都功能调整中的资源转移和机构搬迁，实行更加积极的对内对外开放战略，努力塑造开放型经济发展新优势。主动对接国家"一带一路"战略和环渤海发展规划，加强与京津冀、长三角等融合互动，积极争取中韩地方经济合作示范区试点。

三是发挥特色优势，拓展发展新空间。立足当前，着眼长远，发挥优势，开拓前进，是推动黄三角经济区持续健康发展的重要前提。黄三角经济区是我国东部土地后备资源最为丰富的地区。必须加快落实省政府与国土资源部签署的战略合作协议，以资金投入、项目管理、工程管护为重点，深入推进东营、滨州未利用地开发。切实运营好土地指标交易市场和土地抵押融资债券市场。大力发展"飞地经济"，吸引用地紧张的地区或企业到黄三角经济区发展，实现资源共享、产业共育、互利共赢。大力发展优势产业，围绕"四点四区一带"产业发展总体布局，积极培育发展现代农业、石油装备等优势产业，积极发展战略性新兴产业，拓展区域经济发展空间，争创区域发展新优势，增强辐射带动能力，成为全省经济社会发展的强大引擎。

四是加快结构调整，推进产业转型升级。推进经济结构性改革是适应和引领经济发展新常态的重大创新，是适应国际金融危机发生后增强综合竞争力的主动选择。黄三角经济区必须紧紧围绕推进结构性改革来展开，落实“三去一降一补”五大任务，努力用新思路、新办法推动新发展。以重大项目建设为抓手，发挥重大项目的聚集能力和辐射带动作用，加快形成产业集群，带动产业的调整优化。加强园区建设，特别是四大临港产业区建设，打造好产业集约发展的基础平台。积极实施创新驱动发展战略，进一步强化结构调整和优化升级的科技支撑，加大人才培养引进力度，推动高端创新要素的加快集聚和区域创新能力的快速提升，为黄三角经济区发展提供有力的科技人才支撑。

五是强化生态文明，推动绿色低碳发展。国家批复的黄三角经济区规划，对生态建设和环境保护提出了很严格的要求。必须牢固树立尊重自然、顺应自然、保护自然的理念，把生态文明建设贯穿黄三角经济区建设全过程。实行能耗和水资源消耗、建设用地等总量和强度“双控”，完善节能、节水、节地、节材、节矿倒逼机制，推动建立绿色低碳循环发展产业体系。推进能源革命，加快能源技术创新，建设清洁低碳、安全高效的现代能源体系。开展大规模绿化行动和黄河大堤百里绿色长廊建设，继续推进湿地修复工程。加大环境治理力度，以提高环境质量为核心，以防控环境风险为底线，以保障群众健康为目标，实行最严格的环境保护制度，形成政府、企业、公众共治的环境治理体系。

六是实施融合互动，推动区域一体化发展。融合发展是区域协调发展的有效途径。黄三角各市在区位优势、资源禀赋、产业基础等方面都具有很强的互补性，要立足于实现“交通同网、市场同体、环境同治、产业联动、信息共享”的目标，加快推进黄三角经济区融合发展，实行规划政策统筹衔接、基础设施统筹建设、重大项目统筹布局、要素资源统筹配置、生态环境统筹保护、重大活动统筹组织，进一步促进资源共享、优势互补、政策叠加、互利共赢。运用好黄三角经济区党政联席会议机制，协调解决跨区域联合协作和共同发展的重大问题，在更高层次上推动联动融合、错位发展。

附件：

1.黄河三角洲高效生态经济区有关数据与全省对照表（见表 1）；

2.《黄河三角洲高效生态经济区发展规划》主要指标完成情况表（见表 2）；

3.黄河三角洲高效生态经济区重大支持政策和事项推进落实情况表（见表 3）；

4.黄河三角洲高效生态经济区重大项目完成情况表（见表 4）。

表 1　**黄河三角洲高效生态经济区有关数据与全省对照表**

		2010 年		2011 年		2012 年		2013 年		2014 年	
		黄三角	全省	黄三角	全省	黄三角	全省	黄三角	全省	黄三角	全省
国内生产总值	总量(亿元)	5678.5	39169.9	6522.7	45361.9	7274.0	50013.2	7985.2	54684.3	8512.0	59426.6
	增幅(%)	13.6	12.3	12.3	10.9	11.8	9.8	10.9	9.6	9.3	8.7
固定资产投资	总量(亿元)	3177.3	23279.1	3910.0	25928.4	4650.4	30319.8	5167.9	35875.9	6030.3	41599.1
	增幅(%)	24.9	22.3	26.2	21.8	23.3	20.5	20.6	19.6	15.6	15.8
地方财政收入	总量(亿元)	308.1	2749.3	390.7	3455.7	463.0	4059.4	550.9	4560.0	614.6	5026.7
	增幅(%)	29.3	25.1	27.0	25.7	18.1	17.5	10.2	12.3	11.6	10.2
规模工业主营收入	总量(亿元)	14742.7	89168.0	18199.7	102470.2	21897.0	116222.0	25361.7	132319.0	27721.9	143488.1
	增幅(%)	34.9	26.8	35.9	26.4	21.1	15.9	14.6	12.5	8.7	9.8
规模工业增加值	增幅(%)	15.1	15.0	14.7	14.0	13.1	11.4	12.5	11.3	10.2	9.6
进出口总额	总量(亿元)	189.5	1889.5	233.2	2359.9	251.9	2455.4	288.4	2671.6	290.9	2771.2
	增幅(%)	67.3	35.9	21.8	24.8	10.7	4.1	15.3	8.8	2.9	4.0

表 2　《黄河三角洲高效生态经济区发展规划》主要指标完成情况表

序号	指标	完成情况				目标任务	
		2008 年基数	2012 年	2013 年	2014 年	2015 年	2020 年
1	地区生产总值(亿元)	4756	7274	7985.2	8512	9300	15000
2	人均地区生产总值(元)	48336	72000	78565	87839	90000	140000
3	核心保护区面积(万亩)*	400	778	778	778	550	550
4	单位 GDP 能耗降低(%)*	—	12.94			22	15
5	万元工业增加值用水量降低(%)*	—	11	19	25.56	20	15
6	工业固体废弃物综合利用率(%)*	90	—	—	—	95	97
7	主要污染物排放总量降低(%)*					20	15
8	城市污水集中处理率(%)*	72	94	94.64	95.7	80	85
9	林木覆盖率(%)*	18.7	22		—	25	28
10	总供水能力(亿立方米)	29.6	35	58.39	37.08	40	45
11	农业灌溉水有效利用系数	0.55	0.59	0.62	0.57	0.57	0.59
12	城镇化水平(%)	42.5	50.2	52.33	53.54	54	60
13	城镇居民人均可支配收入(元)	17000	35000	48347	52487	30000	44000
14	农民人均纯收入(元)	6449	11030	12448	13912	12500	20000

备注：

1. * 为约束性指标，其他为预期性指标。

2. 2014 年地区生产总值年报修订后为 8499.8 亿元；万元 GDP 增加值用水量降低基数为 2010 年；工业固废综合利用率、森林覆盖率无法测算，总供水能力为 2014 年实际总供水量，城镇居民人均可支配收入为在岗职工平均工资。

表 3　黄河三角洲高效生态经济区重大支持政策和事项推进落实情况表

序号	重大支持政策和事项	责任单位	进展情况
1	推动黄河三角洲国家可持续发展实验区建设。	山东省科技厅、发展改革委、经济和信息化委、东营市政府	2010 年 3 月 18 日，国家科技部批准成立黄河三角洲国家可持续发展试验区（国科发社[2010]111 号），成为我国第一个跨行政区域的国家可持续发展试验区。黄河三角洲国家可持续发展研究中心于 2011 年 12 月经科技部批准成立，以黄河三角洲可持续发展研究院为依托，承担为黄河三角洲地区乃至山东省发展提供可持续发展战略研究、决策咨询服务、建立开放式的可持续发展信息数据库等主要任务，目前已建成 87 个院士工作站，完成设施面积 3.2 万平方米，基建投资 1.2 亿元，选聘了 9 名研究院特聘专家，组织申报了 15 项国家和省市科研项目，其中 11 项已实施；黄河三角洲青年创业基地启动建设，累计完成投资 1512 万元，完成了立项、可研、环评和修详规划，一期工程开工面积 1.34 万平方米。
2	实行土地利用计划差别化管理，对重大项目建设特别是使用未利用地的建设项目，国家在安排用地计划时予以倾斜。	山东省国土资源厅、发展改革委、经济和信息化委、交通厅	国土资源部与我省签订合作协议，国土资源部对我省重大项目建设，特别是使用未利用地的建设项目，在安排用地计划时予以倾斜，同意设立建设占用未利用地备用区，在备用区内建设用地可以“先行使用，年底核销”。积极推进黄三角交通一体化建设，加快公路、铁路项目用地的报批工作，目前，德龙烟铁路涉及的二次补征土地已报国土资源部，黄大铁路用地预审已完成，项目征地和用地报批工作整体启动，济南至乐陵高速公路项目用地已经国务院正式批准，潍日高速土地预审报国土部审批，济南至东营高速先行用地已经批复，项目用地材料已报国土部。对大唐东营电厂、国电胜利电厂三期等一批重大能源项目用地完成预审意见。
3	支持黄河三角洲荒碱地综合治理，有计划地对荒碱地进行开发治理及改造中低产田；鼓励对宜农土地后备资源进行开发，新增耕地在保证规划确定的耕地保有量和基本农田保护面积不减少的前提下，允许在省域内用于占补平衡。	山东省国土资源厅、发展改革委、水利厅、农业厅	完成了黄三角未利用地全面调查，摸清了未利用地基本情况，提出了开发总体思路，省政府印发了《关于未利用地开发利用的意见》，制定了未利用开发项目管理办法，召开了未利用地开发工作会议，未利用地开发全面启动。安排国家和省级专项资金 14.65 亿元支持东营、滨州、潍坊三市进行未利用地开发，分三批下达了未利用地开发计划，安排项目 29 个。制定东营、滨州未利用地开发管理改革试点方案并报国土资源部，东营市累计推进实施了 16 个开发项目，总规模 50 万亩，已完成开发面积 17.5 万亩，新增耕地 7.16 万亩；滨州市已开发 10.3 万亩，新增耕地 2 万亩，开发建设用地 2.2 万亩；潍坊市开发面积 5.5 万亩，新增建设用地 5.2 万亩，耕地 2893 亩。落实国土资源部关于全省耕地异地“占补平衡”有关政策，东营市完成省内异地耕地占补平衡指标交易 2.23 万亩，分别用于支持青岛市和西部经济隆起带建设，获得收益 6 亿元。

续表

序号	重大支持政策和事项	责任单位	进展情况
4	按照相关管理办法，建立黄河三角洲产业(股权)投资基金；支持在黄河三角洲地区设立地方性银行，条件成熟后适时上市；支持符合条件的企业上市和发行债券；支持在流转土地使用产权、林权和海域使用权抵押融资方面先行先试。	山东省金融办、发展改革委、国土资源厅、林业局、海洋渔业厅	山东省人民政府出台了《金融支持黄河三角洲高效生态经济区发展的意见》。山东省金融办会同有关部门发布了《山东省海域海岛使用权抵押贷款实施意见》，开展海域使用权抵押51宗，抵押金额119亿元。东营市商业银行完成了增资扩股工作，资金由5.4亿元增至10.8亿元，正式更名为东营银行。规模200亿元的黄河三角洲产业投资基金已设立并正式运营，落实认缴出资人民币30.131亿元，成功组建了东营博龙石油装备产业股权投资基金和重点投向一级土地开发项目的国开思科新城镇发展基金等专项子基金；对大地肉牛繁育及精细加工等6个项目进行了投资，投资额达1.16亿元，并建立了含100多个优质项目的储备库。兴业银行东营分行已获准开业，天津银行、威海市商业银行在东营设立分行的工作进入实质性操作阶段。滨州市成立了黄河三角洲建设开发集团有限公司、环海公用事业发展有限公司等投融资平台，2013年发行5只企业债券，融资54亿元，上市企业已达15家，累计实现融资218亿元。潍坊成立了潍坊海洋产业投资公司等4家投融资平台，带动投资70多亿元，组建了总规模200亿元的滨海发展基金。
5	依托东营和莱州临港产业区，根据实际业务需要设立保税仓库、出口监管仓库，为设立综合保税区创造条件。	山东省商务厅、东营市政府、烟台市政府	东营临港产业区已建成保税仓库5个、监管仓库4个。东营港经济开发区200万立方米油品储备库区项目、东营港区码头配套库区项目部分区域已被批复为保税库区和监管库区。东营港开发区申报综合保税区省级层面的工作已经全面完成，目前，除国家发改委、财政部外其他8部委均已复函同意设立东营市综合保税区。莱州临港产业区已设立运营2个保税仓库、1个保税堆场。
6	支持东营软件、莱州和寿光种业发展。	山东省科技厅、农业厅、东营市政府、烟台市政府、潍坊市政府	东营软件园二期工程完成建筑面积4.68万平方米，总投资2亿元，园区产业规模逐步壮大，企业聚集效应增强。目前，软件园已签约入驻企业92家，从业人员达2100余人，园区企业实现产值10.8亿元，利税1.76亿元；服务外包产业初具规模，全区登记服务外包企业38家，完成执行额3661.3万美元，2013年，软件园被山东省人力资源和社会保障厅认定为“山东省大学生创业示范园”“省市共建留学生创业园”。 寿光市建立了蔬菜良种研发中心和良种繁育基地。莱州市现有重点育种企业38家，制种面积达到30万亩，海水育苗水体达18万立方米。2013年以来，新增市级以上工程技术研究中心2个，总数达到23家，新增授权发明专利3项，申请发明专利6项，通过省级审定农作物新品种10个。登海种业被认定为“中国种业信用明星企业”第二位。

续表

序号	重大支持政策和事项	责任单位	进展情况
7	组织实施国家级重大土地整治工程，支持开展未利用地开发管理改革试点。	山东省国土资源厅、财政厅、有关市政府	东营、滨州未利用地开发管理改革试点顺利推进，安排国家和省级专项资金 14.65 亿元支持东营、滨州、潍坊三市进行未利用地开发，分三批下达了未利用地开发计划，安排项目 29 个，总开发面积 89.58 万亩，目前已竣工 9 个项目，完成开发面积 37.07 万亩。
8	加快建设中国石油大学国家大学科技园及其“生态谷”、潍坊滨海科教创新园区。	山东省科技厅、教育厅、东营市政府、潍坊市政府	中国石油大学国家大学科技园已建成设施面积 26 万平方米，总用地达到 858 亩，在园机构 210 家，其中在孵企业 156 家，从业人员 4200 人。大学园承担的国家科技支撑项目石油装备研发产业化平台应用示范进展顺利。大学园新材料中试基地已完成投资 3000 万元，基础设施建设和实验装置安装完成。“生态谷”完成投资 4500 万元，基本建成区面积达到 16.6 万平方米，在建的院所合作基地、企业总部二期和科技企业孵化社区等功能区基本竣工。承担的国家工业和信息化部中小企业服务体系发展计划“东营市中小企业窗口服务平台”项目正在加快实施。博士后科研工作站新入站研究人员 2 名，3 名博士分别入选第二批黄河三角洲学者，总数达到 5 人，占全市总数的 1/4。 潍坊市加快滨海科教创新区建设，累计完成投资 26 亿元，起步区 12 平方公里基础设施已全部配套。大力发展海洋职业教育，依托潍坊学院、潍坊科技学院、潍坊职业学院等 9 所院校开设海洋相关专业教育，新组建了山东海事职业学院。科教创新区目前基础设施配套基本完成，26 所职教院校确定入驻，16 所开工建设，3 所院校建成招生，入驻师生近万名。
9	在东营设立国家石油装备工程技术研发中心。	山东省经济和信息化委、发展改革委、科技厅、东营市政府	2013 年 4 月份，依托东营经济技术开发区胜利油田高原石油装备有限责任公司组建的国家采油装备工程技术研究中心获批立项建设，是东营市首家国家级工程技术研究中心，也是我国采油装备领域最高层次的科技创新平台，具有行业唯一性。螺杆机械工程实验室获批为省级工程实验室，“超高压作业泵试验平台”已投入使用；关键技术“复杂油气藏压裂工艺与大型压裂成套装备集成研究”基本完成。该中心已在美国、阿曼等地建立研发和生产基地，力争在建设期内完成 3～5 个海外基地建设。中心已申请专利 15 项，其中发明专利 2 项，授权发明专利 1 项；主持或参与国家和行业标准制定 12 项，获得山东省机械工业科学进步奖一等奖 1 项，东营市科学进步奖 2 项。

续表

序号	重大支持政策和事项	责任单位	进展情况
10	支持黄河口生态旅游区、黄河水城、孙子文化旅游区建设，逐步建成国家级旅游区。	山东省旅游局、有关市政府	黄河口生态旅游区已创建为国家4A级旅游景区，游客综合服务中心、湿地公园已建成使用，远望楼被评为“十大齐鲁文化新地标”，并荣获山东省旅游科技创新奖。黄河水城旅游区清风湖完成了挖湖堆岛、岸线景观改造工程、设施配套完善、广利河胜利大街建设、亮化改造提升等工程；天鹅湖景区重点建设旅游度假区，总体规划通过审查。孙子文化旅游区：滨州市孙武古城旅游区在2011年10月份升为国家4A级旅游景区，东营市孙子文化旅游区已创建成为国家3A级旅游景区。
11	鼓励有实力的企业开展商业储备，建设区域石油流通枢纽和交易中心。	山东省商务厅、有关市政府	已有2家企业在开展商业储备，分别是山东万通集团投资建设的东营海欣仓储有限公司油库区项目、中海石油炼化山东有限责任公司投资建设的东营港物流园区一期项目。
12	在围填海指标和滩涂利用上给予倾斜，适度围海造地。	山东省海洋渔业厅、有关市政府	到2013年底，累计确权发证的各类用海项目1.29万宗，面积61.9万公顷，其中建设用海面积1.6万公顷，为港口物流、船舶修造重大工程建设项目提供了用海保障。加快集中集约用海区规划建设，积极争取国家在围填海利用指标上给予我省倾斜，其中潍坊滨海新城集中集约用海区规划获批，为黄三角重点港口建设项目落地提供了充足的空间保障。
13	支持有条件的省级开发区升级为国家级开发区，鼓励开发区创建国家生态工业示范园区；支持庆云县和天津红桥区合作建设高新技术产业园、乐陵市和天津塘沽区合作建设循环经济示范园，打造承接产业转移的载体。合理调整行政区划，推进统一高效开发。	山东省商务厅、经济和信息化委、科技厅、有关市政府	东营经济开发区、潍坊滨海经济开发区、邹平经济开发区、滨州经济开发区4家开发区上升为国家级开发区。庆云县将红云高新区、经济开发区和一个街道整合成立为新开发区，实现“两区合并、政区合一”，赋予县级权限，强力推进园区建设，起步区三纵三横主干路竣工通车，南区路网、东外环路等13.7公里路网建设全面开展，220千伏变电站投入运行，红云创业服务中心建设完成；投资50亿元的航天碳材料产业基地、投资16亿元沈阳机床整机及配套产业园等一批项目落户，入驻企业达到32家。乐陵、塘沽合作建设的循环经济示范园区已建设7条道路，路网、管网等基础设施建设全面铺开，完成总投资3亿多元。年产160万吨重油项目、中再生能源、乐福潮商工业园等20余项目已落户园区，总投资127.84亿元。

续表

序号	重大支持政策和事项	责任单位	进展情况
14	加大对石油、黄金等资源产区开发的政策支持力度，国家安排中央分成的矿产资源补偿费向黄河三角洲地区倾斜。	山东省国土资源厅、财政厅	对于黄金资源开发，省里已向国土资源部提出将莱州市作为全国 47 个黄金资源重点勘察地区之一，预计可增加黄金储量 500 余吨。 国家在安排中央分成的矿产资源补偿费方面已对黄河三角洲地区给予倾斜。
15	支持建设国家自然保护区和海洋特别保护区建设，实施泥质海岸防护林封育试点。	山东省林业厅、海洋渔业厅、环保厅等	东营市建立了 5 处国家级海洋特别保护区，3 处国家级水产种质资源保护区，总面积分别达 1709 平方公里和 148 平方公里；黄河三角洲国家地质公园开展了四期地质遗迹保护工程，被列入国土资源科普基地名录；海防护林工程完成人工营造乔木林 26.25 万亩，基干林带 1.2 万亩(60 公里)，纵深防护林 21 万亩，总投资 3.57 亿元。滨州贝壳堤岛与湿地国家级自然保护区与国家海洋环境监测中心在保护区内合作共建了“滨州海洋生态站”，与天津水运工程科学研究院合作开展了海洋危害观测研究，在核心区关键部位安装了 4 套视频监控设备和“植被观测系统”“碳排放监测系统”，组织开展了“贝壳堤岛形态变化观测工程”；滨州市加大沿海防护林体系建设力度，新建沿海防护林 22970 公顷。潍坊市海洋特别保护区和水产种质资源保护区面积超过 20 万亩，昌邑市被确定为首批省级海洋生态文明示范区，积极开展湿地保护与恢复，建成湿地保护区和湿地公园 19 处，总面积 236.75 万亩。
16	探索建立排污权有偿使用和排污权交易市场；推进水价形成机制和水资源管理体制改革，建立水权转让制度和水权交易市场。	山东省环保厅、水利厅、发展改革委	潍坊市开展排污权有偿使用和交易试点，山东海龙与潍坊裕亿化工签订了《排污权交易合同》，交易二氧化硫排放指标 128 吨，为全省第二笔排污权交易，今年 3 月 22 日，潍坊环境能源交易中心有限公司注册成立，成为省内第三家拥有碳排放交易中心的城市。滨州市制定了用水总量控制管理办法，实施了水价改革，建立和完善了用水总量控制和定额管理相结合的用水管理制度，对高耗水企业强制实施节水技术改造并严禁新上高耗水项目，完成工业节水技改项目 60 多个，总投资 7.3 亿元，实现年节水 2400 多万立方米。
17	推进东营资源型城市可持续发展试点。	山东省发展改革委	2013 年 11 月，国务院印发了《全国资源型城市可持续发展规划(2013～2020)》，界定了全国 262 个资源型城市，东营市是其中之一。按照国家规划，积极落实国家赋予的资源型城市可持续发展试点的有关优惠政策，推动东营经济社会转型发展。

表 4　　黄河三角洲高效生态经济区重大项目完成情况表

类别	项目名称及建设情况
四大临港产业区	1.东营临港产业区:位于东营市以北100公里处的渤海湾西南海岸,起步区面积102平方公里,规划控制区232平方公里。目前,现代物流、生态化工、海洋装备制造等特色优势产业发展势头良好,全区投产和在建项目达到90多个,总投资超过1200亿元。已建成及在建原油炼化能力达到1500万吨,碳三、碳四产业链条相对完善,芳烃产业链条逐步延长。万达年产2000千米海缆项目已顺利投产达效,成为了全国最大的海缆生产基地。
	2.滨州临港产业区:位于山东省最北部、渤海湾西南岸,规划总面积1500平方公里,核心区面积526平方公里,海岸线180公里。成立了滨州临港产业区管理机构——北海经济开发区管委会,编制完成了《概念性总体规划》《起步区发展规划》《临港产业发展规划》,确定了"一港、一城、一带、六区"的空间布局。2015年1～7月份规模以上工业增加值累计增速84.42%,规模以上工业企业实现主营业务收入50.89亿元,同比增长103.30%;利润7.03亿元,同比增长66.50%;利税9.24亿元,同比增长105.17%。目前已有入园企业5家,协议入园企业30余家。
	3.潍坊北部临港产业区:位于潍坊市北部,在行政区划上分别隶属于潍坊市寒亭区、寿光市和昌邑市,规划面积2092平方公里,包括潍坊滨海经济技术开发区、寿光滨海经济开发区和昌邑滨海经济开发区。2014年,港口货物吞吐量近3000万吨、集装箱突破17万标箱,旅游接待总人数100万人次,实现旅游总收入9.6亿元;以潍坊渔港为核心,加大渔港经济区和海洋牧场建设力度,近海养殖、远洋捕捞和水产品深加工等高效生态渔业快速发展,目前已形成20多万亩养殖规模,国家级无公害水产品17种,水产品深加工年产量超过15万吨。
	4.莱州临港产业区:范围包括三山岛、金仓、城港、永安、文昌、金城、虎头崖、土山、沙河9个镇街的沿海区域以及所辖海域,规划面积350平方公里。莱州市编制了《临港产业区发展规划》,出台了《关于加快莱州临港产业区建设打造烟台西部增长极的意见》等政策,积极培育临港物流、机电和装备制造、生态化工、石材建材等优势突出的特色产业和特色园区,全面推进产业区发展。2015年上半年实现地区生产总值281.6亿元,完成规模以上固定资产投资172.8亿元,规模以上企业实现主营业务收入719.2亿元。2010年以来累计开工过亿元项目273个,目前起步区在谈项目38个。

续表

类别	项目名称及建设情况
循环经济示范园区	1. 东营经济技术开发区：成立于 1992 年，位于东营市中心城区东部，规划控制面积 417 平方公里，2010 年 3 月 21 日升级为国家级经济技术开发区，是国家高新技术产业标准化示范区、全国铜及铜材产业知名品牌示范区、全国循环化改造示范试点园区，山东省科学发展示范园区、新型工业化产业示范基地和新能源高技术产业基地，正在创建全国循环经济标准化示范区、国家级生态工业示范园区。目前已完成配套面积 80 平方公里，规划建设了主体产业区、东八路东产业园、临港产业园、空港产业园四大产业园区和府前街金融聚集区、莒州路现代服务业聚集区两个聚集区，着力发展有色金属、新材料、汽车及零部件、石油装备制造等主导产业，加快发展电子信息、现代服务业、智能装备制造等新兴产业，形成了特色产业突出、配套功能完善的产业体系。2015 年上半年，全区实现生产总值 179.36 亿元、规模以上工业总产值 805.92 亿元、公共财政预算收入 10.42 亿元，分别增长 7.3%、8.7%和 5.9%；完成进出口总额 20.9 亿美元，占全市比重 33.9%。
	2. 东营胜利经济开发区：位于东营市南二路 1118 号，面积 10 平方公里。是以石油装备制造业为特色的省级开发区，于 2002 年 5 月正式开工建设，批准面积 6 平方公里，控制规划面积 36 平方公里。2015 年重点推进的产业项目共 30 个，总投资 100 亿元。2015 年上半年预计可实现地区生产总值 20.7 亿元，规模以上工业总产值 110 亿元，完成固定资产投资 30.7 亿元，实现地方财政收入 2273 万元，进出口总额 3.5 亿美元。
	3. 华泰工业园：位于东营市广饶县境内，面积 12 平方公里，是山东省循环经济示范单位。按照“可持续、减量化、再利用、资源化”的循环发展理念，不断提高资源利用效率，着力培育主导循环经济链条，实施了林浆纸一体化项目，全力建设制浆造纸循环产业链、废物回收利用循环产业链，园区循环化特征日益明显。园区内的污泥再利用项目被认定为工信部清洁生产示范项目。目前已发展成为全世界最大的新闻纸生产基地。70 万吨高档铜版纸项目、泰强物流园区项目建成投运，华泰 10 号机升级改造项目等正在加快建设。
	4. 万达橡胶轮胎工业园：位于垦利县经济开发区和胜坨镇精细化工园区，规划占地 1800 亩。成立了发展循环经济领导机构和相关工作机构，设立了发展循环经济相关专项资金，以“减量化、再利用、资源化”为原则，以“低消耗、低排放、高效率”为基本特征，提升轮胎生产工艺、优化产品结构，实现资源综合利用；加强节能管理，降低资源消耗。园区内废旧轮胎再利用项目被认定为省资源综合利用项目。3000 万条/年半钢子午线轮胎生产项目总投资 30 亿元，项目一期已建成投产，二期正在规划中。

续表

类别	项目名称及建设情况
循环经济示范园区	5. 海科临港化工循环经济工业园：位于东营港经济开发区生态化工园区内，占地 2850 亩。主要由东营市赫邦化工有限公司和东营市海科瑞林化工有限公司组成，整体建设按照“资源的再利用和再循环利用、废物减量化、绿色化工等经济模式，采用符合清洁生产的工艺技术，提高资源利用率，从源头减少污染物的产生量，最大限度地减少污染物的排放总量。4 万吨/年三氯乙烯项目、30 万吨/年离子膜烧碱项目、12 万吨/年甘油法环氧氯丙烷项目已建成投产。
	6. 潍坊滨海经济开发区：位于潍坊市北部，渤海莱州湾南畔，国家级开发区，陆域面积 677 平方公里，辖 2 个街道、51 个行政村，人口 15 万，是全国最大的生态海洋化工生产和出口创汇基地，先后被确定为“全国科技兴海示范区”和“国家科技兴贸创新基地”“国家生态工业示范园区”，被评为山东省循环经济示范园区。坚持运用循环经济理念，充分发挥区位优势和科技优势，探索建立了“一水六用、动脉扩张、静脉串联、动态循环”的循环经济发展模式，通过资源在区域内的闭路循环和废弃物资源化，实现了经济、社会、环保“三个效益”的协调统一。2015 年 1～6 月份，全区规模以上工业实现增加值 118.6 亿元，可比增长 16.8%；全区规模以上工业完成主营业务收入 465.5 亿元，同比增长 11.2%；全区规模以上工业实现利润 26.5 亿元，同比增长 15.6%；1～6 月份，全区完成公共财政预算收入 13.94 亿元，同比增长 18.1%。
	7. 寿光渤海工业园：位于羊口镇境内，规划面积 28 平方公里。一期开发面积 12 平方公里，二期开发 7 平方公里，共落户企业 47 家，其中过亿元项目 21 个，初步形成了以精细化工、生物化工、盐化工、石油化工等化工产业集群。
	8. 昌邑滨海（下营）经济开发区：位于昌邑市北部，总面积 532 平方公里，海岸线长达 53 公里。整个开发区按照一城一港三园布局。“一城”，即把下营镇区建设成为现代化生态宜居的滨海新城；下营镇镇区建设主要是开发区的配套服务和保障。2009 年重新设立下营镇，将原来下营镇区全部拆除重建，全面建设下营学校、行政居住、商业、金融、科教、卫生、娱乐设施，目前，部分建设完毕并投入使用。“一港”，即潍坊的东港区，也就是下营港；三园区即下营、柳疃、龙池三个工业园区。2008 年开发区的下营项目区被中国染料协会确定为中国染色化学品（昌邑）产业园区。2013 年，开发区被首批认定为山东省现代海洋精细化工特色产业园。2014 年，开发区实现地方财政收入 3.1 亿元。
	9. 山东海龙工业园：位于潍坊市寒亭区，占地 1000 亩，以山东海龙股份有限公司和亚星集团为主体，按照减量化、再利用、资源化的原则，分阶段对现有的产线进行废气、废水定量减排，实施余热回收再利用，采用最新技术和装置对废气、废水重点治理，新上和改进一批生产线。目前已完成投资 15 亿元。其中 3 家重点企业投资 2.4 亿元完成了锅炉烟气除尘、脱硫脱硝和扬尘等 13 项污染治理工程，既基本消除了空气异味，又实现了社会效益和经济效益的“双赢”。

续表

类别	项目名称及建设情况
循环经济示范园区	10. 寒亭建材工业园：占地 800 亩，目前，园区内落户 14 家节能环保、新型建材、建筑垃圾再利用等企业和项目，园区上半年主营业务收入 5 亿元，利税 1.5 亿元，同比增长 6%。
	11. 莱州银海工业园：总面积 120 平方公里，规划面积 33 平方公里。2015 年上半年实现产值 31 亿元。园区内已形成以诚源盐化、开源盐化等企业为代表的盐及盐化工产业链和以山东方泰循环金业股份有限公司为代表的消化吸收金矿尾渣，提取其中的贵金属元素，并吸收尾气中的二氧化硫制取硫酸的循环经济产业链。园区风电开发项目经山东省发改委核准 14 个，截至 2015 年上半年已建成 11 个，总装机容量 53 万千瓦，累计上网电量 40 亿千瓦时。
	12. 鲁北化工生态工业园：位于滨州市无棣县埕口镇，规划总面积 15 平方公里。园区共有企业 40 余家，其中规模以上工业企业4 家。2014 年实现工业总产值 137.91 亿元，同比增长 1.7%；主营业务收入 137.56 亿元，同比增长 4.7%；利税 10.88 亿元，同比增长 34%；实交税金 3.39 亿元，同比增长 10.7%。完成固定投资 25.05 亿元。园区现拥有省级企业技术中心 1 家，各类发明专利、科技成果 10 个，形成拥有“脱硫石膏制硫酸联产水泥技术研究”“钛白废酸高效高值利用技术”“石膏分解工艺及装置”等多项自主知识产权和自身特色的核心技术。
	13. 西王集团工业园：位于滨州市邹平县韩店镇，占地 5000 亩，以西王、三星为代表的一批企业，加强玉米原料循环利用、产品梯次开发，形成了园区内部及社会资源之间多个循环经济链条，以最小的成本获得最大的经济效益和社会效益。西王集团有限公司是国家环境友好型企业，现拥有总资产 360 亿元，职工 16000 余人。2014 年实现销售收入 309.5 亿元，利税 21.8 亿元，上交税金 7.8 亿元。2015 年 1～8 月份，实现销售收入 203.2 亿元，利税 9.6 亿元，上交税金 6.0 亿元，持续保持了健康稳定的发展态势。
	14. 铁雄能源工业园：位于滨州市邹平经济技术开发区，占地 1800 亩，主要依托山东铁雄冶金科技有限公司建设，公司成立于 2003 年，注册资本 2.03 亿元，现有资产 103 亿元，职工 3000 余人。公司及子公司已形成年产冶金焦 600 万吨、煤焦油 30 万吨、粗苯 10 万吨、硫铵化肥 3 万吨、液氨 1.25 万吨、煤气 22 亿立方米、年发电 2.2 亿 kWh 的生产规模，并同步配套了装煤、推焦除尘、煤气回收净化、废水循环处理系统，实现了废水、烟尘零排放。

续表

类别	项目名称及建设情况
物流园区	1. 临港物流园区：位于东营港临港产业区，规划面积 28 平方公里。重点推进了“一带、一线、两池、十大码头”建设。总投资 80 多亿元的中海油、万通、宝港三大临港物流园区以及中海油 1500 万吨渤海湾原油上岸终端项目正在加快建设。目前，中海油 106 万方罐区已投入运营；万通 200 万方油库区全面建成；宝港国际 100 万方精细化工品罐区基本建成。中海油 1500 万吨渤海湾原油上岸终端项目一期工程去年 5 月份建成投用。全区仓储物流区液体化工品一次性仓储能力突破 500 万立方米，明年将达到 1000 万立方米，成为环渤海地区重要的石化产品储备基地。
	2. 中心城物流园：位于东营区六户镇，包括城南物流园、东营西郊物流中心、山东黄河三角洲建材仓储园。目前城南物流园正在办理前期手续，东营西郊物流中心注册资本 3000 万元，拥有员工 150 余人，拥有东营地区唯一危险品铁路运输专用线 4 条共计 4305 米，栈桥 280 米，装火车鹤管 24 个。山东黄河三角洲建材仓储园基础设施建设已基本完成，实现投资 6020 余万元。
	3. 空港物流园区：总规划面积 29.45 平方公里，主导产业以商贸物流、新型建材、批发零售为主。辖区内新上企业 10 家，已投产运营企业 3 家，在建项目 7 个，项目总投资 8.447 亿元，目前已完成投资 4.547 亿元。物流园原有北外环、博新路、东八路、永红路四条道路，新建湖州路、中心北路、新立北路、永泰北路等。水、电、路、讯已接通，实现“四通一平”。
	4. 广饶物流园区：园区规划已通过专家评审，控制性详规已上报相关部门进行预审。铁路专用线项目占地预审手续已审批，选址手续已完成，山东省发改委立项核准已完成，用地手续已报批。配套建设的 1 万平方米的仓储中心和消防站已全部完工并投入使用，万通公交公司正式进入运营。铁路货运站场建设已完工。
	5. 西城物流园区：位于滨州经济开发区，总投资 40 亿元，规划占地 1 万亩，有展厅、建筑单位 38 个及公路、广场、路灯、绿地等基础配套设施，建筑面积 20 万平方米，是山东省首批 50 家重点园区之一。园区现有京华集团等 23 家单位入驻经营。
	6. 东城物流园区：位于滨州市滨城区，园区规划占地 8800 亩，计划投资 75.33 亿元。是集货运配载、信息服务、仓储、交易、加工、展览、城市生活和生产加工配送等物流服务于一体的商品集散型物流园区。目前拥有物流企业 30 多家，仓储面积 10 多万平方米，物流量 1500 万吨，营业收入 20 亿元。

续表

类别	项目名称及建设情况
物流园区	7. 滨州临港物流园区：位于滨州临港产业区内，占地 2.3 万亩。2014 年园区实现总产值 5.78 亿元，主导产业增加值 2.38 亿元。2015 年 6 月 26 日，滨州港 2×3 万吨级码头正式开航运营，可供 3 万吨级的船舶直接进港装卸货物。滨州临港物流园区内水、电、路、讯等基础配套工程加速推进，累计投入资金 34 亿元。预计到 2015 底年物流园区内将有 20 家以上大型现代物流企业入驻，年货物吞吐量达到 3000 万吨，形成一个百亿元级的临港物流产业集群。
	8. 鲁北航空物流中心（大高航空产业园）：位于沾化县大高镇，面积 9 平方公里。以大高航空产业园为核心，以 4C 级区域性支线机场为支撑，配套完善基础设施，重点发展飞机及零部件制造、复合材料、航空物流、航空旅游、商务会展等高新技术产业和现代服务业。已落户滨奥钻石飞机制造等企业 6 家，2015 年上半年合同销售飞机 9 架，生产 6 架，交付 11 架，累计签订购机合同 305 架，生产整机 160 架，已交付 135 架。
	9. 潍坊临（海）港物流园：位于潍坊市滨海区北部海域，规划面积 80 平方公里。初步形成了物流企业规模化发展的格局，年货物吞吐量达 2600 万吨，集装箱业务突破 17 万标箱。中海油海化物流、达美物流、中棉物流等 20 多家配送及第三方物流企业实现物流企业规模不断壮大。综合保税区北区、山东高速物流园、石油焦市场等重点项目建设顺利。
	10. 寿光农产品物流园：计划总投资 20 亿元，规划占地 1880 亩，建筑面积 100 万平方米。于 2009 年 4 月开工建设，一期工程包括蔬菜交易区、理货配送区等，于同年 11 月竣工运营。二期工程业主公寓楼、13 万平方米的理货区也已建成投用。三期工程近期开工。作为国内首家由国家商务部批准的蔬菜价格指数发布点，物流园已于 2011 年 4 月中旬正式开始蔬菜价格指数发布工作。全国蔬菜集散中心、价格形成中心和信息交流中心的地位得到进一步加强。
	11. 寒亭食品药品和民俗产品物流园区：寒亭民俗产品物流园区位于寒亭城区中部，规划占地 423.75 亩，目前，园区内落户企业 19 家，总投资达 20 亿元。园区中的兴业路、曲范路、创业路三条道路管道工程已完成投资 800 多万元。同时，园区正在加快供热管网建设和污水处理厂建设步伐。
	12. 莱州临港物流园区：位于莱州工业园区，规划面积 15 平方公里，是省重点服务业园区，现有规模以上临港产业法人单位 57 家，其中仓储物流企业 26 家，仓储规模达到 180 万立方米，临港加工企业 3 家，临港商贸及配套企业 11 家，临港货代企业 17 家。2014 年完成货物周转量 2500 万吨，实现主营业务收入 35 亿元，从业人员 4400 人。

续表

类别	项目名称及建设情况
物流园区	13. 乐陵(义乌)商贸物流园:规划占地 276 亩,规划总建筑面积 25.5 万平方米。目前已竣工验收。项目一期运营良好,二期正在开展大品牌入驻招商工作,电子商务中心已正式启用。
	14. 庆云国际物流园:始建于 2003 年,依托全县 24 处专业批发市场为中小企业提供全方位物流服务,建筑面积 2.3 万平方米。目前,庆云与"义乌购"合作建设的综合性电子商务平台"庆云购"上线运营,启动实施"万名电商人才培训"工程,组织举办电商培训班 50 余期,参训人员达 6000 余人次;建成电子商务产业园一处,建筑面积 10000 余平方米,入驻电商企业 40 余家,日均货物出票量达 2000 余单;规划新建电商产业园一处,建筑面积 13 万余平方米,目前项目方案设计完成;积极引进第三方物流企业入驻园区,新增物流业户 20 余户,新增物流线路 300 余条。
基础设施建设	1. 东营港:是国家一类开放口岸,黄河三角洲区域中心港,实施了总投资 80 多亿元的港口建设项目。目前,全面建成了 9600 米引桥和 2 个 3 万吨级码头,并实现了对外轮开放。引进市场资本 18 亿元建成了中海油、万通、宝港国际等十大业主码头和万佳港航 4 个 1 万吨级液体化工品码头,全面启动总投资 123 亿元的北防波堤、一突堤、三突堤、北防波堤沿线码头及 15 万吨深水码头、大唐煤炭专用码头等 6 大港口建设项目。投资 18 亿元配套建设了总长 30 公里的高标准公共管廊带工程,实现了码头—库区—企业的全管道、全封闭联通。引进企业资金 17 亿元,启动实施了南港池 16 个码头改扩建工程,与中国海运集团合作,成功恢复了停运逾 10 年的东营至旅顺的客货滚装航线,实现了双班对开。2014 年吞吐量达 1000 万吨。
	2. 潍坊港:位于渤海莱州湾南岸,现为国家一类开放口岸,分为东、中、西三个港区,东港区依托省级的昌邑下营经济开发区,西港区依托省级寿光羊口经济开发区,森达美港(中港区)作为潍坊港的主港区,于 1996 年开工建设,1998 年正式通航运营。潍坊港中港区(森达美港),现有生产泊位 15 个,总设计通过能力 1125 万吨;2014 年港口吞吐量(森达美港)2603 万吨,完成集装箱 17.3 万标箱,5 万吨航道完成投资 7 亿元、年内实现 2 万吨级通航,17 个 5 万吨级泊位、2 个 3 万吨级客货滚装泊位正在加快推进。
	3. 滨州港:目前已经建成海港港区东、南两条防波堤及 17 公里集疏运通道,新增深水岸线 28 公里,2 个 3 万吨级通用散杂货码头与青岛港务集团联合开航运营,初步搭建起亿吨大港的框架。2015 年计划工程总投资 20.6 亿元,全力推进 3 万吨级航道工程、液体散货区围堰工程、防波堤(二期)工程等项目建设。

续表

类别	项目名称及建设情况
基础设施建设	4. 莱州港：是国家一类对外开放口岸，黄河三角洲区域龙头港，近年来已累计完成投资 20 亿元，生产性泊位达到 24 个，其中 10 万吨级泊位 1 个，5 万吨级泊位达到 5 个。2014 年港口吞吐量 4000 万吨，比 2009 年增长 166%，集装箱达到 15 万标箱，2015 年上半年港口吞吐量 1870 万吨。目前，总投资 10.13 亿元的莱州港 2 个 10 万吨级通用泊位工程，正在进行工程社会稳定风险评估工作，其他审批工作均已完成；10 万吨级航道工程，可行性研究报告已通过山东省交通运输厅行业审查，工程海洋环境评审已通过省海洋渔业厅审查，其他相关工作正在进行。
	5. 莱州大型能源项目：由华电国际电力股份有限公司投资建设，厂址位于莱州市金城镇海北嘴，规划总装机容量为 8×1000MW。该项目属于“节能、节水、占地少、环保型”的港口大型电站项目。2015 年上半年，华电国际莱州电厂发电量 53 亿千瓦时，实现售电收入约 19 亿元。华电莱州火电二期工程已列入山东省 2014～2015 年火电建设规划，目前正在加紧推进前期工作，煤炭等量替代方案已获山东省发改委审查批复，海洋环评报告和海域使用论证报告已通过专家评审，环评报告等专题报告已编制完毕，准备报批。
	6. 德龙烟铁路： 德州—大家洼段：全线进入验收阶段。 大家洼—莱州—龙口段：全长 175 公里，总投资 11.42 亿元，1999 年 5 月开工建设，2005 年建成投入运行，目前项目升级改造工程升级改造方案已上报国家铁路局。 龙口—烟台段：预计 2015 年底建成。
	7. 黄骅—大家洼铁路：手续已全部办理完毕，正开展征地、拆迁等工作。
	8. 小营—滨州港铁路：一期建成运营。二期项目于 2015 年 8 月 25 日获山东省发改委批复，目前正在进行初步设计文件编制评审、施工图设计、编制施工招标文件、项目融资等方面工作。
	9. 博兴—高青—邹平铁路：项目初步设计方案已经批复，省市县国土部门正在协商博兴段用地手续。
	10. 益羊铁路：2014 年 11 月 19 日建成通车。
	11. 潍坊至诸城铁路：已纳入规划开展研究。
	12. 淄东线改造项目：项目可研报告已获批复，争取年内开工建设。

续表

类别	项目名称及建设情况
基础设施建设	13. 滨州至德州高速:于2012年6月10日正式通车,全程144公里,完成总投资68亿元。
	14. 济南至乐陵高速:2015年1月正式通车。
	15. 济南至东营高速:截至目前完成填土494万立方米,占总量的81%;大中桥完成投资9517万元,占总量的50%;小桥涵完成投资12745万元,占总量的84%。累计完成投资50742万元,占有效合同价的40%。
	16. 潍坊至日照高速:潍日高速滨海连接线路基工程累计完成总量的54%。荣乌高速立交桥下部结构累计完成78%。青银高速以南段项目立项所有支持文件山东高速集团已报国家发改委。
	17. 青州至临沭高速公路(东青高速南延工程):2013年1月20日通车运营。
	18. 沿海高等级公路:正在开展前期工作。
	19. 防潮堤:新建139.1公里,改造加固138公里。其中:东营市新建13.3公里;滨州市新建15.8公里;潍坊市黄三角区域新建99公里,改造加固138公里;莱州市新建11公里。
	20. 南水北调配套和西水东调干线工程:通水运行。
	21. 大唐东营电厂:已获得山东省发改委的核准,将于近期开工建设。
	22. 国华寿光电厂:土建方面:烟囱混凝土筒身已结顶;主厂房封闭工作完成,凝汽器组装完成,加热器就位;1号锅炉正在进行受热面安装;2号炉受热面正在吊装;冷却塔1号塔完成筒壁结顶(总共118板);2号塔施工至第43板(总共118板);附属建筑厂房施工完毕,正在进行设备安装;电除尘、脱硫吸收塔安装完成65%;输煤系统等与主体工程同步配套进行。脱硫工艺综合楼框架完成75%,石灰石库区框架完成75%。主设备方面:1号机组汽轮发电机组安装完成70%;送出线路方面:500kV线路已完成前期勘探和施工图设计,招投标完成,电厂侧3号4号塔基础施工完成。
	23. 大唐滨州电厂:获得国家发改委核准,已开工建设。
	24. 黄岛—潍坊重质液体输送管道、莱州—昌邑输油管道:已完工。

第 2 部分

市县篇

东营市黄河三角洲高效生态经济区发展报告

东营是黄河三角洲的中心城市和山东半岛蓝色经济区的前沿城市，也是唯一全部纳入黄蓝两大国家战略的城市。自《黄河三角洲高效生态经济区发展规划》批复以来，东营市按照省委、省政府的部署要求，以实施国家战略为统领，抢抓机遇，乘势奋进，《规划》确定的重点任务顺利推进，基本形成了以生态文明为特色的高效生态经济发展模式，高效生态经济区建设取得了重大阶段性成果，推动全市在新的起点上实现新一轮科学跨越。

一、实施黄三角国家规划的总体情况

（一）综合经济实力明显提升

五年多来，全市生态、产业、基础设施、社会事业深度融合发展，规划确定的主要发展指标均符合预期进度要求，高效生态经济区建设不断取得新成效、新突破。2014 年，《规划》确定的 14 项主要发展指标中，地区生产总值、人均地区生产总值、城市污水集中处理率、农业灌溉水有效利用系数、城镇化水平、城镇居民人均可支配收入、农民人均纯收入 7 项提前达到 2015 年目标要求；核心保护区面积、单位 GDP 能耗降低、万元工业增加值用水量降低、工业固体废弃物综合利用率、主要污染物排放总量降低、总供水能力 6 项达到或超过预期进度要求；林木覆盖率从 11.6%提高到 17.3%，增长了 5.7 个百分点。全市生产总值从 2008 年的 2028.27 亿元增加到 2014 年的 3430.49 亿元，增长 69.1%；全社会固定资产投资从 873.81 亿元增加到 2708.2 亿元，增长 209.9%；公共财政预算收入从 90.21 亿元增加到 206.24 亿元，增长 128.6%；城镇居民人均可支配收入从 19487 元增加到 36940 元，增长 89.6%；农民人均纯收入从 6600 元增加到 14456 元，增长 119%。在国内经济下行压力加大的形势下，全市主要经济指标仍保持了 2 位数的增长速度，增幅居全省前列，展现出较强的发展后劲和较大的发展潜力。

(二)环境保护和生态建设得到加强

1. 生态建设进一步加强。构筑生态防护林体系总体骨架。初步形成了以路域绿化为骨架,以水系、环城(镇)、示范区、村庄绿化和沿海防护林基干林带以及湿地生态为补充的较为完善的林业生态建设体系,对全市路、林、水三大网络进行系统规划、综合治理,做到有路必有林、有林必有水、有水必畅通,实现"三网"合一,全面绿化。全面构筑城市绿色屏障。实施中心城沿黄生态工程,与中心城南部沿广蒲河绿化工程和生态林场建设、中心城东部规划建设的沿海生态工程有机结合,以实现中心城森林环抱。加快城乡绿化美化,新增造林面积12.1万亩,圆满承办了省第五届城市园林绿化博览会。四年新增林地面积70万亩,林木覆盖率提高了5.7个百分点,达到17.3%,被评为国家现代林业建设示范市。建立湿地生态补偿机制。实施百万亩湿地修复工程和黄河刁口河流路生态调水工程,已修复湿地35万亩,黄河三角洲国家级自然保护区被列入国际重要湿地名录。2009年以来,在已经获得国家批准的229.5万亩受保护的湿地基础上,到2014年底我市新增受保护的湿地25.42万亩,全市受保护的湿地面积到达254.92万亩。加强海洋环境保护与生态修复。设立了东营河口浅海贝类、东营黄河口、东营利津底栖鱼类、东营莱州湾蛏类和东营广饶沙蚕类共5处国家级海洋特别保护区,总面积达1709平方公里,占全市海域总面积的30%。2009～2014年,全市累计投入资金1亿余元,实施海洋渔业资源修复工程,有效恢复和保护近海渔业资源。

2. 强化环境保护。(1)环保设施进一步完善。开展生态环境整治提升年行动,已完工环保重点工程90项,完成投资21.31亿元。中心城东城北、西城南、西城北污水处理厂建成并试运行,东城南污水处理厂正在建设。建成乡镇污水处理厂8个,完成工业、城镇污水处理厂升级改造项目9个,完成人工湿地净化工程3处。13家电厂完成了锅炉脱硝工程,10家石化企业建设了催裂化装置再生烟气脱硫工程,252个加油站和30个储油库完成油气回收治理工程,环保基础工作进一步夯实。实施农村环境连片整治。开展乡村文明建设提升年活动,集中开展村庄清脏治乱,实施硬化、亮化、绿化、美化工程,建立起县区统管、城乡一体的环卫运行机制,在全省城乡环卫一体化群众满意度调查中活动列第一名。(2)源头治理防控。严格执行环境影响评价制度,强化行业准入和源头控制。实施119项治理工程,取缔"土小"污染企业270家,清理整顿环保违规项目511个,拒批高排放、高污染项目53个,淘汰黄标车、老旧车2.5万辆。重点行业、领域水气污染恶化势头得到有效遏制,水气环境质量稳步改善。

3. 加强海洋环境监管。规范海洋环境管理。2008年以来,修编了《东营市海洋功能区划(2013～2020年)》《东营市海域使用总体规划》,编制了《东营市海洋生态环境保护与建设专项规划》《东营市海岸带管理规划》等制度。开展东营市近岸海域综合承载力研究，完善了《东营市风暴潮、赤潮、海冰应急预案》《东营市海上溢油应急预案》，制定了《东营市海洋经济普查实施方案》，完善了海洋经济调查数据库及涉海单位名录库；5 个县级海域使用规划全部编制完成并通过市政府组织的专家评审。扎实开展海洋环境监测工作。2009～2014 年，每年制定《东营市海洋环境监测工作实施方案》，完成国家、省、市监测与评价任务，及时发布评价结果。每年发布《东营市海洋环境公报》，对各年度东营所辖海域进行客观科学评价。开展重点养殖区监测，每年完成全市重点海参养殖区水质监测，保障我市海参养殖业的持续健康发展。及时开展应急监测，每年对海上溢油、海冰、赤潮、风暴潮等海洋灾害进行密切监视监测，做好海洋预报工作。防治海陆污染。加强海洋工程项目的监督管理，跟踪监测东营港经济开发区防潮堤工程、青东 5 产能建设项目等八个海洋工程。对潮河、挑河、广利河、神仙沟等河流入海口区域按照季节要求进行定期定点监测。

4. 大力发展循环经济。2009 年以来，东营市加快发展循环经济，成立了市发展循环经济领导小组，与中国浦东干部学院合作，编制了《东营市循环经济发展规划》。循环园区建设。着力培植试点示范，积极组织创建国家、省级循环化改造示范园区。东营经济技术开发区被确定为全国循环化改造示范试点园区，全省科学发展示范园区、循环经济示范园区和新能源高技术产业基地，正在创建国家级生态工业示范园区，实施的 17 个循环经济项目已竣工投产 9 个，年节能 4.5 万吨标准煤，减排 COD 8500 吨，目前已获得扶持资金 1.33 亿元。胜利经济开发区和垦利经济开发区先后通过了省专家组评审，组织论证了 35 个循环经济项目，总投资 348 亿元，2015 年底实施完成后，年可节能 13 万吨标准煤，减排 COD1.8 万吨。同时培育了大地乳业 1 个循环经济教育示范基地，利华益集团股份有限公司等 15 个省级循环经济示范单位，对加快循环经济发展起到积极辐射和带动作用。可再生能源示范市建设。2011 年积极申报了国家可再生能源建筑应用示范市，10 月被财政部和住房城乡建设部批准，并获得国家补助资金 6000 万元。目前东营市国家可再生能源建筑应用示范市已到位国家专项补助资金 5400 万元，完成 29 个近 300 万平方米示范项目的评审认定与部分项目专项资金拨付工作。正在积极筹划组织后续国家可再生能源示范项目的认定验收工作，同时组织对具备条件的可再生能源示范项目进行能效检测及验收工作。项目建成后，每年可节约标煤 7.6 万吨，减排二氧化碳 21 万吨。

（三）经济结构明显优化

1. 加快发展高效生态农业。东营被整建制列为国家现代农业示范区、全国农产品加工示范基地，东营农高新区正在创建国家级农高区。全市农业龙头企业发展到608家，新增58家，国家级、省级、市级重点龙头企业分别发展到4家、38家、232家，形成了国家、省、市三级农业龙头企业梯队；农产品品牌战略顺利实施，新增中国、山东名牌农产品8个，达到23个，396个农产品、160万亩生产基地通过“三品”(无公害产品、绿色产品、有机食品)认证。绿色种植业。突出抓好农业园区建设，全市已规划建设各类现代农业园区186个，规划面积210万亩，组织开展了市级现代农业园区认定工作，全市共认定市级现代农业示范园区120家，总建设面积81.8万亩，总投资113.6亿元，年产值130.3亿元；全市蔬菜播种面积50万亩，总产200万吨，放心蔬菜基地发展到30处。2014年全市食用菌生产能力达到40万吨，成为全国重要的工厂化食用菌产业基地，被中国菌物学会命名为“食用菌工厂化生产之乡”。生态渔业。东营市30万亩现代渔业示范区、东营河口50万亩生态渔业区等现代渔业园区配套设施不断完善。渔业增养殖面积达到195万亩，全年实现水产品总产量55万吨，渔业总产值达到148亿元。全市海参放养面积达到28.1万亩，成为继辽东半岛、胶东半岛之后的又一重要的海参养殖基地；黄河口大闸蟹生态增养殖面积达100万亩，品牌价值达到13.46亿元。2014年商品大闸蟹产量达1.5万吨，实现产值17亿元；积极推广工厂化养殖，以东营睿洋现代水产科技园项目为典范，推广工厂化养殖。生态畜牧业。2014年底，全市奶牛、蛋鸡存栏分别为9.23万头和1017万只，与2008年相比分别增长88.75%、20.36%。生猪、家禽、肉牛、肉羊出栏分别为165.1万头、12172.93万羽、27.44万头和215.52万只，与2008年相比分别增长16.02%、88.49%、-1.58%、2.29%。肉类、蛋类和奶类总产量分别达47.22万吨、15.2万吨和31.03万吨，与2008年相比，分别增长61.33%、29.91%和126.66%；全市已建成万头规模奶牛场5个，泰国正大集团、江西正邦集团分别投资建设的两个年出栏百万头生猪养殖基地项目进展顺利。实现畜牧业产值128亿元，与2008年相比翻了两番，畜牧业产能和产值实现了大发展。农业基础设施建设。四年改造中低产田40万亩，建设高标准农田8.8万亩，完成河道治理、灌区改造等一批水利工程，治理河道200公里，节水灌溉面积达到79.5万亩。

2. 积极发展环境友好型工业。传统产业实现快速升级。传统产业依托较好的产业基础和技术优势，实现快速转型升级，80%以上的技术装备达到国内先进水平。石化产业产业链条不断伸长墩粗，由汽柴油炼化、催化裂化、延迟焦化等单一石油炼制，发展到加氢、气分、醚化、聚丙烯、丁辛醇等多种工艺及产品的深加工，实现了由燃料型向化工型转变。盐化工产业形成了以烧碱、氯气、盐酸、有机硅、环氧丙烷、新戊二醇、透明质酸等为主导产品的产业链。橡胶轮胎产业形成了以轮胎生产为中心，集天然胶种植、合成橡胶、钢丝帘线、橡胶助剂、轮胎胶囊、模具、硫化机、轮胎生产等于一体的完整产业链条。有色金属产业在材料及其再生资源利用方面具备了较好的产业基础和技术优势，产业链条向后续深加工延伸。高端装备制造业实现快速发展。石油装备制造业，出台了《关于加快石油装备产业发展的意见》，探索出了制造业服务化发展方式，占据了产业价值链的高端市场，形成了集研发、制造、服务、内外贸于一体的较为完整的产业体系。海洋石油工程装备在中小型海洋模块化装备领域形成较为完善的产品体系，具备了海洋钻、采、修模块装备和中小型海洋钻井平台等研发、制造能力。全市石油装备产业产值占到全国的 1/3。汽车及零部件产业，整车制造开始起步，专用车制造基础良好，零部件生产初具规模，形成了整车产能 11 万辆，具备制动盘、制动鼓、变速箱、差速器、减速器、车轮、驱动桥总成、万向节传动轴总成等零部件配套能力。培育了广汽吉奥、俊通、东方曼三个整车制造企业和一批汽车零部件生产企业。新兴产业实现快速膨胀。高新技术产业比重达到 34.6%。新能源方面，风力发电设备中的风机叶片、塔基、支架及系列相关零部件均实现本地化生产，风电装机容量 79.05 万千瓦；太阳能光伏产业，形成了硅棒拉制、硅料切片、电池片制造、光伏组件封装、光伏系统集成等产业链条，建设光伏发电能力 1.7 万千瓦。新材料方面，化工高分子新材料围绕石化下游深加工，增强轮胎行业上游原料配套能力，加快发展合成橡胶制造；高分子聚合新材料，丙烯酰胺和聚丙烯酰胺将达到 70 万吨生产能力；无机非金属新材料，纳米级钛酸钡等高纯超细陶瓷粉料形成 1600 吨生产能力。新一代信息技术方面，新型显示技术投入应用，形成 10 万台裸眼 3D 电视生产能力；应用于平板显示领域的光学薄膜项目已投产，将形成 6 万吨 BOPET 薄膜生产能力。

3. 突破发展现代服务业。认真落实省政府推动服务业跨越发展的部署要求，把发展服务业作为转方式调结构的重大任务，出台了加快服务业发展若干政策，服务业发展取得了明显成效。全市服务业增加值从 2010 年的 560.36 亿元增加到 2014 年的 961.4 亿元，4 年增加了 400 多亿元，年均增速达到 17.89%，服务业增加值占比由 2010 年的 23.7% 提高到 2014 年的 28.0%，年均提高 1.075 个百分点。2012 年和 2013 年连续两年被省政府授予“山东省服务业发展先进市”称号。文化旅游业产业规模不断壮大，产业结构不断优化，产业素质明显提升，国家 4A 级景区达到 4 处，黄河口生态旅游区建成了游客服务中心、鸟类救护科普中心等配套设施，龙悦湖旅游度假区一期工程、黄河三角洲动物乐园等建成开放。全市省级农业旅游示范点达到 32 个，省级强乡镇达到 16 个，省级特色村达到 26 个，2014 年我市实现国内旅游收入 98.9 亿元；现代物流业重点依托东营港和广利港建设物流园区，中海油物流园区、万通海欣保税罐区、宝港国际海关监管罐区一期工程建成投用。2014 年，全市实现社会货物物流总额达到 14490 亿元，同比增长 12%，物流业实现增加值达到 144 亿元，同比增长 11%；金融业发展迅速，全市金融业实现增加值 150.59 亿元，同比增长 19.9%。融资性担保公司健康发展，区域金融体系不断完善。科技服务业加快发展，科技银行试点破解了科技型中小企业融资瓶颈，区域科技创新步伐加快。全年技术交易额 14.3 亿元，继续位居全省前列。服务外包业加快发展，2014 年，全市登记承接服务外包合同 209 份，合同金额 12331 万美元，执行金额 9583 万美元。其中，承接离岸外包合同 126 份，同比增长 11.5%；合同金额 9910.1 万美元，执行金额 8580.5 万美元。承接在岸外包合同 86 份，合同金额 2421 万美元，执行金额 1003 万美元。2014 年，全市服务业对经济增长的贡献率为 21.9%，拉动 GDP 增长 2.2 个百分点。服务业对地方税收的贡献度逐年提高，2014 年，我市服务业实现地税收入 78.4 亿元，同比增长 13.84%，占全部地税收入的比重达到 40.57%。

(四)大力推进各类园区建设

截至目前，东营市拥有 1 个国家级经济开发区、7 个省级经济开发区、1 个国家农业科技园区、1 个畜牧业示范区、3 个省级特色产业园区和一批市级特色产业园区，这些园区产业基础好、要素聚集快、发展潜力大，已成为支撑新一轮发展的重要平台。

1. 临港产业园区建设。东营经济技术开发区。2014 年共有总投资 240.1 亿元的 89 个项目开工建设，总投资 300.4 亿元的 95 个项目审批入区，全区在建、续建项目达到 143 个、总投资 565.2 亿元，已完成固定资产投资 202 亿元，新引进总投资 300 亿元的 18 个项目。以广利港建设为核心，加快港口、公路、铁路等重大基础设施建设，建设最具特色的多功能综合港区。2014 年全区实现生产总值 350 亿元，增长 13%；实现规模以上工业总产值 1640 亿元，增长 11%；实现社会消费品零售总额 67 亿元，增长 10.2%；实现地方公共财政预算收入 16.7 亿元，增长 10%；实现全社会固定资产投资 220 亿元，降低 14.1%；实现进出口总额 51.3 亿美元，增长 6%。东营港经济开发区。重点突出项目建设，全区投产和在建项目达到 90 多个，总投资超过 1200 亿元；加强基础设施配套建设，全区已累计完成基础设施配套投资超 70 亿元，总投资 10 亿元的防潮堤工程正在加快建设，全力加快事关东营港长远发展的一系列重大基础建设工程；启动实施了东营综合保税区申报及建设工作，目前已获得国家批准。

2. 特色产业园区建设。胜利经济开发区石油装备产业园，大力发展石油装备制造、石油机械加工、石油工程技术服务、新能源等高新技术产业，已累计引进、建设石油装备产业项目 151 个，生产产品包括 37 个系列 1500 多个品种，已形成集石油装备研发、制造、服务及内外贸于一体的完整产业体系。培育了一大批国内外知名企业，9000 米超深钻机等多项产品填补国内空白，孚瑞特、胜机等公司入选中国石油石化装备制造行业 50 强。建成科技孵化器面积 5.74 万平方米，累计申请专利 152 项，授权专利 100 项。东营现代循环农业国际博览园，实施项目带动战略，重点实施了循环乳业、有机果蔬、食药用菌、设施渔业等主导产业项目，着力打造特色鲜明、循环高效的现代农业产业体系。计划投资 10.7 亿元的大地循环乳业项目，已完成投资 7 亿元，存栏奶牛达到 6500 头。园区产学研结合日趋活跃，创新要素加速聚集，与中科院微生物所、海洋所、清华大学等 7 家高校院所建立新的合作关系，在食药用菌生产及生物医药制造、现代渔业、畜牧养殖等领域开展合作。东营市现代渔业示范区。园区规划面积 30 万亩(合 200 平方公里)，其中，海参养殖区 20 万亩、大闸蟹养殖区 10 万亩。截至目前，已经完成海参养殖区 10 万亩、大闸蟹养殖区 1 万亩，综合配套服务区 1.5 万亩(包括 4000 亩加工区)。加大项目的引进和建设力度，积极推进传统产业升级，建设现代海洋产业体系。园区自成立以来，累计完成投资 26 亿元，其中，2014 年度完成 3.38 亿元，同比增长 21%。市级特色产业园区建设。一是高效生态农业特色园区。河口区 50 万亩生态渔业示范区建设启动实施，正在建设的 3 万头肉牛养殖项目成为目前全国最大的优质肉牛牧场。全市现代农业园区发展到 156 个，规划总面积突破 160 万亩。二是环境友好型工业特色园区。围绕优势产业，建成了东营区新型农民创业园、河口石油装备制造园、河口蓝色经济开发区、广饶滨海新区、大王橡胶轮胎产业园、胜坨精细化工园、陈庄工业园以及经济开发区的区中园、园中园等一批特色产业园区。三是服务业特色园区。培育了临港物流园、空港物流园、中心城物流园、利津铁路物流园、黄河口仓储物流园等一批物流园区；大学科技园“生态谷”、黄河三角洲青年创业基地、中国石油装备产业基地国际交流中心、东营软件园等科技服务园区；黄河口生态旅游区、龙悦湖生态旅游度假区、孙子文化旅游区、揽翠湖旅游度假区等旅游园区；东营西郊现代服务区等综合服务区，推动了金融、物流、商务、科技等生产性服务业的集聚发展。

(五)基础设施建设初步完善

1. 港口建设加快推进。东营港一期扩建工程建成通航并实现外轮开放，十大业主码头和 30 公里公共管廊带建成投用，南港池改造、内港池综合整治进展顺利，15 万吨深水原油码头、北防波堤沿线码头和大唐煤炭专用码头推进前期工作，截至目前共新建码头 23 个，码头总量达到 46 个，最大靠泊能力 5 万吨级，港口液体化工品吞吐能力 3000 万吨，2014 年东营港实现货物吞吐量达 2600 万吨，同比增长 107%。2015 年东营港吞吐能力将达 5000 万吨，成为环渤海地区最大的油品和液体化工品特色港口，进一步巩固了黄河三角洲区域中心港地位。

广利港总体规划获批，疏港道路实现路基贯通，防波挡沙堤、万吨级航道启动建设，实施物流园区、通用堆场和辅建区等陆域形成工程，预计两年内达到通航条件。

2. 综合交通体系日趋完善。东营机场4D级改造全面完成，正在延长跑道，中国商飞公司民用飞机试飞中心东营基地正式开工奠基，截至目前已开通8条航线，2014年旅客吞吐量达到28.51万人次，比2008年增加22.81万人次，增长约5倍。东营至旅顺滚装航线复航，累计运送车辆7万余台、旅客20万余人。东营港集装箱物流运输业务实现通航，全面打通华北地区与东北地区的海上最近通道。德大铁路已建成通车。黄大铁路、淄东铁路改扩建工程加快推进，疏港铁路开工建设。荣乌高速东营段建成通车；济东高速公路加快建设，已完成工程量的50%，预计2016年底竣工通车；长深高速公路、沿海公路东营段工程开展前期工作。全市农村公路建设实现村村通，累计新建改造农村公路2832.5公里，完成投资超过18亿元。

3. 水利基础设施加快建设。大力实施防灾减灾工程，东营港防潮堤工程全线合龙，全长13.25公里，防潮标准达到50年一遇，建成神仙沟大型挡潮闸，防洪流量207.5立方米/秒；规划了34.9公里滨海生态城防潮堤，工程设计、海域使用等前期工作已经完成。加强骨干河道治理，2009年以来完成了13条河流的河道治理工程，治理河道总长度230公里。实施区域排水工程，完成了咸水沟、刁口河下游段等36.5公里的骨干排水河道治理工程；对东营河、老广蒲河等23条县乡排水河沟进行了疏挖治理。加快推进南水北调配套工程，完成主干线12.7公里南水北调小清河分洪道子槽段加固工程和东营分水闸工程；完成东营市配套工程广饶县供水单元建设工程。先后对5座水库进行除险加固工程，提高了实际蓄水能力；实施了利津县陈北水库、淄河蓄水二期工程，共计新增蓄水能力1990万立方米。大力实施农村水利工程，上级规划内饮水不安全人口2013年底全部解决完成，解决50.5万人的饮水安全问题。实施高标准农田及小型农田水利重点县项目建设，增加田间节水灌溉面积29.77万亩，累计节水灌溉面积达到89.4万亩，2015年全市农业灌溉水有效利用系数为0.63，比2008年增长7%。

4. 加强能源基础设施建设。加快油气管网设施建设，泰—青—威东营天然气支线项目已开工建设；潍坊—东营原油主管线项目、淄博—东营返输气工程已建成投用；广饶—东营天然气支线项目已核准，东营港—河口输油管线正在推进前期工作。积极推进新兴能源发电项目建设，2014年底已建成太阳能发电1.2万千瓦，在建3.4万千瓦，4个地面光伏电站获省批复，规模为13万千瓦；大唐发电、国华能源、华能新能源、华润电力等7家企业风电项目开工建设，已建成装机总容量105万千瓦。2014年，全国新能源示范城市获国家批复创建，全市新能源消费比重为为8.7%，规划2015年达到10%。

（六）资源开发和利用取得重大突破

1. 节约集约利用土地资源。加强土地利用总体规划的管控和引导，新一轮土地利用总体规划修编工作2012年全面完成并获得国家批复，共调整地块800多个，为未来发展留足了空间。积极组织实施土地整治工程，实施3个农村土地综合整治项目，整治规模15万亩，新增耕地9375亩。实施增减挂钩项目区34个，有效地盘活了农村空闲、低效用地，促进了土地节约集约利用。结合低丘缓坡荒滩等未利用地开发试点工作，对宜农开发用地实行土地综合整治，2011～2013年市级启动实施了9个未利用地开发项目，目前4个项目已竣工，实现新增耕地6万亩；2014年新筛选项目10个，项目完工后将新增耕地10.3万亩，目前7个项目已完成规划设计。推进高标准基本农田建设，启动实施“渤海粮仓”科技示范工程。

2. 实行严格的水资源保护制度。制定了全市用水总量具体指标及考核办法，严格执行建设项目水资源论证和取水许可审批，全面实行计划用水，建设项目水资源论证率达到100%，全市规模以上工业企业、年取水量5万立方米以上企业的计划用水实施率达到100%。稳步推进水价形成机制和水权交易市场建设前期工作，市级行政区用水定额指标体系基本建立，水资源有偿使用制度逐步完善。加强地下水资源保护和地下水生态修复工作，努力实现地下水采补平衡。

3. 科学开发矿产和海洋资源。加大矿产资源开发力度，先后实施深部找矿项目7个，预测煤炭资源量61亿吨，探明4500万吨；岩盐资源量1096.79亿吨；油页岩资源量1600亿吨，推算页岩油资源量300多亿吨；干热岩作为新型地热资源正在实施勘查，走在了全国前列。加快地热资源开发利用，探明地下热水资源量为3447亿立方米，可采资源量为560亿立方米，日允许开采量为154万立方米，是全省地热资源最丰富的地区，被命名为“中国温泉之城”。黄河三角洲国家地质公园建设不断推进，地质公园四期地质遗迹保护项目地质工作已通过野外验收。开展海岸与近岸海域整治与修复，实现集中集约用海。实施了东营城东海域开发，目前滨海生态城防潮堤一期工程获省政府批复，二期工程获得国务院批复，滨海生态城防潮堤用海手续已办理完成。推行海水综合利用工程，规划建设了30万亩现代渔业示范区，建立海水净化—海参养殖—虾蟹、卤虫养殖—制取原盐的海水循环利用体系，实现海水综合利用及效益最大化。

（七）自主创新能力显著提高

1. 科技创新能力不断提升。实施创新驱动战略，加快完善科技创新体系，2009年以来，全市高新技术领域完成市级以上科技成果725项，达到国际先进水平的219项;实施国家和省科技项目813项。新材料、数字化装备等高新技术产业领域30个项目获得省自主创新专项立项。围绕重点产业创新,积极推进科技成果产业化,全市已建成50家省级工程技术研究中心、3家省级企业重点实验室、10家省级院士工作站,先后被命名为国家技术创新工程示范城市、国家知识产权工作示范城市、国家可持续发展实验区、国家科技创新服务体系建设试点城市,连续12年被评为全国科技进步先进市。科技创新平台建设取得突破,全市建成1家国家大学科技园、2家省级高新区、5家省级以上高新技术创业服务中心、8家省级以上示范生产力促进中心,创业设施总面积达到60万平方米,累计孵化科技型小微企业907家,承载创新创业能力进一步增强。依托东营经济技术开发区胜利油田高原石油装备有限责任公司组建的国家采油装备工程技术研究中心2013年获批立项建设。中国石油大学国家大学科技园已建成设施面积26万平方米,在园机构210家,"生态谷"主体功能区建成。黄河三角洲可持续发展研究院已建成设施面积3.2万平方米,承担国家及省市各类计划项目5项。东营市国家可持续发展实验区2014年顺利通过国家验收。国家石油装备产品质量监督检验中心、东营铜冶炼与铜材深加工特色产业基地获批创建,全市国家级特色产业基地发展到4家。在国家知识产权示范市综合考评中位居地级市第一名。国瓷公司获得我市首个中国专利金奖。

2. 积极推进金融改革与创新。着力强化金融体系建设,大力引进培育金融机构,2014年全市各类金融机构达到270余家,从业人数2.3万人,其中银行业机构26家,保险机构37家,小额贷款公司31家。山东休斯顿石油装备交易中心、山东华东石油交易中心开业运营。支持企业上市,全市上市及挂牌后备资源总数达192家。支持城市商业银行发展壮大,东营市商业银行2011年底更名为"东营银行",完成增资扩股,并在滨州、淄博、潍坊等地设立分行。拓宽融资渠道,率先开展了知识产权质押,林权、海域、农村土地经营权使用权抵押等业务,2014年,各类新型抵(质)押物累计实现贷款9.89亿元。在全省率先开展了民间融资试点工作,引导民间融资规范化运作,全市各类民间融资机构2014年底累计实现融资250亿元。加强风险管控,在全省率先建设市级民间融资征信系统,对融资性担保公司进行分类监管,优化金融生态环境。截至2014年末,全市社会融资总量达到973亿元,同比增长29%,增速居全省前列。

3. 对外开放水平不断提高。深化对外合作,积极发展对外贸易,2009～2014年6年间,累计完成进出口609亿美元。与2008年相比,年均增长18.2%。积极引进、推动利用外资项目,提高利用外资水平,利用外资平稳增长,6年间累计实际利用外资11亿美元,先后引进华润、澳亚、法液空等世界500强企业8家。推动企业到境外投资、对外承包工程,促进服务外包等新兴业态发展，对外承包工程累计实现营业额19.6亿美元；批准设立境外投资企业45家，中方协议投资额2.6亿美元，增长98.9%。成功举办了国际石油石化装备展、橡胶轮胎展、农博会等大型经贸活动。加大重点出口基地和骨干企业扶持力度，设立了"中国橡胶轮胎出口基地""中国石油装备产业基地"和"中国精细化工出口基地"。积极打造对外开放平台。东营经济技术开发区成功升级为国家级开发区。积极推动东营港经济区开发区申报综合保税区。中韩产业园、中日产业园、美清洁能源合作产业园建设加快推进。

(八)社会事业取得较大进步

1. 教育事业稳步推进。持续加大力度，创新投入形式，充分保障教育事业的优先发展。教育经费持续增长。东营市一中、二中新校建设启动。县、乡政府将教育经费列入年度预算，预算内教育经费占同级财政支出比例每年增加一个百分点，教育经费总支出一直保持高速增长。全市教育经费总支出由2008年的24亿元增加到2014年的65亿元，年均递增18.06%。义务教育成果显著。全市义务教育学校211所，在校生21.5万人，适龄儿童入学率、小学毕业生升学率、义务教育完成率均为100%，初中生巩固率达到99.8%，初中生综合升学率达到99.65%。特殊群体平等接受义务教育的权利得到充分保障。在省内率先打破初中生在流入地不能参加中考并升学的瓶颈，保障了适龄儿童平等接受义务教育的权利，流动人口子女占在校生总数的比例达到42%，个别学校超过了70%；大力发展特殊教育，全市视力、听力残疾儿童少年入学率达到97%。

2. 公共卫生和医疗卫生体系加快完善。深化医药卫生综合改革，第二批县级公立医院综合改革试点扎实推进。医疗卫生体系建设方面。加快完善医疗卫生服务体系，市县乡村四级服务网络进一步健全，明确各级各类医疗机构准入、管理和建设标准，市人民医院2013年成功创建三甲医院。总面积9.5万平方米的市人民医院急诊急救中心暨内科病房综合楼完成主体建设，市二院综合病房楼建设进展顺利，市120医疗紧急救援指挥系统升级改造圆满完成。强化城乡医院对口支援，基层医疗服务能力明显提升，积极鼓励和支持社会资本办医。"先诊疗后结算"服务模式成效明显，全市县及县以下医疗机构共为2.9万名患者累计垫付资金1.5亿元。在全省率先建立了疾病应急救助制度，拨付首批应急救助资金109.5万元。公共卫生服务体系建设方面。推进公共卫生服务体系建设，重点传染病防控措施得力，加强预防接种门诊规范化建设，提高疫苗全程接种率，及时修订完善卫生应急预案和处置办法，全力做好重大活动和节日期间的公共卫生保障工作，深入开展整顿医疗秩序打击非法行医专项行动。

3. 文化体育事业进一步繁荣。文化事业方面。全市公共文化设施网络健全完善，基本形成10分钟公共文化服务圈；公共文化服务水平显著提升，大剧院已建成投用,图书馆总分馆制建立,流动文化服务创新开展,数字化建设取得突破,开展了公共文化服务标准化试点工作;文化人才队伍健全,积极开展千村万人文化培训工程和文化志愿服务进社区活动;突出黄河口文化特色,群众文化活动丰富多彩,满足基层群众的精神文化需求。体育事业方面。连续成功举办了七届黄河口(东营)国际马拉松赛。2012 年、2013 年蝉联中国马拉松“金牌赛事”,2014 年成国际田联“银牌赛事”。举办“全民健身月”“全民健身日”“全民健身运动会”“百千万三大赛”等活动,全年带动超过 30 万人次参与到体育中来。累计投入 2631 万元用于全民健身公共服务设施建设。全市现有市级全民健身中心 1 处,体育公园 2 处;县区全民健身中心 3 处,体育公园 6 处,体育广场 2 处;40 个乡镇(街道)中有 35 个建有健身广场或配置室内健身项目,覆盖率达 87.5%。东营奥体中心体育馆钢结构工程、游泳馆钢结构工程分获第十一届(第二批)“中国建筑工程钢结构金奖”。

(九)城乡统筹发展水平全面提升

1. 科学规划,城镇布局进一步优化。以中心城为龙头,以县城为支撑,以小城镇为基础,以农村新型社区为单元,构建“一带两轴、一区两群”市域空间布局。编制了《东营市城镇体系规划》和《市域产业园区空间布局规划》,完善了《东营市城乡一体化发展规划(2010~2030 年)》,调整了各县区农村新型社区布局规划,完成了《东营市农村新型社区及服务中心规划建设研究》,进一步优化了空间发展布局,对城镇布局发展进行科学引导规范。

2. 突出重点,扎实推进小城镇建设。2012 年,我市确定史口镇、牛庄镇、新户镇、大王镇、稻庄镇、胜坨镇、陈庄镇首批 7 个市级试点强镇,研究出台了加快试点强镇建设的意见。目前,全市首批 7 个市级试点强镇已有 6 个成为省级百强示范镇。2013 年底,我市又增加仙河镇、永安镇、盐窝镇 3 个为市级试点强镇,总数达到 10 个。全市 7 个镇入选全国重点镇。在 2013 年开展的全省“百镇建设示范行动”考核中,广饶县大王镇获全省第 1 名。2014 年,广饶县列为全省县域经济科学发展试点县,2015 年,广饶县、大王镇被确定为全省新型城镇化试点地区。

3. 因地制宜,农村新型社区建设稳步推进。重点引导在城镇驻地规划建设农村社区,加快城中村、城边村、空心村、展区村搬迁改造和乡镇驻地村的整体改造。2013~2014 年,全市共计开工农村新型社区 55 个,开工住宅 3.6 万户。2015 年,全市将在抓好 34 个续建项目的同时,适时再新开工 5 个。启动黄河南展区改造建设工作,开工建设了东营区龙居和垦利县胜利、杨庙 3 个农村新型社区,3 个社区已建设安置房 146 栋楼,可安置展区群众 2400 户。

4. 强力推进,大力实施农村住房建设和农村环境综合整治。从 2009 年开始实施了农村住房建设与危房改造工作以来，截至 2014 年底，全市共计新建农房 96056 户，完成危房改造 22175 户，全部超额完成计划任务。市级设立危房改造专项工作经费 20 万元。坚持因村制宜、分类指导、协调推进，持续深化推动乡村文明建设专项行动，做好联系督导调度，不断改善村容村貌。

(十)人民生活水平持续提高

坚持每年办一批民生实事，让人民群众共享改革发展成果。人均收入逐步增加，2014 年城镇居民人均可支配收入、农民人均纯收入分别达到 36940 元、14456 元，是 2009 年的 1.73 倍和 1.97 倍。社会保障体系进一步完善，2011 年我市在全省率先完成了城镇居民养老保险和新农合整合。2012 年我市又在全省率先完成城镇居民医保和新农合整合，建立起了城乡居民基本医疗保险制度。居民养老保险基础养老金为每人每月 120 元，东营区、河口区、广饶县、垦利县已提高到每人每月 150 元，待遇水平位居全省第一；居民基本养老保险缴费补贴逐步提高，1000 元以下档次的由 50 元提高到 60 元，1500 元以上档次的由 60 元提高到 70 元；居民基本医疗保险财政补助由 360 元提高到 400 元，补助标准在全省处于较高水平；开展了居民大病保险工作，实行“一站式”同步结算，目前已开展大病保险补偿 16825 人次，补偿金额 4720 万元，缓解了部分群众看病贵的问题；积极推行居民养老、医疗保险合并征缴并实现通过银行代收保费，在广饶县、垦利县进行了试点，今年准备在全市推开，群众参保缴费将更加方便快捷安全。

二、推进《规划》实施的主要举措

(一)加强学习研究，深入动员部署，增强实施国家战略的使命感

把蓝黄国家《规划》作为全市科学发展的一面旗帜、一个品牌，召开全市实施国家战略动员大会，邀请专家对《规划》进行系统解读，编写相关学习材料，对各级干部进行集中轮训，举办高峰论坛，加强对《规划》的学习宣传，准确把握《规划》的丰富内涵和精神实质，深刻把握《规划》对东营的定位和要求，明确发展方向和工作重点，激发了全市上下推进《规划》实施、建设黄蓝经济区的积极性。组织了“黄蓝媒体行”等主题采访活动，制作宣传画册、宣传地图和宣传片，开通“黄蓝两区网”，大力宣传各级关于黄蓝经济区建设的重大决策部署，营造推进《规划》实施的浓厚氛围。举办了中国(东营)国际石油石化装备与技术展览会、中国(广饶)国际橡胶轮胎暨汽车配件展览会、黄河三角洲(中国・垦利)国际生态农业博览会、首届中国绿色论坛、黄河三角洲高效生态经济区经贸洽谈会，在北京、上海、香港、温州等地举办大型招商活动，引进了一批带动能力强、科技含量高的大项目、好项目，提高了东营的知名度和影响力。

(二)制定专项规划,完善配套政策,发挥规划引领作用

根据国家《规划》和省委、省政府出台的《实施意见》,市委、市政府出台了《关于贯彻落实〈黄河三角洲高效生态经济区发展规划〉的实施意见》和《黄蓝经济区融合发展实施意见》,明确建设的目标定位和政策措施,各县区、市直有关部门单位也制定了相应的实施细则。制定和调整了生态建设与保护、未利用地开发利用、现代服务业等59个专项规划,形成了下位规划与上位规划相衔接,专项规划与总体规划相配套,开发规划与生态规划相协调的规划体系,充分发挥规划的引领作用。建立两区建设"政策库",及时跟踪国家和省宏观政策动态,组织开展了以向上争取政策、争取项目、争取资金为主要内容的"三争"活动,争取建立部省合作共建的平台和机制,在土地管理、财税金融、资源开发、产业发展、生态补偿、海域使用等重点领域大胆探索,先行先试。加快金融改革创新,搭建了产业投资基金等投融资平台;积极设立海关特殊监管区域,为企业发展创造良好环境;大力推进创新联盟、创新平台和创新载体建设,完善区域科技创新体系,不断增强自主创新能力。

(三)狠抓项目建设,培植优势产业,推动经济转调升级

把项目建设作为两区建设的"牛鼻子",实施重点项目带动战略,开展项目攻坚年、集中开工月等活动,每年重点推进实施一批规模大、水平高、拉动力强的大项目、好项目,深入实施高端、高质、高效产业发展,全面提升黄蓝经济区建设的层次和水平。培育了电子信息、新能源、新材料、新医药等战略性新兴产业,壮大了石化产业、橡胶轮胎、装备制造、铜压延及深加工等一批千亿级特色产业集群。调整优化了1个国家级开发区、7个省级开发区和一批特色产业园的产业布局,促进产业规模化、集群化、高端化发展,推动经济发展由粗放增长向集约效益型转变。探索创新重大项目推进机制,建立了黄蓝经济区"项目库",实行动态管理,推动相关产业健康有序发展。完善了项目跟踪调度及通报制度,对重点项目实行月调度、季督察制度,及时协调解决建设中遇到的问题。建立联系企业制度,33名市级领导联系36家骨干企业,676名干部担任"驻企联络员"服务589家重点企业。

(四)搭建支撑平台,集聚要素资源,激发发展动力活力

搭建未利用地开发平台,成立了黄河三角洲未利用地开发利用有限公司,实施项目化管理,在全省率先启动实施了未利用地开发项目,拓展了发展空间。在确保耕地占补平衡的同时,调剂1.23万亩指标与青岛市进行交易、1万亩指标与西部隆起带城市进行交易,为全省耕地占补平衡作出了贡献。搭建金融创新平台,黄河三角洲产权交易中心运行稳健,休斯敦石油装备交易中心获准开业,华东石油交易中心已批筹建。积极开展民间融资规范引导试点,流转土地使用权、海域使用权、林权“三权”抵押融资试点顺利开展，金融改革创新明显加快。搭建科技创新平台，建成1家国家大学科技园、1家省级高新区、5家省级以上高新技术创业服务中心、8家省级以上示范生产力促进中心，创业设施总面积达到60万平方米，累计孵化科技型小微企业907家，承载创新创业能力进一步增强。搭建对外开放平台。全市共设有国家一类开放口岸1个、海关监管场站3个、保税仓库9个和出口监管仓库1个，正在积极申报综合保税区建设，对外开放水平进一步提升。

（五）明确责任分工，强化督查考核，确保规划有效落实

在全省率先建立起高效生态经济考核评价体系，制定了涵盖经济社会发展、资源利用效率、生态建设和环境保护、社会和谐4个方面的49项评价指标。确定《规划》实施年度目标任务和工作重点，层层分解落实责任，做到定目标、定任务、定时限、定责任。建立了重大项目领导负责、重要工作督查通报、重点工程跟踪督办等工作制度。制定了督查考核暂行办法和实施细则，将高效生态经济区建设纳入目标管理综合考核范围。坚持日常督导、专项督查、年终考评相结合，将考核结果作为考核评价领导班子和领导干部的重要依据。加强规划落实的监督与检查。推进规划实施的信息公开，健全政府、企业、公众互相沟通机制。尤其是在规划执行上采取审慎灵活的方式，既严格维护规划的严肃性，也灵活地采取切实可行的落实措施，把规划确定的发展目标具体分解落实到每年的发展计划中，真正解决各专项规划与国家规划之间衔接不够紧密的问题，避免具体工作开展与落实国家规划产生“脱节”现象。

（六）强化组织领导，统筹规划实施，形成推进工作合力

成立了以市委、市政府主要领导为主任的推进黄河三角洲高效生态经济区暨山东半岛蓝色经济区建设委员会，加强对《规划》实施的组织领导。组建了实体办公室，具体组织协调和督导推进国家《规划》的落实，各县区、市属开发区及市直部门单位也成立了相应机构，形成了上下对口、协调联动、统一高效的工作格局。完善推进体系，加强对重点工作的协调，实行一个市级领导包靠、一套工作班子推进、一套推进方案实施，锁定目标限定时间全力推进。健全完善日常推进调度机制，适时组织开展黄蓝经济区建设调度会、座谈会和现场观摩活动，确保各项任务落到实处。

三、《规划》实施存在的问题

(一)国家规划中赋予的部分政策缺乏稳定性,有些需要进一步细化落实

《规划》已批复实施五年多了,随着经济社会发展和市场的不断变化,当初规划中有的政策已不适应当前的发展形势,有的政策国家已全面放开并付诸实施,有的配套政策还没有出台,有的政策过于宏观没有细化,如国家规划明确支持东营开展资源型城市可持续发展试点、逐步完善生态补偿机制、国家安排中央分成的矿产资源补偿费适当对黄河三角洲地区给予倾斜等,从实际推进情况看,未能得到有效落实。

(二)国家规划确定的部分重大事项未取得突破性进展

基础设施相对滞后,现代化立体交通体系有待完善,机场和港口建设配套能力不够强,内联外接的高速公路网络有待进一步完善,沿海防潮堤未完全闭合,部分建成段标准低,防潮能力较弱。一批重大项目在规划、审批、核准、备案等方面也存在困难,难以落地。由于缺乏资金扶持,公路、防潮堤等部分重点项目难以完成既定目标。此外,由于黄河三角洲地区成陆时间短,土地盐碱化程度高,生态环境比较脆弱,生态恢复和建设难度大,因此生态市建设任务艰巨。

(三)经济结构性矛盾仍然突出

在三次产业结构上,传统产业比重仍相对较大,由于第二产业发展速度较快,服务业在整个经济总量中所占比重提高不够快,海洋第二产业发展相对薄弱,海洋生物、海洋高端装备制造等战略性新兴产业规模总体偏小,产业链条偏短,关联度不高,精深加工比例偏低,高附加值产品不多,综合竞争力不够强。在工业经济布局上,大企业嵌入性特征仍然较强,中小企业发展较快,但整体实力还不够强;能源、重型化工业比重仍比较大。以企业为主体、市场为导向、产学研相结合的技术创新体系还不够健全,特别是海洋科技领域,高端科技领军人才和团队不够多,企业研发投入强度不够高,部分企业尚未建立技术研发和设计部门,关键核心技术受制于人。

(四)区域融合发展效应还不明显

《规划》实施以来,省级层面建立了党政联席会议制度,许多城市间也签订了合作框架协议,对话协调机制基本形成。但在具体工作中,各城市间在发展规划、生产力和重大基础设施布局等方面衔接不够,尤其是在部分直接竞争领域,利益协调比较困难。资金、技术、土地等生产要素在不同行政区域间流通不够顺畅,统一开放、竞争有序的现代市场体系尚未完全形成。主动对接融入环渤海经济圈和“一带一路”的战略构想还不够完善。

四、下一步工作打算

下一步，东营市将认真贯彻落实省委、省政府决策部署，利用东营对接京津、连接半岛的枢纽区位，发挥资源丰富、实力较强的突出优势，用好设施完备、空间广阔的独特条件，突出新型产业培育，突出立体交通构建，突出体制机制创新，面向"十三五"，主动对接环渤海，融入"一带一路"，在新常态下推动经济社会持续健康发展，努力把东营打造成为全省的重要增长极。

(一)坚定不移在优化增量中稳增长、促转调

实施大项目带动战略，通过集中抓一批事关东营当前和长远、群众期盼的大项目、好项目，产生强大的拉动力和爆发力，以高端项目扩总量、优增量、调存量、提质量，转方式、调结构、促转型。

(二)坚定不移以实体经济带动发展

坚持工业强市不动摇，努力推进"137"计划。积极发展现代农业，推动东营农业高新技术产业示范区创建国家级农高区。加快推进新型工业化，重在提升产业层次，着力打好"高端提升"攻坚战，提高产业附加值和产品市场竞争力。加快突破现代服务业，稳步推进工业企业非主营业务剥离。大力发展民营经济，支持企业在新常态下实现新发展。

(三)坚定不移以生态环保为发展前提

坚持生态立市，环境优先，优化空间布局和产业布局，全面提高项目准入门槛，用更大力度推进增绿、活水、治污、减排，实现绿色发展、低碳发展。继续抓好"三网"绿化、生态林场和黄河大堤绿色长廊、沿海防护林带建设，持续推进百万亩湿地修复工程，加强海洋特别保护区建设，争创国家级海洋生态文明示范区，加快建设生态东营、美丽东营。

(四)坚定不移以完善重大基础设施为发展支撑

支持东营港北防波堤和三个突堤建设，推进 15 万吨深水码头前期工作，拉开东营港城建设框架。加快推进广利港防波挡沙堤和业主码头建设，开工建设东营港疏港铁路、黄大铁路，建设完成济东高速公路东营段，推动环渤海高速公路、高速铁路等项目建设，调整增开机场航线航班，实现载体功能大完善。

(五)坚定不移以创新驱动发展

加大自主创新力度，努力在关键技术研发和人才培养引进方面取得突破，以创新抢占发展制高点。深化重点领域和关键环节的改革，创新体制机制，增强经济发展的内在动力和活力。探索建立城乡统一的建设用地市场，深入开展未利用地开发利用改革试点。努力扩大对外开放领域，抓好东营综合保税区、中美清洁能源合作产业园、中韩产业园建设,引导企业积极参与“一带一路”和东亚海洋合作平台建设。

(六)坚定不移以持续保障改善民生为根本

优先保障民生投入,优先安排民生项目,优先解决民生问题,让发展成果更多、更公平地惠及全市人民。扎实办好民生实事。完善并落实就业创业扶持政策,逐步提高养老、医保、低保、五保等保障标准。大力发展社会事业,深化教育领域综合改革,加快学校、幼儿园建设,深化医药卫生体制改革,深入实施文化惠民工程。加强和创新社会治理,深入推进平安东营建设。

滨州市黄河三角洲高效生态经济区发展报告

黄河三角洲高效生态经济区建设上升为国家战略，是滨州实现追赶超越的重大历史机遇。几年来，市委、市政府始终将区域作为经济社会发展的战略定位和奋斗目标，以区域建设统揽全局，对各项工作统筹规划，统一布局，集中推进，取得了显著成效。《黄河三角洲高效生态经济区发展规划》(以下简称《规划》)中提出的主要任务完成情况良好，重点项目建设进展顺利，在生态建设、产业培育、特色园区、基础设施、体制机制创新等各方面创造了一系列典型经验亮点，一个生态、美丽、幸福的新滨州正在加快崛起。

一、《规划》主要指标完成情况

以 2008 年为基期，截至 2014 年底，《规划》中确定的 14 项主要发展指标的进度符合预期，完成情况良好。

(一)6 项指标提前完成规划中期任务目标

“万元工业增加值用水量降低”，2009～2014 年累计降低 22.6%(以 2008 年为基数，下同)，提前完成下降 20%的规划任务目标；“工业固体废弃物综合利用率”自 2010 年以来一直保持着 95%以上(目标为 95%)；“主要污染物排放总量”中 COD、SO_2 排放量分别累计降低 41.09%、22.08%(目标为下降 20%)；“林木覆盖率”达到 30.28%(目标为 25%)，“农业灌溉水有效利用系数”提高到 0.619(目标为 0.57)，“城市污水集中处理率”达到 92.8(目标为 80%)。

(二)7 项指标进度快于规划预期目标

“地区生产总值”2014 年达到 2276.71 亿元，是 2008 年的 1.84 倍，《规划》实施以来年均增长 11.9%，高于《规划》预期 10.1%的年均增长速度。“人均地区生产总值”2014 年为 59913 元，是 2008 年的 1.7 倍，年均增长 11.2%，高于国家《规划》预期的 9.3%的年均增长速度。“总供水能力”已达到 20 亿立方米，比 2008 年增加 5.14 亿立方米，完成《规划》目标的 91.8%。“城镇化水平”由

36.9%提高到了51.2%,2009年以来年均提高2.86个百分点,目前已超过《规划》2014年的预期目标(50.7%)。"城镇居民人均可支配收入"和"农民人均纯收入",2014年分别达到30870元、12691元,与2008年相比年均增长分别为12.2%、14.9%,均快于规划预期速度。"单位GDP能耗降低"2009~2014年累计下降20.38%,完成《规划》目标(22%)的92.6%,预计今年可以提前完成《规划》目标。

(三)"核心保护区面积"指标有较大调整

《规划》将核心保护区定义为自然保护区、水源地保护区和海岸线自然保护带。我市核心保护区面积由2008年的133.6万亩减少为目前的85.08万亩,主要原因是2011年3月,根据保护区的实际情况和《规划》中"要结合主体功能区规划编制,调整核定保护区面积"的要求,经国务院批准滨州贝壳堤岛与湿地国家级自然保护区面积由120.7万亩调整为65.3万亩,缩减45.9%。

二、《规划》实施的主要进展和成效

(一)高效生态产业体系逐步形成

始终坚持以质量效益为中心,大力发展绿色经济、循环经济、低碳经济。2014年,三次产业结构调整为9.7∶50.3∶40。一是加快发展高效生态农业。滨州是农业大市,发展农业具有得天独厚的优势。几年来,在抓好粮食生产的同时,突出抓好以黄河三角洲(滨州)国家农业科技园区和91家市级农业园区为主体的高效生态农业。国家农业科技园区成功纳入国家"一城两区"战略布局,基础设施完成投入2亿元,先后与以色列艾森贝克、凯伊玛、宝利萨克等公司建立合作关系,中国—以色列科技合作示范园正在建设,中科院地理所滨州试验站正式启动,国家农作物种质资源基地建成投用。"渤海粮仓"工程实现新突破,2013年在含盐量0.3%盐碱地上种植1万亩小麦获得成功,平均亩产达到300公斤以上,2014年又完成7万亩小麦示范区建设。农机大田作业面积不断扩大,农机化综合水平达到87%,机采棉示范推进工作走在全国前列。培植了91家市级农业示范园区,沿黄生态高效现代农业示范区被确定为省级示范区。市级以上农业产业化重点龙头企业达到335家,其中省级以上65家。新建农产品标准化基地20万亩,达到230万亩。二是积极发展环境友好型工业。经过多年的培育发展,滨州形成了冶金、化工、纺织、机械制造、粮油果蔬加工等支柱产业,产值占到全市工业总量的84%。按照高效生态要求,加大传统产业技术改造,自《规划》实施以来累计完成技改投资近2000亿元。2014年,全市规模以上企业达到1367家,规模以上工业主营业务收入实现7104亿元,增长15.6%;规模以上工业增加值增长 12.6%，分别列全省第 4 位、第 6 位。积极发展新兴产业，滨州(邹平)轻质高强合金新材料基地被列为全省首批十大战略性新兴产业基地之一。高新技术产业产值占规模以上工业比重达到 24.5%。积极抓好科技创新，与复旦大学、武汉理工大学等十几所高校和科研机构建立了长期合作关系，600 多家企业与高校、科研院所开展了长期技术合作。三是大力发展现代服务业。《规划》实施以来，累计完成服务业投资 2328 亿元，黄河三角洲文化产业园、黄河三角洲铁路物流园区、秦皇河公园、明珠剧院等一批重点项目进展顺利。积极发展电子商务、冷链物流、网上配送等现代服务业，2014 年服务业增加值占 GDP 比重达到 38.9%，比 2008 年提高 7.8 个百分点，连续三年被评为全省服务业发展先进市。

(二)重大基础设施建设不断完善

紧紧抓住区域建设机遇，加快推进事关长远发展的重大基础设施项目。一是致力打造省会城市群经济圈出海通道。累计投资 43 亿元，建成了 17 公里的集防波堤、挡沙堤、集疏运通道等于一体的综合性工程，新增深水岸线 28 公里，2 个 3 万吨级泊位通航试运营。筹备成立了滨州港务集团，整合港口、未利用地等资源，加快滨州港建设的融资、配套工程和前期运营，2015 年拟投资 26 亿元，着手论证开挖深水航道。二是努力建设鲁冀沿海交通枢纽。积极争取上级支持，破解资金、土地等制约因素，加快推进公路、铁路建设，投资 10 亿元辖内 28 公里的滨德高速、投资 11.4 亿元共 58 公里的疏港公路和投资 14.5 亿元共 45 公里的滨港铁路一期已全部建成通车，辖内 85 公里投资 31 亿元的德龙烟铁路已实现通车，计划投资 30 亿元辖内 84 公里的黄大铁路于 2014 年 8 月获得国家核准，计划投资 52 亿元辖内 82 公里的济滨东高速已经开工。为便于接受黄骅港的辐射，正积极与河北对接协商，计划投资 4.6 亿元，建设滨州港到黄骅港 15 公里的疏港公路，目前正在开展项目前期工作。

(三)生态建设和环境保护成效明显

几年来，我们始终致力于“四环五海，生态滨州”“粮丰林茂，北国江南”两大品牌建设，不断加大生态建设和环境保护力度。一是大力实施林水会战。自 2008 年开始，不断加大投入，完成合格造林 106 万亩，新增蓄水能力 1.6 亿立方米，新建和提升高标准农田 130 万亩，建成和在建万亩林场 12 处、规划建设生态湿地 14 处，不仅极大地提升了农业基础条件，而且还改善了滨州的生态环境。国家林业局总结我市开展生态林场、绿色通道、湿地修复与保护、林业产业发展、城市森林公园“五位一体”生态工程建设的成功经验，向全国进行了推广。二是强力推进节能减排。扎实开展小清河流域生态环境综合治理和潮河流域综合整治，编制出台大气污染防治规划、一期行动计划、考核办法等一系列政策措施，加强热电、钢铁、焦化及一般燃煤锅炉脱硫脱硝除尘设施建设，强化敏感区域和化工园区异味治理。自2008年来，全市万元GDP能耗累计下降20.38%，万元工业增加值用水量累计下降22.6%，主要污染物排放提前完成《规划》到2015年的减排任务。三是加快发展循环经济。加强高效能、可循环技术研发，推广循环生产模式，培育壮大了鲁北化工、香驰粮油、西王集团等一批循环经济项目，初步形成了海水一水多用、聚酯资源循环利用等15条循环经济产业链条。2014年，全市资源综合利用产品产值达到26.33亿元，实现销售收入25.14亿元。四是深入推进海洋生态文明建设。加强滨州贝壳堤岛与湿地国家级自然保护区规范化建设，与国家海洋环境监测中心共建的"滨州海洋生态站"投入使用。加大近海渔业资源修复力度，每年在沿海投放国对虾、三疣梭子蟹、缢蛏、半滑舌鳎等苗种2亿单位以上。新创建1个国家级水产种质资源保护区、2个省级水产种质源保护区。2010年以来先后实施海洋生态整治和修复项目6个，破损岸线治理率达到80%。大力提升海洋环境监测能力，持续开展入海排污口、近岸海域海洋环境质量状况与趋势性、建设用海项目海洋环境跟踪监测等监测任务，扎实开展海海洋执法检查，"数字海洋"信息网络基本建成。

(四)未利用地开发加快推进

滨州有182万亩未利用土地，绝大部分集中在北海经济开发区、无棣县、沾化县等北部沿海地区，这是滨州市乃至全省持续发展的巨大潜力和资源。全市把加快推进未利用地开发作为落实国家《规划》、深化区域建设的重要举措，作为抢抓重大战略机遇、实现高效生态发展的重要抓手，全市一盘棋，统筹推进，加快实施。结合实际，编制完成了《黄河三角洲高效生态经济区(滨州市)土地利用总体规划(2011～2020年)》和《黄河三角洲高效生态经济区(滨州市)未利用地开发规划(2011～2020年)》，为加快未利用地开发奠定了良好基础。市政府确定将沾化县、无棣县和北海经济开发区作为重点县区，设立了"未利用地开发管理改革实验区"，制定了鼓励开发奖励机制和耕地保护激励政策，有力地推进了未利用地开发工作。截至2014年底已开发10.3万亩，新增耕地2万亩，开发建设用地2.2万亩。2015年拟开发10万亩，新增耕地1.6万亩。同时，积极争取省里支持开发30万亩的浅海滩涂，探索实行了海域使用权"直通车"制度试点，颁发海域证，加快海洋开发使用步伐。

(五)重点园区实现快速发展

一是全力推进临港产业区建设。按照"两年苦干，三年成形，五年崛起北部产业新城"的总体目标，成立了北海开发推进工作领导小组，对北海经济开发区全面简政放权，以市场化方式，统筹解决土地、建设资金、招商引资等制约，加快经济发展战略重点向北部沿海转移。目前，滨州临港产业区(北海经济开发区)

按照“一港、一城、一带、六区”的空间布局，集中规划建设了一个千亿元级的新材料园区、一个 500 亿元级的新型建材园区和 3 个百亿元级的绿色化工、临港物流、粮油加工产业园区等五大特色产业园区。在沿海荒碱地上，一个新的产业聚集区即将形成。二是加速推进特色园区建设。规划建设了 50 个重点园区，其中农业园区 10 个、工业园区 25 个、服务业园区 15 个，出台了支持园区发展的相关政策和考核办法，并列入科学发展考核。截至目前，全市 50 个重点园区规划面积达到 2515 平方公里，入驻企业 8000 多家，年产值突破 6000 亿元。2014 年 11 月份，滨州经济开发区升级为国家级经济技术开发区，全市拥有了邹平和滨州 2 家国家级开发区。特色园区规模档次不断提升，滨州轻工纺织特色产业园产业集聚度达到 94.77%，园区内拥有省级以上科技创新平台 8 个，其中国家级 5 个；惠民李庄绳网特色产业园是全国最大的化纤绳网生产基地，化纤绳网类产品国内市场占有率达到 80%以上；韩店现代生物工程科技园区成为全国最大的玉米油生产和出口基地；板材厨具产业园区，厨具、板材销售额分别占到国内市场的 1/3 和 1/4。

（六）民生保障和社会事业全面加强

按照《规划》的要求，以保障和改善民生为重点，大力发展各项社会事业。2014 年全市社会民生支出 164.45 亿元，占财政支出的 61%。顺利完成三年医改任务，国家基本药物制度实现基层全覆盖，获得全国基本公共卫生服务项目考核第二名。自 2015 年起全面推行乡镇卫生院起付线以上全报销制度，成为全省第 1 个全面实行的地级市。我市被国务院授予“全国新型农村和城镇居民社会养老保险先进单位”。2009～2014 年，全市城镇新增就业 31.2 万人次，新增农村劳动力转移就业 64.5 万人次。教育事业迅速发展，办学条件明显改善，2009 年启动中小学校舍安全工程以来，累计完成投资 15.5 亿元，加固新建校舍 200 余万平方米，先后两次在省政府教育工作会议上做典型发言，并作为全省唯一典型上报国务院。公共文化服务体系日益完善，全市所有乡镇（街道）均已建成综合文化站（文化中心）。群众体育广泛开展，全市 60%以上的行政村建立了适宜的文体活动场所。2009～2014 年，全市累计建设保障性住房 48445 套，其中廉租住房 3835 套、经济适用住房 6550 套、公共租赁住房 19920 套、棚户区改造 18140 套。

三、落实《规划》的主要做法及措施

（一）高度重视，加强组织领导，建立完善推进机制

国家批复黄蓝两区《规划》以来，市委常委会、市政府常务会议多次学习国家

《规划》、研究推动《规划》实施工作。成立了由市委书记任组长的工作领导小组，下设办公室作为常设专门机构，综合协调、指导推进黄河三角洲高效生态经济区和蓝色经济区建设工作。各县区均成立了工作领导小组及办公室，提供了坚强的组织保障。健全完善重点工作协调推进制度，形成了“一级抓一级、层层抓落实”的“两区”建设推进机制。将区域建设列入全市科学发展综合考核和市直部门领导班子考核，制定了考核办法和实施细则，从考核体系和工作导向上推动《规划》的深入实施。切实转变作风，启动实施了机关作风效能建设、效能提升工程、行政程序年试点、标准化窗口建设等多项活动，为推动区域建设创造良好环境。扎实开展解放思想大讨论活动，启动实施了万名干部培训工程、区域建设培训班、周末大讲堂等《规划》培训、宣传活动，在全市形成了关心、关注和参与区域建设的浓厚氛围。

(二)做好《规划》对接，强化统筹协调，强力推动《规划》落实

一是认真对接国家战略规划和省《实施意见》，组织编制了滨州市《黄河三角洲高效生态经济区发展规划》、县区规划和 27 个专项规划，制定了《实施意见》，明确了发展思路，落实了任务目标，提出了推进措施。二是对国家《规划》及省《实施意见》和市有关规划进行全面梳理，整理提出了全市落实《规划》的重要事项、重大政策和重点项目，实行月调度、季通报，按照项目化管理的方式，逐项抓好对接落实，扎实推动《规划》的深入实施。三是根据工作实际，按照《规划》、省《实施意见》提出的发展目标和工作任务，每年年初提出区域《规划》实施的年度重点工作，强化工作责任，及时调度、协调解决《规划》实施中的问题，督导各县区、各部门狠抓工作推进落实。四是配套完善政策体系，先后出台了《加快生态滨州建设的实施意见》《滨州市十大科技创新平台建设实施意见》《滨州市产业集群提升培育工程实施方案》等一系列推进生态建设、产业培育、园区建设、科技创新、体制机制建设的政策性文件，有力地推动了《规划》的落实。

(三)持续深化改革，创新体制机制，不断增强发展活力

一是推进行政管理体制改革，优化营商环境。强化依法行政，加大政务公开，滨州市获得首届“中国阳光政府奖”。深化行政审批和公共资源交易制度改革，市公共资源交易中心自 2011 年 10 月 31 日试运行以来，共交易项目 2500 多个、金额 113 亿元，节支增收近 9 亿元。2014 年对市级行政许可项目进行了集中清理，市级行政许可项目仅保留 91 项，非行政许可审批保留 12 项，成为全省审批事项最少的市之一。二是深化财政体制改革，加大区域建设力度。市财政优化调整支出结构，创新投入机制，深入推进黄蓝“两区”规划落实，自 2009 年起，市本级共投入财政资金 35.62 亿元，重点支持了科技创新、人才引进、现代农业、生态建设、重点园区和交通水利等重点领域项目建设，增强了经济发展承载能力。三是推进金融改革创新，不断扩展融资渠道。率先开展了林权、海域使用权等抵押方式创新工作，邹平浦发等 3 家村镇银行开业运营。全市小额贷款公司 2014 年贷款总额 125 亿元，其中 97%的贷款投向了“三农”和中小微企业，有效地缓解了中小微企业融资服务不足的矛盾。加强国有资源资产运营管理，整合港口、未利用地等各类资产 200 亿元，融资能力明显增强。

(四)积极招商推介，扩大对外开放，不断深化区域合作交流

我市抓住机遇，大力做好黄蓝“两区”品牌的文章，先后有针对性地组织了赴北京、香港、台湾、欧洲、上海、苏浙等地的招商推介活动，组织举办了第二届黄三角经贸洽谈会、首届黄三角农业投资贸易洽谈会、黄三角高层国际论坛等多次大型活动，一大批项目达成合作协议。外贸进出口大幅增长，2014 年实现进出口总额 72.2 亿美元，增长 19.1%。对外经济合作取得新进展，2014 年新批外商投资项目 10 个，实际到账外资 3.83 亿美元。主动加强与周边地区的对接合作，与天津市东丽区签订了《友好合作协议》，进一步加强了双方经济交流和技术合作；积极推动环渤海各城市、企业与各高校的合作与发展，2012 年我市被评为环渤海区域合作特殊贡献集体。

虽然在建设中取得了一定成绩，但也要清醒地看到，工作中仍然存在着一些不容忽视的问题。一是发展中不平衡的问题依然明显，产业层次有待进一步提升，产业结构不合理，经济增长的质量和效益不够理想；二是科技人才相对不足，创新能力不强，特别是海洋新兴产业基础薄弱，总量偏小；三是港口、铁路、高速等重大基础设施正在建设之中，承载力依然不足，防潮堤等重点工程资金缺口大，任务艰巨；四是高效生态建设与省委、省政府和人民群众的期望相比还有差距，“高效生态”发展理念有待进一步强化，生态建设和环境保护力度需进一步加大。

四、推进《规划》实施的打算

下一步，滨州市将在进一步突出高效生态特色，努力实现开发与保护、资源与环境、经济与生态的有机统一，更好地推动“黄蓝”两区加快建设。重点抓好六个方面的工作：一是进一步加强生态文明建设。突出加快水污染治理、大气治理、防护林和生态林工程等生态环境重点工程建设，大力实施生态治理和生态修复，从南部的小清河流域综合治理，到中部的宜居城市建设和北部的沿海湿地修复，推动三大生态板块建设取得突破性进展。二是进一步加快推进“转调创”。按照《规划》要求，针对当前存在问题，强化高效生态意识，以资源高效利用和生态环境改善为主线，着力优化产业结构，推进特色产业发展，创新体制机制，加快

50 个重点特色产业园区建设，构建富有滨州特色的高效生态产业体系。三是进一步突出“一港一区”建设。充分发挥滨州港的辐射带动作用，规划建设一批临港产业基地，推动北海经济开发区在海洋资源科学开发、优势产业培育、循环经济发展方面率先突破，形成带动北部崛起的龙头，努力建设国家级循环经济示范区。四是进一步加快重大基础设施建设。突出交通、能源、水利等重点，努力形成布局合理、配套完善、保障有力的基础设施体系。尤其是加大北部沿海基础设施建设力度，加快滨州港、滨港铁路二期、济滨高速、沿海高等级公路建设步伐，进一步增强承载能力。五是进一步完善区域推进机制。着力抓好督导协调，加强对《规划》中涉及的重大政策、事项的调度督导，及时总结经验，查找问题和不足，督促抓好工作落实，强力推进《规划》的深入实施。

潍坊市(寒亭、寿光、昌邑)黄河三角洲高效生态经济区发展报告

根据《黄河三角洲高效生态经济区发展规划》(以下简称《规划》),潍坊市的寒亭区和寿光市、昌邑市列入重点开发区域,区域内有潍坊滨海一个国家级和潍坊、寒亭、寿光、昌邑四个省级经济开发区,陆域面积5036平方公里,人口226万。五年来,潍坊市认真贯彻国家和省委、省政府的决策部署,深入实施《规划》,把黄三角建设纳入全市"四一三"战略重点和"突破滨海、提升市区、开发两河"的统筹发展战略布局,开发建设力度不断加大,取得了突破性进展。五年累计实现地区生产总值6290亿元,公共财政预算收入640亿元。其中,2014年潍坊市黄三角区域实现地区生产总值1566亿元,公共财政预算收入142亿元,同比分别增长10.3%、12.3%。

一、《规划》实施五年回顾与展望

(一)加强生态建设和环境保护

始终将生态环保放在首要位置,编制了《潍坊市黄河三角洲高效生态经济区生态环境控制功能区划》,强化生态建设和环境保护,生态条件明显改善。

1. 推进生态建设。实施了"两廊、八河、十路、十二生态组团"林网建设工程,扎实推进生态林场和生态片区建设,五年来新增造林面积38.6万亩,林木覆盖率达到28.6%。2014年,昌邑国家海洋生态特别保护区实施了封滩育林恢复生态工程和湿地生态旅游开发,莱州湾湿地自然保护区实施了环境和水质污染综合治理,新建成寿光滨海国家湿地公园、潍水风情国家城市湿地公园,渔业种质资源保护区达到5处,核心保护区面积达到24.93万亩。滨海区科学编制了"一带、两廊、三河、四组团"林网建设规划,滨海区内主要道路全部绿化,弥河、南一横人工河、围滩河等水系林带完成建设;共建成27个绿化示范村、1个绿化示范镇,有林地面积增加到43950亩。

2. 强化环境保护。将节能环保作为项目审批的强制性前置条件，严格执行环境保护标准和污染物排放总量控制制度，重点抓好水污染和大气污染治理，实施了“三八六”环保行动，2014年我市“蓝天白云，繁星闪烁”天数204天，列全省第5名。全市PM2.5、二氧化硫浓度同比改善18.9%和23.8%，省控重点河流稳定达到恢复鱼类生长目标，市域环境质量明显好转。全市投入17.2亿元完成脱硫、脱硝等治理项目157个，新建燃气管网150公里，查处市控以上重点污染源超标违法行为220起。

3. 集约节约利用资源。寿光市主要以建材、板材等行业为重点，粉煤灰、磷石膏、废塑料等废旧资源充分利用，生产蒸压加气混凝土砌块、水泥、人造板等产品，取得很好的经济效益和社会效益。截至目前，滨海区通过未利用地开发为城市建设用地的利用方式，经审批未利用地转为建设用地2070亩，其中：盐碱地1993.5亩、荒草地61.5亩、河流水面1公顷，主要土地用途为项目用地1792.5亩，农村集体建房277.5亩，目前项目进展顺利。

4. 大力发展循环经济。积极推广节地、节水、节能等资源综合利用技术，万元GDP能耗降低3.99%，万元工业增加值用水量降低18%，工业固体废弃物综合利用率达到95.67%，农业灌溉水有效利用系数达到0.60，资源、能源利用效率持续提高。积极推进循环经济园区和企业建设，潍坊滨海区成为国家生态工业示范园区和全省循环经济示范区，寿光市成为全省循环经济示范县，山东海化、晨鸣纸业成为全省循环经济示范企业，寿光渤海精细化工园、昌邑盐化工经济循环区、山东海龙工业园、寒亭建材工业园等先后实施了一批循环经济重点项目。

（二）强化基础设施建设

1. 加强水利设施建设。重点实施了潍坊滨海、寿光羊口和昌邑潍河口防潮堤建设，高标准新建和加固沿海防护堤32.2公里；建设了总长277公里的“两横六纵”水网工程，一次性拦蓄水量1.4亿方；方家屯至潍北平原水库供水管道建成投用，双王城水库预计年底竣工。

2. 加快交通设施建设。潍坊港5万吨级航道、17个5万吨级泊位、2个3万吨级客货滚装泊位正在加快建设，其中3个万吨级和3个2万吨级泊位已经通航。2014年，潍坊港全年吞吐量完成2603万吨，超额完成年度计划，同比增长12%，集装箱累计完成17.3万标箱，同比增长181%。鲁辽陆海货滚甩挂运输大通道正式通航，打造我国第一条货滚多式联运通道，年货物周转量可达2000亿吨公里。潍县路改造，德大铁路、益羊铁路改线工程已经建成，潍日高速公路滨海连接线、潍坊新机场等项目进展顺利。

3. 推进能源设施建设。北部沿海已完成风电装机35万千瓦，国华寿光电厂项目拿到国家能源局路条；黄岛至潍坊、莱州至昌邑输油管道项目已完工；中化弘润石化400万立方米石油储备罐区已经建成，二期600万立方米正积极推进。

(三)大力推进各类园区建设

1. 加快临港产业区建设。把潍坊北部临港产业区作为实施黄河三角洲发展战略的主战场，高起点提升发展定位，高速度加快产业聚集，高标准推进新城建设，着力打造以潍坊滨海区为中心、寿光北部和昌邑北部为两翼的三大产业发展板块，基础设施支撑力、环境承载力和产业配套能力加快提升。五年来，临港产业区总配套面积达到320.4平方公里，其中2014年新增配套面积23.21平方公里；在建过亿元项目304个，总投资2641亿元。全力推进实施"飞地经济"政策，引导各县市区、市属各开发区到滨海区建设产业园区，出台了《潍坊市滨海飞地工业园管理规定》，14个"飞地经济"产业园已开工建设产业项目63个。

2. 积极建设特色产业园区。推进产业集聚发展、园区化布局，寿光市现代农业、滨海动力机械装备制造两个园区被认定为省高效生态产业园。目前，两个园区入驻规模以上企业92家，2014年完成主营业务收入214.2亿元，固定资产投资87.3亿元。现代农业加快发展，现代农业园区达到170个，各级农业龙头企业达到249家。工业强市战略深入实施，工业经济综合实力不断增强，发展质量和效益不断提升，规模以上工业企业达到1090家，高新技术企业达到148家。现代服务业繁荣发展，滨海欢乐海省级旅游度假区、中国食品谷顺利推进。滨海区进一步提升海洋动力装备、海洋化工、海港物流等传统优势产业，积极培育海洋生物医药、新能源、新材料等战略性新兴产业；寿光市全力打造生物基材料、新医药、新能源汽车、种苗产业四大集群；昌邑市加快发展家纺用品、盐及盐化工、食品加工等产业；潍坊经济开发区正式获批建设国家生态工业示范园区。重点项目进展顺利，潍柴大功率船用柴油机、国电风电、景世乾光伏发电等项目建成投产，国华寿光电厂、中海油石化盐化一体化、潍柴海洋动力装备产业园、中凯冷链物流、华创工业机器人等一批大项目正加快建设。

(四)积极构建高效生态产业体系

积极开展品牌特色农业，形成了以"粮油、蔬菜、果品、畜牧、水产"五大农产品为主的农业品牌集群。共拥有农业产业化龙头企业500多家，2014年实现销售收入400亿元，出口创汇3亿多美元。市级以上农业龙头企业发展到200家，其中国家级重点龙头企业8家、省级重点龙头企业30家、市级重点龙头企业150家。

1. 加快发展高效生态农业。一是绿色种植业。实施引进、试验、示范、繁育与推广工程，重点推进荒碱地治理与高效种养、绿色农产品标准化规模化生产、绿色控害技术综合运用和农业机械化。寿光市农村沼气与蔬菜大棚结合技术。

以粮食种植面积50万亩以上的市区为重点，以棉花种植面积20万亩以上的市区为重点，建设全国重要的粮棉生产基地。以寿光为重点扩大蔬菜生产面积和销售网络。滨海区积极开展盐碱地改良试验，推进荒碱地治理，规划建设盐碱地改良生态示范园。二是生态畜牧业。以昌邑为重点发展肉禽养殖项目，建成全国重要的生态养殖和畜产品活体储备基地。到2015年，肉蛋奶产量达到80万吨。三是生态渔业。实施渔业资源修复、标准化生态鱼塘整理、浅海生态养殖、渔港及渔港经济区建设等工程，加快建设渔业资源保护区和标准化生态健康养殖园区。到2015年，水产品产量达到75万吨。

2. 加快发展环境友好型工业。培育发展战略性新兴产业，改造提升传统产业，加快环境友好型工业聚集发展，经济结构实现优化升级。着眼产业链条式组合、园区化布局、集群化发展，加快建设高效生态产业基地。(1)新能源。积极开发近浅海域滩涂风电资源，重点建设大型风电场项目。加快发展光伏发电和生物质能发电，进行地热、浅层地热和潮汐能开发利用示范研究，实施农村沼气推广工程和太阳能、地热能应用示范工程。滨海区新能源产业园目前有两家风电企业已建成投用，华能风电一期49.5MW已并网发电，国电风电一、二期共75MW已并网发电。另有中海油风电一期50MW已核准，现正在进行项目施工前期准备工作。国电联合动力实验风场1＃6MW实验风机已完成设备吊装。景世乾太阳能光伏发电项目正在建设中，其中包括10MW金太阳光伏电站和25MW地面电站项目现正在加紧施工中。(2)新材料。建设以新型油田化学品、盐化工为特色的新材料产业基地，重点发展热超导、电子、无机传热、环保、高分子等新材料。重点做好以海科院、天一化学、天维膜等院所、企业为主体的新型阻燃剂及膜材料的快速发展，培育好以高信化工、万润化纤、华鸿纤维等企业为主的高分子材料产业的发展。(3)新信息。重点建设寿光软件园，大力发展新型电子元器件、电子新材料和软件产业等。(4)生物医药。重点开发耐盐碱转基因植物新品种，开发生物药物及治疗肿瘤、心脑血管、老年病等新型高效药物，建设中药种植GAP、生产过程GMP标准化体系。发展L-乳酸、聚乳酸生产。加快海洋生物医药、海洋功能食品、海洋化工、海洋工程材料、环保技术及装备、海水综合利用等领域的研究开发和成果转化，开发一批具有自主知识产权的核心产品，培育一批海洋高技术产业群。

3. 大力发展现代服务业。一是积极发展现代物流业。滨海区积极推进海港物流园的扩建工作，依托临港优势，以山东交通物流、中棉物流、中盐物流、海关监管区等项目为带动，打造区域性临港物流加工基地。依托“中国菜篮子”这一金字招牌，寿光农产品物流园快速发展，形成中国最大的蔬菜集散中心，价格形成中心，信息交易中心，物流配送中心，最权威的蔬菜标准形成中心，并成功发布"中国寿光蔬菜指数";昌邑市依托中国轻纺城钱清昌邑原料市场和中国棉纺城,沿昌柳路建设纺织印染服装业服务区。山东宏大生姜市场建设了"中国·昌邑生姜指数"网,运用信息技术打造高端电子商务平台,预计2015年将实现网上交易额100亿元。2014年12月29日,"中国·昌邑生姜价格指数"运行新闻发布会在济南举行,2015年1月1日正式运行。寒亭区重点建设高端食品企业总部、创新研发、检验检测、食品物流和交易五个中心,规划建设了中凯国际水产冷链物流园、修正药业保健品市场、北海医药食品物流园等物流集散中心。二是积极发展生态旅游业。加强旅游基础设施建设,推动旅游资源整合,着力打造滨海旅游度假、民俗文化等精品旅游线路。滨海区着力打造国际风筝冲浪比赛、正月十六盐神节、二月二龙抬头节等系列民俗节庆品牌,挖掘渔盐民俗文化精品,旅游度假区内人工沙滩工程全部完工,马来西亚馆已举行开馆仪式。寿光市成立了总规划面积313平方公里双王城生态经济区管委会,把投资12亿元的双王城水库、国家4A级景区林海博览园和小清河入海口湿地、巨淀湖湿地等"四大区域",用"绿色"连成一片,加强生态开发,实现生态建设与经济发展的共赢。昌邑市以主城区为核心,以70公里潍河生态文化旅游长廊为主轴,重点规划建设绿博园、潍水风情湿地公园、文山森林公园、柽柳林海洋生态特别保护区、下营月亮岛景区、海水浴场、山阳百年梨园生态观光园、文化青山访古旅游区等八大旅游项目。寒亭区进一步加强重点旅游项目的建设进度,加快中国农民画博物馆、杨家埠民俗村、禹王湿地、柳毅山生态旅游风景区、古寒国文化城等重点项目建设,扩大文化旅游总量,丰富文化旅游内容,推动生态与民俗旅游资源的整合。

(五)大力促进社会事业发展

1. 科技事业。已建成省级以上工程技术研究中心30家、院士工作站13家、企业重点实验室22家,引进国家"千人计划"专家13人、省泰山学者24人。新建滨海海洋化工、寿光新型防水材料2家国家火炬特色产业基地,寿光市软件园被认定为国家级科技企业孵化器。

2. 教育事业。抓住教育部和省政府在潍坊共建国家职业教育创新发展实验区的机遇,在滨海海洋经济新区规划建设了20平方公里的科教创新区,目前已经入驻科教研发项目29个,山东(潍坊)公共实训基地、海洋科技大学园等正在加快建设,山东海事职业学院、潍坊职业学院等院校已经开始招生,在校师生达到3万人。

3. 卫生事业。医疗卫生服务体系不断完善,寿光、昌邑被确立为我市首批基本药物制度试点县市,区域内基层公立医疗机构全部施行了基本药物制度。

4. 文化事业。各市区文化中心投入使用,区域内镇街全部建成了规范化综合文化站和文化信息资源共享工程基层服务站,潍水文化生态保护实验区成为全省首个国家级文化生态保护实验区。

5. 人才和社会保障。区域内拥有专业技术人员12万人，占到全市的23%；投资2.4亿元在四市区各建设一处县级福利中心，完善了覆盖城乡的养老保险、医疗保险、社会救助、就业服务等体系。

(六)积极创新体制机制

1. 推进重点领域和关键环节改革。一是加强规划衔接。根据国家战略要求，修订出台了《潍坊市沿海地区总体规划》，制定了《关于支持黄河三角洲高效生态经济区又好又快发展的实施意见》和《关于贯彻落实鲁发[2010]9号文件精神加快黄河三角洲高效生态经济区建设的实施意见》，明确了潍坊市黄河三角洲建设的工作目标和重点任务。二是深化行政审批制度改革。寿光市建立行政审批制度改革联席会议制度，全市34个部门单位设立了"审批服务科"及相关机构，进一步规范整合了行政审批职能。对全市行政审批事项进行"拉网式"清理，共保留审批服务事项459项，取消30项，冻结27项，下放12项。滨海区负面清单最大限度放宽社会事务和产业发展限制，把原来56类项目调整合并为10类；权力清单尽可能缩小政府权力，对原来15类1648项行政权力压缩为4类216项；服务清单围绕生产服务全产业链，生活服务全覆盖，由原来的237项增加到499项，实现了小政府大服务。三是实行飞地经济开发机制。把滨海作为潍坊转型升级的平台，鼓励引导县市区、开发区在滨海建设特色园区，发展飞地经济。实行了"市里花钱配套、县市区全部受益"的政策，规定特色产业园所需土地指标全市统筹解决，基础设施由市级统一配套，园区项目实缴税金滨海留成部分划归所属县市区、开发区，园区产生的统计指标归所属县市区、开发区。

2. 构建开放型经济体系。加快对外经济技术合作改革创新，提升走出去发展水平。近年来，企业充分利用两种资源、两个市场，不断拓展国际经济合作空间，取得了积极成效。2011年6月，寿光经济开发区获"石油装备产业示范基地"称号，2013年寿光农业现代产业园入选"两区"特色产业园名单，2013年寿光经济开发区取得创建省级生态工业园资质，2013年寿光市入选第三批山东省高端装备制造产业园区名单。昌邑市积极开展国际合作，提高企业自主创新能力。在合作方式、合作平台、科技项目合作以及合作领域拓展方面取得新突破。山东瑞其能电气有限公司是由中国、瑞士、德国三方共同出资组建，主要从事开发、设计、生产、安装和销售风力发电机组并提供相关服务，具有产品创新研发能力，拥有核心技术，是国内唯一可自主进行2010版GL风机认证的企业。寒亭区深入实施工业振兴"1030"计划，着力打造机械制造、生物医药等六条高成长性产业链，工业经济效益稳步增长。2014年，新增市级以上企业技术中心和工程技术研究中心2家，实施"产学研"合作项目57项。寒亭区被评定为"山东省民间文化艺术之乡”(木版年画、潍坊风筝),“潍县布玩具”入选山东省第三批非物质文化遗产名录。滨海区积极组织符合条件的企业利用国际金融组织贷款和外国政府优惠贷款,潍坊职业学院滨海校区项目申请德国促进贷款 1500 万欧元已通过评估。

3. 加强区域合作与交流。积极参加由山东半岛 7 城市部门战略合作联盟组织的“区域经济协调发展专题讲座”和山东半岛 7 城市部门战略合作联盟联络员会议,进行互动调研,产业合作日趋紧密。组织了“西洽会”“西博会”“喀交会”“渝洽会”等经贸活动,对我市投资环境、优惠政策、滨海开发优势进行了展览展示,取得良好效果。根据 2014 年环渤海市长特派员办公会第一次会议精神,就充分利用环联办平台,加强各成员市的交流合作进行了安排和部署。

二、《规划》实施取得的经验

(一)举全市之力加快推进滨海区建设

一是强根基、夯基础,全方位完善基础设施配套。大力推动滨海产业园区及潍坊滨海产业园基础设施建设,提升道路、供水、供电、供热、污水处理、绿化等配套水平。二是转方式、调结构,激发园区发展新活力。重点培育发展新能源、新材料、节能环保等战略性新兴产业,全面提升了园区产业层次。三是招大商、大招商,壮大优势产业集群。坚持招大引强,积极参加江浙地带、长三角、京津地区的招商活动,主动与国企、上市企业、500 强企业沟通衔接。全力打造骨干产业链条。加快建设智能装备制造、海洋化工、生物医药等特色园区,提升开发区发展品质。

(二)加快工业转型发展

坚持走新型工业化道路,大力推进石油化工、盐及盐化工、机械装备、纺织服装、食品加工等传统产业改造升级和新能源、新材料、新医药、高端装备制造、节能环保等战略性新兴产业规模膨胀,推动传统产业高端化、新兴产业规模化、主导产业集群化。加快技术创新步伐,大力提升企业技术创新能力,建好用好创新平台,鼓励具有自主创新和设计能力的骨干企业建设技术中心。充分利用信息产业快速发展的大好机遇,不断完善信息化推进机制,提高信息化的层次和水平。

(三)积极发展现代农业

一是夯实农业基础地位。大力推动农业园区化建设、规模化种植、标准化生产、产业化经营、品牌化发展,不断增创农业发展新优势。二是提升农业产业化水平。扎实推进土地承包经营权流转和确权登记,加快发展农民专业合作社、家庭农场等新型经营主体，提高农业产业化、组织化水平。依托绿博会、菜博会，充分发挥中国(昌邑)北方花木城、寿光蔬菜节带动作用，进一步延伸链条，扩大规模，提升现代农业发展水平。三是提高农业科技含量。认真实施基层农技推广服务体系建设项目，改善农技推广条件，提升农技推广综合服务能力。积极开展农民实用技术培训、“送科技下乡”等活动，有针对性地向农民提供市场信息和先进适用技术，为发展现代农业提供智力支撑。四是落实强农惠农政策。鼓励农民根据市场需求优化种养结构，增加农民生产经营性收入。积极发展农村二、三产业，促进农民就地就业和转移就业，增加农民工资性收入。

三、《规划》实施过程中存在的问题和制约因素

一是政策扶持力度还需加大。国家有关部门应进一步加大对黄河三角洲开发的支持力度，出台具体支持措施和扶持政策，继续完善支持黄河三角洲建设的政策体系和推进机制。二是重大交通设施相对滞后。港口建设规模较小、功能较弱、配套能力不强，缺少疏港铁路及与周边区域连接贯通的干线铁路，内联外接的高速公路网络有待进一步完善。三是经济结构层次不高。传统产业和资源消耗性产业比重较大，产品附加值偏低，现代服务业发展相对滞后，离转方式调结构的要求有一定差距。四是生态环境压力较大。沿海地区生态环境比较脆弱，淡水资源相对贫乏，风暴潮威胁较大，生态建设成本较高，近海地区生态保护及堤防修复任务较重。五是融资难度加大。受国家货币政策影响，区域内金融机构贷款自主权有限，融资平台功能受到制约，贷款审批手续比较繁琐，企业融资难度加大、投资意愿降低，建设资金缺口较大。六是资源性指标不足。部分园区内有“插花地”，整体开发受到制约。有些好项目受土地计划指标限制无法落地。海域使用证换发土地使用证没有形成制度性程序，工商业项目集中成片建设的用地审批环节较多，影响未利用地的开发效率。

四、下一步推进《规划》实施的工作打算

潍坊市将紧紧围绕省委、省政府关于黄三角开发建设的总体部署和工作要求，全面对标，全力提升，努力走在前列，为经济文化强省建设作出更大贡献。

一是更大力度加快滨海海洋经济新区建设。按照集群布局、集成创新、集中突破、集约服务和连片开发的思路，统筹发展规划、统筹生态环保、统筹基础设施、统筹产业布局，加快建设滨海海洋经济新区。明确新区在蓝黄战略中的发展定位，积极融入“一带一路”“京津冀一体化”“环渤海经济圈”“长江经济带”等战

略，开拓发展空间。重点开发港口经济区、海洋科技大学园、海洋动力机械装备产业园、绿色化工产业园、中外产业园、旅游度假区、中央商务区、潍坊生物基材料示范基地和下营特色化工基地九个项目区，更高质量推动滨海开发建设。

二是更大力度推进产业转型。统筹高效生态五大产业发展，强化项目谋划，选择100个在建和储备项目，推进开工建设和投产达效。发挥滨海空间优势，突出海洋特色，统筹陆海资源，推动海洋产业在滨海地区链式发展、集群发展，力争到2020年形成海洋动力及装备、循环型海洋化工、海洋生物医药3个两千亿元级产业群，海洋能源1个千亿元级产业群。组建潍坊市生物基材料产业联盟，打造国家级生物基材料产业基地。发挥智能装备制造产业优势，打造环渤海地区重要的智能装备制造产业基地。加快建设滨海油化盐化一体化项目，打造鲁北滨海重化工业基地。

三是更大力度加快基础设施建设。把港口放在重中之重、优先建设位置，一体推进潍坊港、潍坊渔港和羊口港、下营港。按照建设亿吨大港的目标，组建潍坊港集团公司，规划临港经济区，对全市所有岸线、港口和临港资源实行统筹开发，力争今年5万吨级航道建成通航、综合保税区北区获批运行。发挥鲁辽陆海货滚甩挂运输大通道作用，适时启动10万吨级航道规划建设。积极参与东北亚国际航运综合枢纽建设，实现与青岛港差异化、一体化发展。加快建设潍日高速公路，做好环渤海大通道建设相关工作，形成更加完善的公路网。推进济青高铁潍坊北站规划选址等前期工作，推进疏港铁路建设，尽快开工城海轻轨，进一步完善铁路网。

四是更大力度强化生态环保。把生态文明建设放在突出地位，自觉走绿色发展道路。深入实施“三八六”环保行动，实行分阶段逐步加严的污染物排放标准，强化环境倒逼机制，推动发展尽快转入绿色循环低碳轨道。进一步搞好生态绿化，特别是在北部沿海地区培育推广耐盐碱植物，提高树木成活率和绿地覆盖率。加强海域水质保护和修复，坚持入海河流全流域污染防治和生态用海，确保海域水质不断改善。

德州市(乐陵、庆云)黄河三角洲高效生态经济区发展报告

《黄河三角洲高效生态经济区发展规划》(以下简称《规划》)覆盖德州市的乐陵市和庆云县。《规划》实施五年来,中共德州市委、市政府认真贯彻国家、省关于黄三角建设的指示精神,全面落实确定的各项任务目标,积极推动黄三角经济区建设向纵深发展。

一、《黄河三角洲高效生态经济区发展规划》落实情况

(一)加强生态建设和环境保护

1. 推进生态建设。乐陵市坚持把生态建设和环境保护作为黄三角建设的主线。重点实施“八、五、四、三”工程,即八大生态工程、五项重点产业工程、四类生态文化工程、三大基础支撑。水系整治方面,打造了小农水全国典范工程,投资4200万元的农田水利工程全部完工,全面实现农村供水城市化,城市供水一体化,德州水网工程已完成三条主干河道清淤治理工作。环境监测体系建设方面,重点做好重点排污企业、主要河流断面的监测。投资近百万元建成集多功能于一体的信息化、数据化管理的环境监控中心,对重点污染源进行24小时实时监控;重点污染企业及市污水处理厂基本都安装了在线监控设备。目前,乐陵市河流断面水质监测站、自动空气监测站已投入使用。全市有金麒麟、泰山、国强等多家企业通过了ISO14000环境管理体系认证,国强五金集团自主研发了分流处理控制技术,被评为“国家级清洁生产标准化企业”集团,乐陵市重点行业、重点企业排污都能达到规划规定的执行标准,COD、SO_2 排放等指标控制在约束范围之内。庆云县加快水系林网、道路林网和农田林网建设,全县林木覆盖率达到38.8%,被评为山东省绿化模范县,被国家林业局列为全省首个“碳汇造林基地”。

2. 强化环境保护。乐陵市依托科技支撑、人才支撑和财税金融支撑,持续改进产业结构层次低、资源利用效率低的问题。以城市生态化为目标,强化环境

保护，全力打造国家级生态示范区。庆云县建立了项目能源评估预审机制和节能降耗预警机制，加快淘汰落后产能，单位 GDP 能耗较 2009 年降低 13%。深入开展城乡环境“五化”活动，高标准完成马颊河、漳马河等骨干河流、沟渠的清淤治理及城市生活垃圾处理场建设工作，新建乡镇垃圾转运站 8 处，污水处理厂二期投入使用，城市污水集中处理率和城市生活垃圾无害化处理率分别达到 99%和 98%。以畜禽养殖污染、土壤污染、农村生活垃圾污染治理为重点，有效控制农村面源污染，创成省级环境优美乡镇 4 个、市级 5 个。

3. 集约节约利用资源。乐陵市高效生态农业保护区、水源地保护区、湿地保护区等各类生态功能区得到严格保护。目前，乐陵市核心保护区面积达已到 12.53 万亩，主要污染物排放量削减 20%，城市污水集中处理率达到 93.18%，林木覆盖率达到 40.38%，水土流失治理率达到 84%。

4. 发展循环经济。乐陵市加快循环经济示范园及各类专业产业园区基础配套设施的完善，延伸产业链条及配套生产能力，努力把乐陵建成黄三角区域重要的生态产业基地、循环经济示范基地。庆云县中澳集团与中船重工集团进行产业合作新上的齐耀新能源生物质利用循环经济示范园是国内最大的综合利用鸭尾物发电项目，是庆云县融入黄三角，建设现代农业示范区的样板工程，实现了畜禽养殖及加工废弃物资源化利用，形成了集肉鸭孵化、养殖、宰杀、熟食加工、生物质发电、有机肥生产、高效生态种植于一体的闭环式循环经济产业链条。以华泰橡胶、天宇（山东）橡塑等企业为龙头，橡胶轮胎生产和再制造企业达到 30 余家，被评为“中国轮胎资源循环利用示范基地”，华泰橡胶的轮胎再制造与循环利用示范项目被列入科技部“国家火炬计划”和国家发改委重点项目。

（二）强化基础设施支撑

1. 加强水利设施建设。乐陵市重点实施了碧霞湖水库、丁坞水库建设工程，完善以用水为主的城区、农村供水管网，加强农村饮水安全和自来水工程，提高水资源供应保障能力。加强“三河五干”的综合治理，实施了孟家村灌区、乐南灌区和生张扬水站灌区的综合治理与改造工程，抓好跃丰河蓄水闸、洼里贾蓄水闸、庞郑节制闸、郑店南街节制闸建设以及机井工程的实施。同时，积极推广节水灌溉新技术，大力实施节水工程，扩大引黄灌溉面积，增强农田灌排设施抗御自然灾害的防洪除涝供水能力。截至目前已经完成 20 条干支沟的治理，蓄水能力达到 2.5 亿立方米。

2. 加快交通设施建设。乐陵市重点做好滨德、济乐高速公路建设服务和铁路过境、辖区内四条省级公路改造和千童镇大桥改造建设工程争取工作。目前，滨德、济乐高速和德龙烟铁路已经通车，新南环、新东环、新西环已经建设完工，围绕高速路口逐步完善了区域道路网络。目前，已把全市县乡公路的 70%改造一遍，实现境内县乡（镇）之间基本达到二级以上高等级公路的目标，同时启动村村通公路的升级改造工作，80%以上已达到三级公路标准，所有行政村街道实现硬化和规范化。庆云县新建和改建城区道路 7 条，改造乡村道路 230 余公里。先后完成了投资 1 亿元的省道 315 改线、投资 3.6 亿元的省道 246 拓宽、滨德高速连接线和 318 公里的村级公路网化工程。积极争取环渤海高等级公路向西延伸，打通德州出海通道，该项目已列入省黄三角交通发展规划和德州市交通发展规划。

3. 推进能源设施建设。重点实施了南部地区 110kV 高文曲输变电站、东郊 110kV 变电站、铁营 110kV 变电站以及 220kV 乐陵Ⅱ站输变电工程，进一步优化电网结构，对全市输电线路进行改造和农村电网改造，全力提高供电能力和供电质量。大力推广城镇使用天然气，加强了天然气管网的建设力度，已经完成城区管网铺设 25 千米，实现城区居民全部使用天然气。并且依托希森三和集团和新世纪奶牛场，积极推广农村沼气工程，并进一步扩大沼气发电项目规模，建立沼气发电示范工程。

（三）大力推进各类园区建设

乐陵市加快建设四大特色产业园区。西部经济开发区。已累计完成投入 25 亿元，“四纵五横”路网建设完成，水、电、气、绿等基础设施全部配套，累计落户项目 80 多个。体育器材产业园依托泰山集团，加快泰山高科技体育产业园建设步伐，拉动山东友谊体育器材提档升级，全面发展竞技体育和群众健身体育产品，进一步提升体育产品在全国乃至全球的影响力。汽车零部件产业园依托金麒麟集团、威格尔橡胶、鑫力活塞，以刹车片、子午轮胎、活塞、汽车五金、汽车三滤为基础，发展成为门类齐全的汽车零部件产业，为创建中国汽车零部件产业城（基地）打好基础。黄河三角洲循环经济示范园。已累计引进项目达 41 个，建成投产项目 15 个，在建项目 18 个。园区基础设施投入累计达到 5.1 亿元，实现了“七通一平”，2014 年，园区得到省环保厅、商务厅和科技厅的联合行文批复，同意并支持建设省级生态工业园区，现已通过省级专家论证评审。山东德州国家农业科技园区。2015 年 2 月被科技部国科办农[2015]9 号批准为第六批国家农业科技园区，主要以马铃薯和金丝小枣产业为核心，以玉米深加工、调味品和鲁西黄牛等特色产业为基础，着力发展高效生态品质农业。青岛保税港区（德州）功能园区引进外向型项目 4 个，总投资 7.1 亿元。建设了星光、华乐两家公用型保税仓库，面积达 16 万平方米，在满足企业自身需求的同时，也可为乐陵及周边地区企业提供保税仓储服务。星光食糖储备库还与郑交所合作，建起了储存能力 7 万吨的食糖交割库，年交割量可达 50 万吨。

庆云县与天津市红桥区联合建设的红云高新技术产业开发区，不仅是战略区域对接的有益探索，而且还是庆云全面融入黄三角建设的重要平台。2014年，将红云高新区、经济开发区和一个街道整合成立一个新开发区，实现“两区合并、政区合一”，赋予县级权限，强力推进园区建设。目前，起步区三纵三横主干路竣工通车，南区路网、东外环路等 13.7 公里路网建设全面开展，220 千伏变电站投入运行，红云创业服务中心建设完成；投资 50 亿元的航天碳材料产业基地、投资 16 亿元的沈阳机床整机及配套产业园等一批支撑能力强、拉动作用大的好项目落户园区，区内入驻企业达到 32 家。围绕延伸产业链条，崔口镇体育器材、中丁乡金融机具、庆云镇机床附件等一批特色产业园初具规模，其中，崔口镇跻身山东省首批体育产业基地，全县体育产业纳税首次突破千万元。

(四)积极构建高效生态产业体系

乐陵市着力打造“五金机械装备制造、农副产品(食品)深加工、绿色(循环)化工、文化旅游及商贸物流四大主导产业，体育、节能环保、科技金融三大先导产业”的七大现代产业集群。每个产业都有专门的产业发展小组来确保工作推进，并构建了由分管市级领导、产业办公室主任、6 个部门及企业、银行、科研机构组成的产业推进体制，每个产业都设立了 1000 万元以上的产业发展基金。先后启动建设了百万亩金丝小枣标准化示范区、碧霞湖高效生态农业示范区、马铃薯种植基地、调味品蔬菜种植基地等一批高效品质农业基地。以建设泰山高科技体育产业园为载体，加快体育新材料研发。近两年来，泰山集团共获“两区”建设专项资金 3310 万元，人工草皮、爱动在线、XPE 新材料、碳纤维自行车、多功能垫等 5 个体育项目全部投产。目前，泰山集团成为全国行业内唯一拥有国家体育用品工程技术研究中心、国家认定企业技术中心“双中心”和国家级博士后科研工作站的企业。建成了全国最大的金丝小枣博物馆，千年枣林被评为 4A 级旅游景区，并入选省级首批原生态旅游景区。目前，七大产业对工业利税、利润贡献率达到 90%以上。乐陵市先后被认定为全国第六家、全省第一家“国家级体育产业基地”，德州市首个“国家农业产业化示范基地”以及“中国建筑五金产业基地”。

庆云县加快建设高效生态产业体系。高效生态农业。依托中澳、鼎力、鲁丰科技等农业产业化龙头企业，与香港李锦记集团、金星集团等农业龙头企业实现战略对接，着力培强做大肉鸭、小枣、蔬菜、肉牛等特色。目前，全县规模以上农业产业化龙头企业达到 41 家，其中国家级重点龙头企业 2 家、省级 2 家，标准化养殖小区达到 396 处，规模化、标准化养殖比重分别达到 82%和 65%，优质蔬菜种植面积达到 7.5 万亩。环境友好型工业。突出新材料、新能源、电子信息、高端装备制造等优势产业，以京津冀、长三角、珠三角等区域为主攻方向，深入对接央企名企，2014 年，投资 18 亿元的祥辉铜业、投资 10 亿元的航天新材料二期等

32个在建项目快速推进，14个项目投产达效。筛选重点企业实行“一对一”帮扶，积极引导帮扶中澳集团2.4万吨欧式去骨烤鸭、航天新材料二期、长信化学等企业膨胀规模、拉长链条、扩张发展，其中长信化学与复旦大学合作的年产3万吨碳纳米管及1.8亿立方米高性能锂电池隔膜项目建成后，将成为全国最大、亚洲第二的碳纳米管、锂电池隔离膜生产基地。现代服务业。与香港龙和集团合作，投资30亿元的“中国城”项目完成前期准备工作。超前论证了一批景区开发、景点扩容、设施配套项目。目前，全县已经建成海岛金山寺等国家4A级旅游景区1处、2A级景区4处、省级旅游示范点9处，成功通过省旅游强县复核验收。

(五)大力促进社会事业发展

1. 大力发展科技事业。乐陵市先后在马铃薯、体育用品领域创建2家具有行业唯一性的国家工程技术研究中心，成为全国唯一一个拥有2家国家工程技术研究中心的县级市。创建国家认定企业技术中心2家，省级工程技术研究中心、省级企业技术中心12家，国家级产业技术创新战略联盟、省级产业技术创新战略联盟6家，省级企业重点实验室、省级工程实验室4家。庆云县新增省级以上科技创新平台5家、市级以上科技创新平台22家，省级高新技术企业3家，授权专利226件，天庆科技等企业被评为中国专利山东明星企业，鼎力集团等企业被列入省知识产权优势企业培植计划，华泰橡胶半钢斜交工程轮胎技术荣获2014年度山东省企业技术创新优秀成果二等奖。

2. 优先发展教育事业。乐陵市加大教育投入，深化教育改革，优化教育结构，促进教育事业协调发展。现有小学112处、初中25处、高中1处，完全中学2处、职业中专2处。投资3779万元，新建楼房13栋，总建筑面积29071平方米，维修校舍17670平方米。筹资140余万元对教师进行奖励，公开招考农村教师150名，城区教师57名。多次组织讲课能手和优秀教师进行送课下乡活动。庆云县义务教育学校布局趋于合理，教育资源配置进一步得到优化。2015年全县高中1处、职专1处、初中13处(城区4处)、中心小学59处(城区7处)，形成了“乡镇办初中，联村办完小”的办学体制，基本满足了人民群众“就近入学”的愿望。

3. 积极发展医疗卫生事业。县医院取消药品差价，基本药物和常用药品全部实行省级集中招标采购。对医保病人、新农合病人，实行先诊疗后付费模式，对出院无异议病人及时结算，极大地减轻了患者负担。全面推进11项基本公共卫生服务项目，强化社区卫生服务中心、站及乡镇卫生院、村卫生室管理，全县基本公共卫生服务实现无缝衔接。

(六)积极创新体制机制

加强区域合作与交流。庆云县红云高新技术产业开发区是黄河三角洲和山东省对接天津滨海新区首个异地共建的开发区,是长江以北首个“飞地经济”试点。2009 年 4 月 18 日德州市政府和天津红桥区政府在中国天津投资贸易洽谈会上签署合作协议,确定联合建设红云高新技术产业开发区。2010 年 3 月9 日,天津红桥区政府、德州市政府及庆云县政府三方签订了合作框架协议。2010 年 4 月 28 日,德州市政府与天津红桥区政府联合成立了红云高新技术产业开发区领导小组,红云高新技术产业开发区建设全面启动。按照“科技生态城”的总体定位,重点培植新能源、新材料、电子信息、高端装备制造等主导产业,确保把红云高新区打造成产业特色突出、要素资源集聚的千亿元级经济园区。目前,三纵三横主干道路竣工通车,220 千伏变电站投入运行,红云创业服务中心即将启用,区内入驻企业达到 32 家。初步形成了以中国航天新材料产业基地、传热新材料产业园为代表的新材料产业,以齐耀新能源、中广核风力发电为代表的新能源产业,以万恒电子、庆元电子为代表的电子信息产业,以辰睿重工、鑫瑜特钢为代表的高端装备制造产业,“飞地经济示范区”初见雏形。

二、推进《规划》实施取得的经验

(一)抓好顶层设计,突出规划引领

从工作体制、思想观念、思维模式、工作路径等各个层面与黄三角进行全方位、立体式融合,在外出学习和认真调研的基础上,结合省专项规划分工,制定了本市县专项规划,2012 年以来,又准备制定“五位一体”的城乡全域立体发展规划,包括战略规划、空间布局规划、产业规划、重大项目规划、投融资规划等,目前,战略规划和空间布局规划已取得初步成果。

(二)强化组织领导,推进规划实施

成立了由中共德州市委、市政府主要领导挂帅的黄河三角洲高效生态经济区战略推进县域经济发展委员会,委员会下设生态城市核心区、现代服务业聚集区、环境友好型特色工业区、高效生态农业区四个工作小组和一个黄三角建设办公室,吸收各经济园区、乡镇(街道)及相关部门业务副职为联络员,建立起紧密型联络员制度。

(三)狠抓产业集聚,夯实发展基础

按照黄三角规划构建高效生态产业体系的总体要求,以产业发展特色化、集群化、高效化为导向,立足自身传统优势,着眼产品利税贡献,确立了重点培植“五金机械装备制造、农副产品(食品)深加工、绿色(循环)化工、文化旅游商贸物流四大主导产业，体育、节能环保、科技金融三大先导产业”的七大现代产业集群思路，每个产业都有专门的产业发展小组，并构建了产业推进机制，设立了产业发展基金。

（四）增强区域融合，探索统筹发展新模式

通过政策空间探索出区区联动、港区融合、优势互补的合作新模式，青岛保税港区德州功能区作为“蓝黄统筹、东西联动”的标志性项目，成为2012年山东“蓝黄两区”最具影响力十大新闻事件之一。深入推进“南融北接”战略，主动融入京津冀一体化，启动了总投资20亿元的天津农垦现代农牧业示范园项目，实现了与京津冀一体化战略的实质性对接，该项目已列入天津市十大民生工程之一。

三、《规划》实施过程中存在的问题和制约因素

一是在经济新常态下，随着政策调整经济发展环境趋紧，受内需不足、外需低迷、投资放缓、资源环境约束加剧的国内国际因素影响，一些企业在应对防范风险时创新驱动力不足，科技人才缺乏，解决问题的方法还不够灵活，造成地方税收收入减少，给地方财政收入带来巨大风险隐患。

二是新常态下优势产业带动能力还不够强，发展中不平衡的问题依然明显，产业层次有待进一步提升，经济增长的质量和效益不够理想。

三是园区载体功能需要进一步提高，未利用地资源优势尚未充分发挥，开发利用需要进一步规范，一些路、水、热、气、雨污等基础设施工程建设进度缓慢。

四是在区域对接中各市、各县之间不同程度地存在“各自为战、各谋其政”的问题，在发展规划、重大基础设施布局等方面衔接不够，尤其是在一些竞争领域，利益协调比较困难。

四、下一步推进《规划》实施的工作打算

一是加强生态建设和环境保护。加快林网、水网、路网“三网”绿化工程建设，实施两河三地湿地建设保护工程。大力发展环保产业，积极建设以循环经济理念为指导的生态经济体系和可持续的资源利用体系。以循环经济、生态经济、低碳经济为主，全力转方式、调结构，实现生产和环境共同发展，人与自然生态和谐，努力创建黄三角区域生态模范县。

二是突出抓好优势产业培育。一是打造战略新兴产业。发挥航天新材料、无机传热、碳碳、碳化硅摩擦材料等技术优势，加快新材料产业建设。依托齐耀新能源、祥辉新能等项目，大力发展太阳能、风能、生物质能发电等新能源建设，

把庆云建设成为全省乃至全国的新材料、新能源示范基地。二是发展现代农业。按照规模化、标准化、产业化、优质化、品牌化的要求，建设绿色生态种植业基地和健康养殖基地，把庆云县建设成黄三角区域重要的高效生态农业示范区。三是推动现代服务业壮大升级。以创新发展机制为突破口，不断放大中国商贸名城、北方旅游胜地的特色优势，完善产业链条，培育核心载体，全面加快以商贸物流、文化旅游为主的现代服务业进档升级。

三是强化基础设施和载体建设。加大向上协调沟通力度，加快基础设施建设，尽快缓解基础设施瓶颈制约。协调推进建设环渤海高等级公路西延工程；开工建设双龙湖水库，实施一批河道治理和灌区改造工程。快速推进红云高新区路、电、气、通信、给排水等基础设施建设。加大招商引资力度，壮大红云高新区整体规模，努力争取政策支持，力争把红云高新区升格为省级高新区，打造成产业特色突出、要素资源集聚的环渤海科技示范基地、黄三角高效生态新区。

四是围绕打造环境友好型工业，重点培育五金机械装备制造、农副产品（食品）深加工、体育、循环化工、节能环保等五大产业发展。深化工业领域改革，在传统产业升级改造上集中做好“加法”，在化解落后产能上集中做好“减法”，推进企业对外合作、并购重组，以膨胀总量、做大税收为核心，把巩固优势与挖掘潜力结合起来，不断扩大产业优质投入，整体提升主导产业发展水平，增强产业竞争力、影响力。对产业龙头企业和重点项目予以重点帮扶，在要素保障、科技研发、推进上市等方面优先支持，狠抓大项目、好项目的引进、培育和建设。

围绕打造高效生态农业，加快构建现代农业产业体系。积极培植和引进农业龙头企业，大力发展标准化种养基地。扎实推进土地确权登记颁证工作，健全农村土地流转制度，积极培育合作社、家庭农场、专业大户等生产经营主体，在增信试点、土地承包经营收益权抵押贷款、信用联盟、保险等方面加强支持。加大对涉农项目资金的争取力度，按照“整合资源，集中连片，功能互补”的原则，对涉农项目实行统一规划、统筹布局。实施好小农水重点县、千亿斤粮食产能、中低产田改造和高标准农田等重点工程，争创全国粮食生产先进县。加快构建现代水网体系，启动丁坞水库建设，增强饮水、灌溉能力，为现代农业发展提供坚强保障。

五是围绕扩大对外开放，加快推动区域融合互动发展。坚持对外开放，引导企业增加研发经费投入，充分发挥创新主体作用，全面推动重点企业与高校及科研院所加强合作，与行业一流研发机构开展对接，创新合作方式，共建实验室或研发中心；加快推进青岛保税港区乐陵功能区项目建设进度，全力做好黄三角规划与国家“一带一路”规划、环渤海规划、首都经济圈规划、省“一圈一带”规划对接工作，做好功能互补、相互促进、协调发展的文章。力争到2020年，乐陵市黄三角建设各项指标达到黄三角区域发展中上游水平。

淄博市(高青)黄河三角洲高效生态经济区发展报告

高青县地处黄河三角洲腹地，北依黄河，南靠小清河，面积831平方公里，辖7镇2个街道办事处、767个行政村，人口36.6万。

2009年11月，国务院批复《黄河三角洲高效生态经济区发展规划》(以下简称《规划》)以来，中共高青县委、县政府紧紧抓住机遇，认真贯彻落实《规划》和省委、省政府《实施意见》，立足自身基础和特色，确定了打造黄河三角洲淄博低碳与循环经济试验示范园、节能环保与新材料产业基地、绿色无公害农产品产业基地、温泉养生文化产业基地"一园三基地"的总体布局与发展定位，并纳入县"十二五"发展规划，按照以城市化为统领，以工业化为龙头，统筹推进新型工业化、农业现代化、农村城镇化和信息化的总体思路，加快推进黄河三角洲高效生态经济区建设，高青县经济社会发展呈现良好态势。2014年全县实现地区生产总值180亿元，比2009年增长77%，三次产业比例调整为13.8∶50∶36.2；公共预算收入11.4亿元，比2009年增长134%；规模以上固定资产投资125亿元，比2009年增长154%；社会消费品零售总额44.3亿元，比2009年增长102%；城镇居民人均可支配收入和农民人均现金收入分别为25190元、11315元，分别比2009年增长74%、80%；金融机构存贷款余额分别为124亿元、116亿元，比2009年分别增长123%、192%。

一、黄三角建设实施五年以来回顾

(一)新型工业化步伐加快

一是主导产业优势地位更加突出。开泰石化丙烯酸、汇龙石化煤焦油、渤海活塞搬迁扩产、富欣生物功能性低聚果糖、布莱凯特高档肉牛精细分割、金洋药业生物多糖、安盛玻璃等一批项目建成投产。2014年石化新材料实现产值84.8亿元，增长7.2%；食品与生物工程实现产值68.2亿元，增长8%。二是传统产业引入战略投资者进行重组。引入山东焦化集团对德元、宏远进行重组，引进上市企业山东如意集团对钜创进行战略重组，引入江辰时装、华威纺织分别重组控股恒丰纺织、曼顿纺织，通过引入战略投资者帮助企业解决问题，推动传统产业转型升级。三是园区建设拓展了新型工业发展空间。精细化工与新材料产业园并入县经济开发区，经济开发区基础设施配套日趋完善，规划面积扩大到55平方公里。以打造氟硅产业园为龙头，台湾工业园改造提升工程顺利推进。四是工业发展的创新能力不断增强。院士工作站和博士后科研工作站达到3家，2个项目列入国家“863”计划，北京化工大学（淄博）绿色生物制造研究院落户高青。33家企业与高等院校及科研单位建立了固定合作关系，市级工程技术研究中心达到22家，省级工程技术研究中心达到6家。县政府与市级银行签订支持合作协议，授信金额达55亿元。县政府筹资2000万元设立中小企业发展基金，帮助企业缓解融资难问题。高青村镇银行成功获批，广润民间资本管理公司、黑牛担保公司实现运营，挂牌企业达到9家。

（二）现代服务业发展全面起步

2014年全县服务业完成投资55亿元，增长16%；增加值完成65亿元，增长9.1%。一是休闲旅游业实现破题发展。天鹅湖国际慢城、在河之洲水上乐园、颐阳文化园、国井1915酒庄、陈庄西周古城考古遗址公园、田镇古商业街等重点项目顺利实施。其中陈庄—唐口遗址文物保护及展示方案获国家文物局批复立项，并被确定为省级首批考古遗址公园；温泉开发、大芦湖湿地保护项目上升为市级层次来规划实施。策划推出“风情周末”休闲游，并开展了三届中国（高青）黑牛节，“品国井，吃黑牛，泡温泉，亲吻黄河风情”已成为高青旅游新亮点。2014年旅游观光人数达60万人次，旅游综合收入近2亿元。二是商贸、文化等其他服务业发展取得新进展。大商新玛特、国际商贸城、红星美凯龙等商贸名企落户高青，投资6亿元的亿丰时代广场、投资8亿元的国际商贸城等12个项目列入市重点服务业项目。《我的师傅姜子牙》动漫电影、电子商务产业园、高档肉牛产学研商务中心等项目推进顺利，建成白酒和农副产品两个省级质检中心。建成山东老董家古玩文化市场，入驻商户68家，提升了高青文化对外影响力。

（三）现代农业发展亮点突出

一是突出抓好“两园五基地”建设。占地2.1万亩的山东黑牛现代循环农业示范园被认定为黄三角全省首批8大特色产业园之一；占地1.4万亩的绿色农业科技示范园，流转土地8000亩，6家企业入驻。精品蔬菜、西瓜、西红柿、食用菌、健康水产养殖等标准化基地建设顺利推进，22种农产品申请绿色食品认证。积极推广水稻工厂化育苗、机械化插秧，稻田养蟹实验取得成功，水稻种植面积增长30%，种植效益大幅提高。二是产业组织和品牌建设成绩显著。全县市级以上农业龙头企业发展到23家，各类农民专业合作社达237家，新建家庭农场

9家。积极推广蓑衣樊村、张巩田村等土地流转模式，全县累计流转土地13万亩。我县被国家标准委认定为国家农业综合标准化示范县，被中国经济林协会授予“中国蚕桑之乡”，“高青黑牛”“高青桑葚”“高青黄河鲤鱼”获国家地理标志商标认定，淡水养殖达到全省上游水平，被列为省级现代渔业示范园区。三是现代农业支撑体系不断健全。成立黄三角高青黑牛融资担保公司，大地肉牛、布莱凯特上市工作进展顺利，农业发展的融资问题逐步化解。在淄博商厦、银座中心店组织了高青优质农产品展销活动，在华盛商厦设立特色农产品专柜，与山东乐物网合作进一步拓宽了销售渠道。现代水网工程累计开挖疏浚河道500公里，初步构建形成旱能浇涝能排的水网体系。

（四）田园城市建设全面推进

一是城乡建设成绩突出。城区倍增工程稳步推进，搭建起南部新区城市客厅综合体基本框架，太公大道及雨污管网工程开工建设。高标准规划建设青城、唐坊两个省、市级示范镇，加强政策扶持和产业配套，加快小城镇发展。积极推进城中村、城郊村和旧村改造，大芦湖片区38个村合并为6个新社区开工安置楼房89幢，“百村改造计划”累计达118个村，旧村改造工作走在了全市前列。二是基础设施建设取得新进展。总投资3亿元的广青路改造升级工程全面竣工通车，投资5175万元实施了城区排水东延、青苑路改造、天鹅商城改造等6项重点市政工程。惠青黄河大桥至高淄路段升级为国道G233，结束了我县普通干线公路无国道的历史。开通城市公交，结束了我县无城市公交的历史。投资1.2亿元实施大李输变电、樊林输变电等电网改造工程。6处镇办垃圾中转站全部启用，城乡环卫一体化实现全覆盖。三是生态文明建设成绩突出。实施“水绿高青”建设，全长43公里的环城水系全部贯通。积极探索生态城市建设新路子，建成区绿地覆盖率由2010年的36%提高到2013年的46%；高标准实施黄河大堤百里绿色长廊建设和林带林网绿化，林木覆盖率由2010年的28%提高到2014年为32%；积极开展污染防治和河道整治工作，2014年河流出境断面水质达标率为100%，空气质量良好率达到84.5%。生态环境和水资源保障能力得到持续提升，为高青长远时期的持续发展、增值发展奠定良好的基础。

（五）公共管理和区域治理能力不断提升

区域发展顶层设计逐步完善，完成县城总体规划和土地利用总体规划修编，完成南部新区城市设计及控制性详细规划、经济开发区中长期产业发展规划、山东黑牛现代循环示范园规划的编制，完成温泉产业发展规划、旅游总体发展规划等各专项规划的编制工作，增强了政府科学管理国土空间的能力。推进大部门制改革，在全市率先完成工商、质监管理体制理顺，组建了新的县食品药品监督管理局；将县卫生局、县人口和计划生育局合并，组建新的县卫生和计划生育局。

实行城市管理、执法、服务"三位一体"的大城管体制，积极推进农业综合执法。全面推行联合审批和重点项目联审代办"一站式"服务，行政审批规范化管理工作列入全省改革试点。调整理顺了经济开发区管理体制，开发区综合实力跃居全省 136 个省级开发区第 55 位。农村产权制度改革稳步推进，全县农村土地承包经营权确权登记颁证工作基本完成，农村集体建设用地和宅基地使用权发证率达 96%，农村土地承包经营权抵押融资成功破题。公共管理领域的系列改革，促进了科学发展观的落实和构建和谐社会目标的实现，为区域治理体系和治理能力的现代化奠定了基础。

(六)民生保障持续改善

城镇居民人均可支配收入由 2009 年的 14496 元增加到 2014 年的 25190 元，农民人均纯收入由 2009 年的 6293 元增加到 2014 年的 11315 元。民生重点项目支出 13.88 亿元，占到财政总支出的 71%。推行教师职称岗位弹性聘任制改革，投资 1.2 亿元完成中小学办学条件标准化建设及配套工程。与市教育局签署全面支持高青教育发展战略合作协议，重点对高青一中实现托管式帮扶，促进教育教学质量快速提升。推进县级公立医院综合改革试点工作，深化医院托管模式，带动全县医疗服务水平快速提升。严格落实计划生育基本国策，计生服务水平不断提高。实施社会救助创新提升工程，成立了县社会救助中心，健全了县镇村三级救助服务网络，被列为省"救急难"试点县。建成保障性安居房 656 套，超额完成市下达任务。社会化养老实现破题，建成农村养老互助幸福院 29 处。大学生就业率达 98.1%。村级健身工程实现全覆盖，被表彰为全省群众体育运动先进县。建成全国青少年普法教育示范县。加强应急管理、社会保障、安全生产、政府审计、民兵预备役建设等工作，计生、文化、统计、物价、档案、供电、气象、残联等工作均取得良好成绩。"十二五"期间，民生保障持续改善，为实现富裕和谐目标夯实了基础。

二、存在的主要问题

(一)自主创新能力有待提升

科技对黄河三角洲建设的支撑能力仍然较弱，企业自主创新能力有待进一步提高，具有科技引领作用的高层次创新人才数量偏少，科技研发投入仍然不足、高新技术产业对区域发展的支撑力度还不够强。

(二)《规划》有关政策内容落实不到位

国家《规划》明确提出，逐步完善生态补偿机制、国家安排中央分成的矿产资源补偿费适当对黄河三角洲地区给予倾斜、土地管理实行省域内占补平衡等，从推进情况看，未能得到有效落实。

(三)发展中存在薄弱环节

一是高青县基本农田保护率高达99%,建设用地存量空间小,缺少用地指标,一些好项目无法落地。二是高青财源薄弱,对交通、水利基础设施建设的投入不能满足经济社会发展的需要。三是金融制约依然突出。在经济下行、信贷政策趋紧的大环境下,小微企业融资难、融资贵问题仍然突出。

(四)工业发展质量效益不高

高青县是农业县,工业起步较晚,产业层次较低,转型缓慢;地处内陆,无铁路过境,对大型装备制造、现代物流等带动能力强的产业吸引力不足,缺乏科技含量高的大项目、好项目,工业发展质量效益无法快速提升。

三、建设经验及措施

(一)建立健全组织领导机构,落实工作推进机制

高青是淄博市唯一纳入黄河三角洲高效生态经济区的县(区),市委、市政府和县委、县政府对此高度重视,市里成立了"两区"建设办公室,县里成立了以县长任组长的黄三角建设工作领导小组,设立了专门办公室,按照"一园三基地"的发展定位,积极主动融入全省区域发展战略总体布局,狠抓《规划》落实。市、县多次组织召开黄河三角洲建设推进工作会,做好重点任务工作分工部署。加强政策解读和对上争取,高青生态畜牧区、绿色果蔬区、优质粮棉区、纺织家纺服装产业基地等八大产业列入《规划》,L-乳酸聚乳酸、10万头优质黑牛产业项目等14项项目内容列入省《实施意见》。对照《规划》和《实施意见》中提到的具体发展目标任务,出台了《关于贯彻落实〈实施意见〉重点工作部门分工的通知》《关于印发黄河三角洲年度工作考核办法的通知》《贯彻落实省会城市群经济圈发展规划重点任务分工方案》等文件,推进《规划》落实。

(二)立足实际,出台相关配套规划和扶持政策

坚持规划先行,把做好规划作为实施好黄三角建设的基础性和首要性工作。聘请了山东理工大学专家对我县经济社会各方面进行了深入调研,并数次召开研讨会。经过十几次修改,最终编制完成了《高青县黄河三角洲高效生态经济区发展规划》。各有关部门结合县域实际,分别编制了高青县交通、能源、服务业、种植业、渔业、畜牧业、旅游等专项发展规划。立足高青特色优势,编制了山东黑牛、温泉等特色产业发展规划。县委、县政府相继出台了扶持现代农业、山东黑牛产业、十大农产品基地建设、加快新型工业化及招商引资等一系列扶持政策。

通过强化组织领导,健全工作机制,编制发展规划、出台配套政策措施,为推动县域经济社会科学发展、和谐发展、跨越式发展提供了有力保障。

四、下一步推进规划的工作打算

(一)加快产业结构调整,打造节能环保与新材料产业基地

紧紧依靠科技,走高效与生态相统一的新型工业化道路,大力发展特色产业园区。坚持新上项目前评估后评价制度,积极推进企业上市融资,拓宽融资渠道。集中培植石化新材料、食品与生物工程、新能源三大增长极项目,力争通过3～5年努力,建成对黄河三角洲有重要影响的节能环保与新材料产业基地。

(二)坚持做大黑牛产业,推动山东黑牛特色产业园发展壮大

依托龙头企业发展专业合作社,依托合作社建设标准化基地,依托标准化基地创建品牌,发展绿色无公害种植养殖,建设标准化基地,加强农超对接,发展连锁直销超市,让山东黑牛、高青大米、特色果蔬等优势农产品进大超市大卖场,占领大中城市高端市场。

(三)发挥温泉和生态优势,加快温泉养生文化产业基地建设

高端策划开发温泉地热资源,加快实施天鹅湖国际慢城、高青汤岛、维纳·锶温泉酒店、颐阳文化园、陈庄西周古城遗址公园等温泉和旅游开发项目,结合高青生态农业、乡村休闲旅游,打造温泉慢城、清纯高青。

(四)加强基础设施建设,增强对发展的支撑能力

积极推进经济开发区规划扩容,提高园区承载力。及早做好小清河复航、地方铁路建设规划实施前期准备工作。通过推进"两区三村"改造、土地片区综合整治,破解土地瓶颈制约,加快城镇化进程。

(五)加大投入,进一步改善民生

高度重视民生,扩大基本公共服务向广大农村延伸覆盖;深化医药卫生体制改革,深入实施文化惠民工程;大力实施"百村万户扶贫奔康工程",加快建设小康社会。

烟台市(莱州)黄河三角洲高效生态经济区发展报告

《黄河三角洲高效生态经济区规划》(以下简称《规划》)实施以来,莱州市把积极融入"黄区"战略摆到了全局工作的重要位置,以建设黄三角坚强桥头堡、争当出色排头兵为目标,围绕高端高效、科学发展主题,突出重点,打造亮点,培育增长点,"黄区"建设取得显著成效。2014 年,完成 GDP685 亿元,地方公共财政预算收入 52.1 亿元,五年年均分别增长 8.5%、22.2%。三次产业结构比例由 2009 年的 9.2 ∶59.9∶30.9 调整到 2014 年的 10∶53.3∶36.7;地方财政收入占 GDP 的比重提高 3.4 个百分点,高新技术产值占规模以上工业总产值比重提高到 31.2%,万元 GDP 能耗降低 17.5%。城市居民人均可支配收入、农民人均纯收入五年年均分别增长 13.6%和 14.3%。在 2014 年全国百强县和全省县域经济综合实力排名中分别为第 34 位和第 36 位,在 2012 年全省县域经济综合考核位列前十强。

一、《规划》落实情况

(一)加强生态建设和环境保护

一是推进生态建设。省级生态市创建顺利通过考核验收。组织开展两轮"三年大造林"工程,新增造林面积 16.5 万亩。实施水生态修复工程,投资 2 亿元资金,完成重点区域水生态、水源地生态、河道水生态修复工程和小流域综合治理工程,新建和改善节水灌溉面积 20 万亩,全市灌溉水利用系数提高至 0.7 以上,治理小流域 7 条,综合治理水土流失面积 65 平方公里。先后获"全国水生态保护示范市"、国家小型农田水利重点县、省农田水利基本建设先进集体称号。推进海洋生态修复示范工程和渔业资源修复工程,编制完成了《莱州浅滩海洋生态国家级海洋特别保护区实施方案》,2014 年特别保护区的建设列入山东省渤海海洋生态修复及能力建设项目,岸滩环境整治一、二期项目、海庙后等 3 个海岸带整治修复工程项目已开工建设。累计放流海蜇苗、对虾、梭子蟹、牙鲆、半滑舌鳎、魁蚶等各类水产苗种 18.2 亿尾，建设海洋牧场 88005 亩。

二是强化环境保护。制定出台了石材、镁石、废塑料行业综合整治方案，推进三大结构性污染行业转型升级。对在“三区两线”范围内露天开采、不符合安全生产要求、破坏污染生态环境、达不到最低生产规模的矿山坑口依法关停取缔，已关停矿山 30 多个。加大矿山地质环境恢复治理力度，对主要道路两侧的矿采区进行修复，整治矿采区粉尘和废渣，修复破损环境，在镁石开采区和花岗岩开采区实施矿区生态修复工程 5 处，清运矿山废渣 21 万立方米，修复主要道路两侧环境 4 万平方米。强化污染治理。强化部门配合、联动机制，建设 24 小时全方位自动监控系统。加强污水处理设施建设。完成莱州污水处理厂、宏泽水务污水处理工程及鲁通造纸中段水处理改造及深度处理工程等进行扩建升级改造，日污水处理能力分别提升了 2.5 万吨、1 万吨、0.8 万吨。强化大气污染治理，完成硫酸尾气、锅炉烟气脱硝工程，年可实现削减氮氧化物 8000 余吨。推进城乡垃圾无害化处理。投资 2000 余万元对生活垃圾处理场进行升级改造，日处理能力由 200 吨增加到 350 吨，垃圾无害化填埋率达 80%以上。全面推进农村环境连片整治，新建镇街垃圾压缩式中转站 11 处、污水处理厂 11 处，农村垃圾一体化处理实现全覆盖。

三是集约节约利用资源，发展循环经济。规模以上企业工业万元增加值能耗比 2010 年累计完成下降 17.5%；完成清洁生产审核单位 54 家，13 户重点用能企业 2011 年至今年累计完成节能量 7.8 万吨，完成“十二五”节能量计划 4.21 吨的 185%。利用锅炉废渣、粉煤灰、金矿尾渣等三废的企业已达到 14 家。2014 年，莱州三大矿采矿废石的利用率达 100%，黄金尾矿产生量达到 742 万吨，累计堆存 2300 万吨，利用量 454 万吨，综合利用率 61.2%。莱州银海工业区已形成盐及盐化工、医药化工、黄金尾矿综合循环利用、绿色风能资源综合利用四大产业链，入园企业 48 家，2010 年，成功创建“山东省循环经济示范县(市)”。

(二)强化基础设施支撑

一是加快莱州港建设。莱州港规模不断扩大，黄三角龙头港地位进一步巩固。莱州港累计完成投资超过 20 亿元，财政累计投入资金超过 2 亿元，2014 年莱州港区生产性泊位达到 24 个，其中 10 万吨级泊位 1 个，5 万吨级泊位达到 5 个，完成港口吞吐量 4000 万吨，比 2009 年增长 166%，集装箱达到 15 万标箱，结束了莱州港口无集装箱的历史。配套设施不断完善。全长 18.9 公里、总投资 7.3 亿元的莱州港区疏港公路项目，2012 年 1 月全线竣工通车；由中国化工集团公司投资建设，总投资 14.7 亿元、全长 110 公里、设计年输运规模 1800 万吨的莱州至昌邑双向输油管线项目正式开通运营，港口集疏运体系不断完善，黄三角区域龙头港地位进一步巩固。

二是推进能源设施建设。华电国际莱州电厂项目。总投资74.2亿元、建设2台1000MW国产(超)超临界凝汽式燃煤发电机组的一期工程于2010年3月份正式开工,2013年上半年2台机组全部投运发电,2014年,华电国际莱州电厂发电量122.9亿千瓦时,实现售电收入约45亿元;配套建设的2个5万吨级通用泊位和一条5万吨级航道工程同时投入运行;总投资1.7亿元的华电铁路专用线项目,2013年7月底完工,已具备通车运营能力。2014年12月9日,国家能源局出具了《国家能源局关于山东省2014年度火电建设规划实施方案的复函》,华电莱州公司二期项目正式纳入国家火电建设规划,目前正在抓紧办理相关支持性文件,尽快完成项目申报核准。重大输变电工程。总投资1.15亿元的500kV光泽线送变电工程(光州变电站至青岛大泽变电站)和总投资2.9亿元的500kV莱光线输变电工程(华电国际莱州电厂至光州变电站),于2012年全部竣工。

三是加强水利工程。胶东引黄调水工程完工并调试通水,年可向我市供水1300万立方米;南水北调续建配套工程于2013年12月烟台市发改委批复立项,于2014年11月份开工建设,预计2015年4月份完成主体工程,具备调水条件;水生态修复与保护工程,通过水利部和山东省水利厅组织的验收,成为全国第三个通过试点验收的城市,也是唯一通过验收的县级市;新建防潮堤8044米,水库除险加固工程、王河综合治理等工程进展顺利。

(三)大力推进各类园区建设

1. 加快临港产业区建设。2013年9月《莱州临港产业区发展规划》由省发改委正式批复实施,按照批复内容,着力打造临港物流加工区、先进制造业集聚区、生态化工区和文化旅游商务区四大产业功能区。聚力建设莱州临港产业区起步区。规划建设总面积100平方公里的南、北两个起步区,成立专门机构,出台了《关于打造烟台西部增长极加快莱州临港产业区起步区建设的意见》《关于起步区土地收储办法》《关于起步区招商办法》等多个文件,到目前,两个起步区完成土地收储20平方公里,道路、供水、供电等“七通一平”基础设施建设工程全部展开;项目招商取得成效,在建在谈过亿元项目11个,其中投资120亿元的卓达新型建材等一批大项目开工建设,总投资20亿元的恩源科技电子商务项目、总投资20亿元的滨海游乐城及动漫文化产业园已成功签约,目前正在办理登记注册前期手续。2014年莱州临港产业区实现地区生产总值548万元,公共财政预算收入达到41.7亿元,完成规模以上固定资产投资309万元,高新技术产值达到408万元,临港产业区对全市经济的贡献率达到80%。

2. 积极建设特色产业园区。以省级工业园区、经济开发区为载体,重点培育机电和装备制造、临港物流、生态化工、黄金等优势突出的特色产业和特色园区，形成了黄金、机电装备、石材建材三大百亿元产业园区和全国一流的生物育种特色产业园。生物育种园区，玉米、小麦、蔬菜市内外制种面积达到30万亩，海水育苗水体达18万立方米，入园企业达到38家，全年实现营业收入36.8亿元；临港物流园区，中化工储运成立物流公司新增物流运输车辆60余辆，车辆总数达到200余辆，深圳赤湾股份有限公司投资新成立了赤湾东方物流公司，入园企业达到23家，全年实现主营业务收入35亿元，液化品仓储能力达到180万立方米；高端机电装备制造园区，加强技术研发，膨胀产业规模，延伸链条发展，入园规模以上企业55家，全年实现总产值151亿元；生态化工园区，围绕盐及盐化工、现代医药化工、绿色风能资源综合利用等四大产业链，培育重点企业，引进大项目，入园企业达到48家，全年实现主营业务收入48亿元。

（四）积极构建高效生态产业体系

1. 加快发展高效生态农业。做强做大生物育种业。通过规划引导、政策扶持、龙头带动等多项措施，不断放大产业优势，带动农业科技和现代农业发展。整合玉米、小麦、水产、蔬菜等优势行业，编制了《莱州市生物育种特色园区发展规划》。组建"中国玉米产业技术创新联盟"和"山东省玉米产业技术创新联盟"，登海种业成为首批国家级创新型企业，金海种业公司成为省级创新型企业；拥有玉米、小麦种质资源5万余份，拥有14个省级以上科技创新平台，拥有李登海等享受国务院和省级特殊津贴的知名专家20多个，150个农作物品种通过了国家或省级审定，99个品种获得了保护权；登海公司多次刷新并保持全国和世界夏玉米单产最高纪录，2014年"登海618"平均亩产1105.10公斤，创全国早熟玉米高产新纪录；2011年"洲元9369"高产攻关田平均亩产达到753.75公斤，创全省小麦高产纪录，"丰抗""西白"等大白菜杂交系列品种在全国享有盛誉；小草沟园艺场是国家科技部确定的唯一"国家苹果技术研究中心优质苗木繁育基地"，生物育种特色产业园区被认定为首批特色产业园区。到2014年，全市重点育种企业38家，玉米、小麦、蔬菜室内外制种面积达到30万亩，累计创造社会效益1000多亿元。大力发展生态农业。全市建立各类农民专业合作社1085家，注册家庭农场54家，发展150亩以上的种粮大户达到32家，各类农产品加工营销企业达到306家，农产品年加工能力达到110万吨；拥有省级龙头企业7家，登海商标被评为中国驰名商标，9件商标被评为山东省著名商标，4个农产品品牌被评选为山东省名牌产品，12个产品获得国家地理标志证明商标；"三品一标"基地65.3万亩；为全国粮食主产区农业生产会议提供了观摩现场，被农业部确定为全国高产玉米不同密度种植示范市，2010年莱州市被农业部授予国家绿色农业示范区称号，2012年初先后被认定为山东省和国家现代农业示范区。大力发展生态渔业。全市有水产育苗场80家，海水育苗水体达18万立方米，可繁育鱼、虾、蟹、贝等20多个品种。工厂化养殖面积发展到261万平方米，共营建海洋牧场8800亩，投礁规模为342万空方，成为全国重要的水产种苗繁育基地。建立明波综合园区、太平湾—芙蓉岛海洋牧场园区等9个省级渔业园区，省级"高新技术企业"3家、国家级原种场2处、省级原良种场5处，莱州梭子蟹入选山东省十大渔业品牌。大力发展生态畜牧业。创建全市省级以上标准化示范场达到20个，其中国家级标准化示范场2个。山东省农业产业化龙头企业3个，规模养殖场达到1800多家，规模化、生态化养殖率达到85%以上，良种改良率达到90%以上。

2. 积极发展环境友好性工业。实施"三二〇"工程，出台《关于进一步鼓励企业加快发展的意见》《关于进一步加快推进企业上市工作的意见》，每年确定20个重点在建、20个重点推进项目和20户重点企业，市级领导牵头、重点责任部门包保，进行重点扶持。2014年全市规模以上企业达到368家，居烟台县市区首位，主营业务收入过10亿元企业达到10家、过30亿元企业2家。强化科技创新，推进支柱产业升级。机电产业，实现了由配套向整车和高端转变，2014年规模以上机电装备制造企业已达200多家，实现产值397.6亿元，汽车制动盘产量占全国的40%，大中马力拖拉机提升器占全国市场70%，小型工程机械产量占全国70%。机电产业集群被评为"全省产业规模竞争力十大典范经济区""全省新型工业化基地"，第一批山东省外贸转型升级专业型示范基地、山东省汽车零部件出口基地。黄金产业，实施资源整合，技术提升和产业链延伸工程，黄金精炼厂、8000吨/日采选等工程顺利完成，2014年黄金业实现产值503.9亿元。石材产业，由单一加工向高端产品和产业链转型，2014年新型建材企业达到9家，产量300多万平方米；石材贸易、装饰工程、石材机械企业76家，经营收入超过70亿元。2014年石材业实现产值345.6亿元。盐化产业，由制盐向盐溴深加工方向发展，年产优质大粒盐220万吨，阻燃剂、农药中间体等深加工规模企业23家，2014年盐及盐化工业实现产值48.5亿元。三是培育发展战略性新兴产业。新材料产业，重点发展新能源材料、新型墙体建筑材料等，新忠耀机械公司高速列车配套耐低温材料、联友金号新能源电池隔膜材料等填补国内空白，已投入批量生产。新能源产业，风电完成装机容量46.3万千瓦，累计上网发电超过15亿度，规模为全省县级市之最。高端装备制造业，自主研发了一批拥有国际先进水平的主导产品，涌现了山东悦龙橡塑科技有限公司、大丰轴瓦公司和亚通重型装备公司等一批在国内外有重要影响的细分行业小龙头企业。

3. 大力发展现代服务业。临港物流业。中国北方最大的临港沥青仓储项目、半岛地区最大的固态化工品保税库项目均已投入运营，莱州至昌邑输油管线全线贯通，中国化工集团、华鲁恒升、大通石油、香港华大控股等23家大型仓储物流企业落户莱州临港物流园区，仓储规模达到180万立方米，2014年实现主营业务收入35亿元，莱州临港物流园区成为省重点服务业园区。滨海旅游业。省级滨海生态旅游度假区设立，黄金海岸被评为“山东最具魅力海滨景区”，云峰山、中华月季园、黄金海岸通过国家3A级景区认证，云峰山成为“中国书法名山”，郑文功碑获全国首个“中国书法名碑”，成功举办首届“云峰奖”全国书法作品展、第二届中韩城市帆船拉力赛、国际石材展、第六届全国月季花展，“常到莱州·健康长寿”的旅游品牌影响力不断扩大。云峰山文化旅游开发、海湾四季欢乐世界、东海神庙旅游开发等重大旅游开发项目顺利推进。积极开展乡村旅游创建，截至2014年，我市共有1个“省级旅游强乡镇”、2个“省级农业旅游示范点”，6个村庄被评为“省级旅游特色村”、6家农家乐被评为“星级农家乐(渔家乐)”、1处采摘园被评为“省级精品果蔬采摘园”，莱州市旅游品牌创建数量居烟台前列。2014年全市接待游客305.8万人次，实现旅游综合收入45.3亿元，年均增长30.8%和30.2%。

(五)大力促进社会事业发展

1. 大力发展科技事业。出台实施《关于加快区域科技创新体系建设的意见》，市财政设立500万元的“自主创新专项资金”，对科技创新平台建设、开展科技合作活动、创造优秀科技成果等方面给予支持。全市烟台市级以上科技平台达到64家，其中，国家级2家、省级14家、院士工作站5家、博士后工作站1家。五年累计完成国家发明专利申请770件，获得国家科学技术进步奖3项、山东省科学技术进步奖励18项。

2. 推动社会事业发展。普通高考优生数量稳居烟台各县市区首位。投资5亿元人民医院新院、投资6350万元的中医院门诊楼建成投用，17处镇街卫生院、160处农村卫生室完成标准化改造，市中医院成功创建三级甲等医院。图书馆、文化馆、博物馆向群众免费开放，新建扩建农村文化大院、农家书屋1249个。强化职业教育，烟台理工学校和烟台信息工程学校分别于2011年、2013年进入国家中职教育改革发展示范校行列，我市成为全省唯一拥有两所国家中职示范校的县市区；加强职业技能培训基地建设，5家定点培训机构，职业教育技能大赛连续四年烟台第一；恢复莱州市技工学校，并开始招生；创新职校与企业联合办学，开展订单式定向式实用技能培训，累计培训企业在职职工2万多人，新增等级技术工人15000人，其中高技能人才1500人。

3. 完善就业和社会保障体系。2009年至今新增城乡就业和农村劳动力输出就业11.5万人。建立民生资金自然增长机制，财政资金优先保障民生投入，2010年以来，市财政直接用于民生投入达到42.8亿元。393套经济适用房、300

套廉租房交付使用。着眼长远抓好民生项目建设，社会福利中心、掖县公园、河套湿地公园相继建成投用，市民之家、妇女儿童活动中心等项目正在建设。

（六）积极创新体制机制

1. 推进重点领域和关键环节改革。一是推行沙河镇扩权强镇改革试点。严格落实并执行上级对试点镇的政策安排。加大对试点镇的财政支持力度。整合各类村镇建设资金和涉农专项资金，重点用于试点镇建设。管理权限下放承接到位，由涉及镇级工作的国土、规划建设、发改、环保、交通、公安、民政等14个相关部门下放给沙河镇56项经济社会管理权限，增强试点镇自我发展能力。二是推进机构改革，简化审批事项。对机关事业单位进行改革，新组建部门5个，撤销部门5个，改革后工作部门调整设置为24个，均为正科级建制。出台了《莱州市人民政府关于公布行政许可事项和非行政许可审批事项清理结果的通知》，公布行政审批事项330项，其中承接上级下放109项，调整16项，取消61项，取消幅度达到我市原有行政审批事项的27.6%，提高了行政审批效率。高标准推行行政权力清单梳理工作，本次清单共保留行政权力事项3315项，减少3614项，精简幅度达到52%。

2. 构建开放型经济体系。一是招商引资工作富有成效。积极参与黄三角经贸洽谈会、上海和温州黄三角经贸合作恳谈会、山东半岛蓝色经济区建设恳谈暨项目推介会等一系列高层次对外推介平台，高标准筹办一年一度的月季花节、中国（莱州）国际石材展会、组织全国民营企业莱州行系列活动，2010年以来，累计实际使用外资超过6.8亿美元，香港招商局、中化工油气总公司、大唐电力、华电国际、中储粮、香港华大物流等外资大项目等大企业先后入驻莱州。二是开放平台建设成效显著。中海港务2万平方米公用型保税堆场、东方石油化工10万立方米保税储罐和宇通国际物流公司的石材保税仓库正式投入运行，方泰金业、格瑞特进口石材荒料市场、德兴义沥青保税仓储基地等企业保税仓库项目正在积极推进；编织品外贸转型升级专业型示范基地、山东省木工机械出口基地先后批准设立；3家重点机电产品出口企业被认定为首批全省机电产品出口基地企业。三是对外贸易规模稳步提升。落实企业扩大进出口、开拓国际市场、出口信保补贴、进口贴息、境外投资补贴和贷款贴息等各级各类外经贸奖励扶持资金近千万元。2009年以来，外贸进出口总额83亿美元，连续三年外经贸主要指标在烟台县市区名列前茅。2014年实现外贸进出口19亿美元。

当前，存在的突出问题和制约因素主要是：一是转调任务仍然艰巨，服务业占比仍然较低，资源型工业仍占较大比重，战略新兴产业还缺少大的龙头企业。二是滨海高等级公路、疏港铁路等重大基础设施建设滞后，制约发展的问题日益突出。三是受资金和政策等因素制约，未利用地开发、平原水库、防潮堤建设改造工程推进缓慢。四是受黄金开采规模增大、华电国际莱州电厂项目投运等影响，完成节能减排、工业固体废弃物综合利用率等规划指标压力很大。

二、下一步推进规划实施的工作打算

一是加快莱州临港产业区，聚力突破起步区建设。加快莱州港 10 万吨级航道和防波堤工程、2×10 万吨级通用泊位、15 万吨级油品泊位、华电二期 2×3.5 万吨级通用泊位、海庙港 2×5000 吨散杂货泊位等重点工程前期工作，力争“十三五”时期实现亿吨大港目标。加快卓达新型建材、蓝色海洋科技等在建项目进度，抓好恩源科技、海湾四季欢乐世界等签约项目，力争年内新引进大项目 10 个以上，总投资 100 亿元以上。力争“十三五”时期，起步区特色产业规模效益明显，海洋经济、高效生态经济发展实现全面突破，发展内生动力和活力进一步增强，对全市的辐射带动能力显著增强，在“蓝黄两区”中的战略地位和作用更加突出。

二是突破特色园区建设，打造产业承载平台。力争经济开发区、工业园区、滨海旅游度假区在省级园区中赶超进位。加大对过亿元高效生态经济项目的扶持力度，继续实施“三二〇”工程，着力培育 20 家重点企业(集团)，推动资源要素向重点企业、项目倾斜，为“两区”持续快速发展提供持续动力。

三是强化要素支撑，增添经济发展活力。强化创新驱动，完善以企业为主体的产学研协同创新机制，鼓励有条件的企业与高等院校、科研院所开展产学研合作，创建技术中心、重点实验室和技术联盟。实施“蓝黄英才”引才计划，力争每年引进高端人才 500 人以上。做好用地文章，深入研究未利用地政策，组织实施未利用地开发项目。创新投融资方式，探索建立投融资运营管理市场化运作机制，积极争取区域产业投资基金支持，确保满足大项目融资需求。

四是抓好生态建设，提升可持续发展能力。大力推进清洁生产审核，积极培育循环经济示范园区。加强沿海、沿河、沿库和沿路绿化，加快饮用水源地建设，完成王河水厂改造、小沽河调水复线等水利工程，推进王河、白沙河等主要流域治理，抓好病险水库除险加固，实施水生态示范工程。深化石材、废塑料、轻烧镁等重点行业整治，严厉打击盗采砂资源、非法围填海、盗伐林木等违法行为。

第3部分

专题篇

产业发展

滨州市"渤海粮仓"科技示范工程

"渤海粮仓"科技示范工程是黄河三角洲国家现代农业科技示范区落实科技部"一城两区百园"战略部署的一项重要任务，对有效改良盐渍化土地，提高黄河三角洲地区农业综合生产能力，突破资源约束、转变农业增长方式，解决我国增产千亿斤粮食目标具有重要意义。项目实施期间，中共中央政治局委员、国务院副总理汪洋同志到滨州市考察农业科技工作，详细了解"渤海粮仓"科技示范工程实施情况，对科技示范工程实施取得的成效给予充分肯定。

一、"渤海粮仓"山东项目区的总体规划

针对黄河三角洲盐碱荒地面积大、土壤生产力有待提升、缺乏耐盐碱和抗旱节水的小麦新品种、农业资源利用效率低、急需栽培技术和种植制度的集成创新等突出问题，通过盐碱地土壤快速改良技术、耐盐碱及节水抗旱小麦品种引进与扩繁基地建设、小麦高产技术模式、粮棉均衡增产技术模式等技术的集成创新，建立政产学研结合的试验示范和推广机制，构建适度规模经营的现代农业生产技术体系与示范样板，为保障国家和区域粮食安全提供科技支撑。通过项目实施，带动盐碱地治理工程和设备、微生物土壤改良剂和微生物肥料、耐盐新品种等产业的发展，形成以盐碱地改造、粮食高产种植、畜牧养殖和土壤改良资材生产为产业链条，建立了盐碱地土壤改良—粮食种植—畜牧业发展的循环型高效生态农业产业体系，促进农业产业特色及产业体系的形成。

二、"渤海粮仓"科技示范工程取得的成效

2011 年以来，"渤海粮仓"工程山东项目区建设，初步建立了盐碱荒地改良与低产农田粮食增产增效技术模式。2011 年，在无棣县安排实施了 40 亩试验；

2012年，在无棣县和沾化县安排1万多亩盐碱地试验，取得初步成功。2013年，持续加强技术攻关，突破了盐碱地增粮关键技术，建成“渤海粮仓”科技试验示范片区27个，总面积扩大到16.3万亩，其中滨州示范面积达到7.3万亩；轻度盐碱试验区10万亩，中度盐碱试验区4.35万亩，重度盐碱试验区1.1万亩。重点开展了中轻度盐碱地改造和棉改粮高产栽培试验，其中，种植中科院小偃81、小偃60等系列小麦品种的片区面积达到7.5万亩，示范ETS生物菌肥的施用面积8万亩。

累计建成示范片区14个，面积7.3万亩，占全省试验区面积的44.78%，其中在国家农业科技园区建设示范区1个，面积5000亩；在无棣县建设示范区3个，面积2万亩；在沾化县建设示范区3个，面积5300亩；在滨城区建设示范区5个，面积3.4万亩；在惠民县建设示范区2个，面积9000亩。在14个示范区种植小偃、青麦、师栾、济麦等作物品种30余个，通过推行套种小麦、玉米、棉花等作物，实现示范区盐碱地实现周年作物覆盖。2013年，滨州市创造了万亩试验区亩产小麦303.5公斤，最高地块亩产小麦449.01公斤的纪录，实现了中低度盐碱地种植小麦的新突破。无棣核心区1000亩重度盐碱地改良（含盐量4‰，pH在5～7）实现重大进展，通过改良能够种植耐盐碱小麦品种，结束了该类土壤条件下不能种植小麦的历史。

三、主要经验做法

（一）强化组织领导，明确推进举措

成立了推进“渤海粮仓”科技示范工程建设领导小组，市主要领导亲自挂帅协调组织实施“渤海粮仓”相关工作。一是围绕科技部渤海粮仓任务的实施，积极争取山东省科技厅2012年安排配套自主创新项目资金1000万元，在市级科研经费中安排200万元作为项目启动经费。二是2012年10月，从河北引进小偃81、小偃60耐盐抗旱小麦良种30余万斤，并选择了省内的济麦22、青农6号等优质麦种进行种植示范。三是引进ETS（天津）生物科技发展有限公司，在无棣县培育了生产ETS菌肥的两家企业，生产用于盐碱地改良的ETS固态菌肥和黑白液微生物液体菌肥。

（二）凝聚科技资源，打造智慧农业

通过实施项目，实现科技资源聚集。中科院在滨州市建立禹城试验站滨州分站，ETS（天津）生物工程公司决定在滨州市筹备建设微生物土壤改良资材中心和微生物菌肥厂，山农大、省农科院、青农大等都在示范区建立了试验基地。利用“863”计划研制的“智慧稻草人”，研发智慧农业信息处理系统，实现无棣试

验区等监测和实时可追溯。在14个示范区探索了园区引领、企业带动、合作社推广三种模式，其中，采取园区引领模式运作1个，采取公司模式运行8个，采取农民专业合作社模式运行5个。

(三)加强沟通协作，共同推进实施

为做好项目的实施工作，成立了由滨州金生源农业工程技术有限公司、山东农业大学、山东省农业科学院、山东横店草业畜牧有限公司(东营)、山东鑫秋种业科技有限公司(德州)等单位组成的课题组，按照任务分工，分别负责各项任务指标；与中科院地理所签订了全面战略合作协议，在滨州市建设国家级试验站，为“渤海粮仓”工程的实施提供科技支撑；与山东农业大学、山东省农业科学院、青岛农业大学等高校和科研机构建立了战略合作关系。通过项目实施，在滨州实现科技资源共享和创新要素聚集，促进了产学研结合和农业科技成果转化。

潍坊市发展现代农业经验启示

潍坊市农业资源丰富，现代农业建设具备一定的基础。在新的阶段，为适应农业现代化和城乡一体化的发展新要求，潍坊市充分利用城市资源和农业农村资源，突出地域特色，不断拓展都市现代农业的外延，丰富都市农业的内涵，促进了城乡一体化发展，加速了一、二、三产业的融合，推进了农业转型升级。

一、强化规划引导作用，搭建现代农业发展平台

一是建设现代农业园区。按照“依托优势、突出重点、形成特色、融合发展”的思路，以园区建设为载体，科学规划，加大投入，多类型发展。截至目前，全市建成国家级蔬菜、水果标准化生产示范园区达到 26 处，国家级现代农业示范区 1 处，省级现代农业示范区 2 处，市级优质农产品示范园区 150 处。2014 年，新建改建 100 亩以上现代农业（种植业）示范园区 110 个。新创建市级生态循环农业示范园区 50 个，休闲农业示范园区 40 个，智慧农业示范园区 10 个。二是加快建设寿光国家现代蔬菜种业创新创业基地。按照打造“中国蔬菜种业硅谷”的设想，2014 年 4 月，国家农业部和山东省政府在寿光市签署了共建国家现代蔬菜种业创新创业基地备忘录。到 2020 年，力争研发具备自主知识产权的蔬菜新品种 120 个以上，其中具有重大应用前景的突破性新品种 10 个以上；入驻科研机构、种子企业 20 家以上，其中具备国际影响力的“育繁推一体化”蔬菜种子企业 5 家以上，初步建成全国规模最大、具有国际先进水平的蔬菜种业创新创业平台和展示服务中心。目前，占地 300 亩的国家现代蔬菜种业创新创业基地研发中心，一期工程已完成项目规划和征地拆迁，中国农科院、国家蔬菜工程技术研究中心等 6 家入驻单位建设方案已确定。三是组建蔬菜种业集团。依托蔬菜产业控股集团注册 1.5 亿元，组建山东寿光蔬菜种业集团有限公司，建立中国（寿光）蔬菜种业科技创新孵化器，建设了 2000 亩育种实验基地，配套科研中心和专家公寓，在海南、慈溪、北川、内蒙古等地分别设立了育种繁育基地。同时，整合

中国农业大学寿光蔬菜研究院职能、山东省蔬菜工程技术研究中心、国家蔬菜工程技术研究中心试验站、国家大宗蔬菜产业体系寿光试验站、蔬菜院士工作站等资源资产和技术力量划归种业集团，全力打造蔬菜种业航母企业。2015年成功举办了"中国(寿光)设施蔬菜品种展"，展示设施蔬菜新品种1700多个。新申报、审定蔬菜新品种5个、总数达到46个，全市已建、在建的育种研发中心达到13家，蔬菜种苗年繁育农历达到14亿株。

二、培育新型经营主体，提升农业产业化经营水平

针对现代社会出现的不同消费需求，潍坊市在保证大众消费安全的前提下，为大幅度增加农民收入，瞄准高端消费市场，大力发展个性化、有特色的品牌产品。一是加快对农产品的升级换代。以有机农业为引领，从2010年开始，每年建设120处有机食品和绿色食品示范园区，到2014年将建成有机食品示范园区144处，绿色食品示范园区216处，整体提升农产品质量水平。二是推行农产品质量安全区域化管理。为确保产品质量安全，按照"重心下沉，监管前移"的要求，在乡镇一级设立了集监管、检测、执法三位一体的农产品质量安全监管服务机构，推行了农业投入品登记备案、定点经营和从业人员持证上岗三项制度，实现了农产品质量安全源头上的有效控制。三是精心培育农业品牌。所有都市现代农业园区，从创建之初就确定品牌培育方向，做到全部产品实现商标化和品牌化销售。目前，全市共有1200多个农产品在工商局注册了商标，有1604个农产品取得了无公害、绿色和有机食品认证，"三品"基地面积达到520万亩。

三、加强品牌化带动，推进农业发展向高端市场转变

一是加大品牌创建力度。通过出台品牌奖励办法，寿光市积极引导龙头企业、农业园区、专业合作社树立品牌意识、商标意识，申报"三品一标"认证，打造优质品牌农产品，"三品一标"农产品数量位列全省第一，其中："三品"农产品达到552个，国家地理标志产品达17个，同时创成了"乐义""七彩庄园"2个中国驰名商标，"洛城农发""燎原"等4个山东省著名商标。二是创新高端销售模式。通过推广农超对接、直接配送、网络定购和生鲜冷链出口等新型销售模式，寿光市80%的"三品"蔬菜以品牌的形式，进驻北京、上海、青岛、济南等大中城市的中高端市场，与沃尔玛、乐购、家乐福等405家连锁超市签订了产销对接合作协议，初步构建起了以乐购连锁配送、蔬菜产业集团全产业链直销、燎原合作社订单生产为代表的中高端品牌农产品销售网络体系。三是提高农产品精深加工能

力。引导和鼓励龙头企业积极与国内外知名企业、院校及科研机构开展合作，建立企业研发中心，不断提高产品科技含量和附加值。全市农产品、食品加工企业中建有省级以上研发中心 44 个，建成肉类熟食加工、面食精深加工及果菜 FD 生产线 160 多条，农产品加工转化率达到 85%以上，基本实现了由初级加工向精深加工、由原料和中间产品加工向终端产品加工的转变。

四、创新发展机制，筑牢现代农业发展基础

一是建立稳定的农业投入机制。在农业园区设施配套、种业研发、品牌创建、沃土工程、质量检测等方面给予强力财政支持。寿光市先后组织实施了投资 12 亿元的双王城水库及续建配套工程、投资 1.3 亿元的羊口防潮堤等水利设施项目，大力推广农田微喷、大棚微灌等农业高效节水灌溉技术，完成高效农业节水灌溉总面积 65 万亩。二是建立高端人才支撑机制。出台了《关于实施高层次创新创业人才“双百计划”的实施意见》和《加快蔬菜种业发展的意见》，设立专门岗位引进博士以上学位的育种专家和人才，引进人员的档案、工资等级、职称晋升等按事业单位政策执行，对来我市创新创业的育种专家，给予 50 万～300 万元资金扶持。优先保障解决种业发展用地，对研发企业在基地建设、设施配套、地面附着物拆迁等方面给予补贴。三是建立农村金融创新机制。协调金融机构每年安排 2 亿元支持种子种苗企业发展，对种子种苗订单质押贷款，按年新增额的 1.5%给予风险补偿。引导寿光农村商业银行在省内率先完成改制，成功推出蔬菜大棚产权、农村住房产权、土地使用收益权、林权、海域使用权、盐田和农产品订单质押等新型贷款模式。同时，积极将优势企业推向资本市场募集发展资金，初步形成了企业上市梯队。目前，金玉米、富氏食品、金正食品 3 家企业已成功上市，蔬菜产业集团、天成食品等 7 家企业成为重点培育对象。

山东科瑞控股集团有限公司推进产业融合与模式创新

一、企业概况

山东科瑞控股集团是一家集高端石油装备研发制造、油田一体化工程技术服务、油田综合解决方案提供与油田 EPC 工程总承包三位一体的综合性国际化企业集团，研发制造陆地与海洋钻修井装备、油田大型压裂机组、天然气压缩机等九大高端系列产品，是中国石油装备产业基地龙头企业、国内单体规模最大的石油装备制造业企业。2014 年，科瑞集团实现销售收入 119 亿元，其中石油装备出口 9.32 亿美元。

二、产业融合与模式创新

产业融合与模式创新是转变经济发展方式的重要内容，公司确定了“创新驱动，转型发展”的基本思路，积极发展技术研发、工业设计、物流、服务外包等生产性服务业，实现了企业内部二三产业的融合并进，有效增强了企业的核心竞争力。

(一)大力发展现代物流业

立足企业出口多、物流量大的实际，科瑞集团将物流业务剥离出来，注册成立了山东科瑞国际物流有限公司，承接海运、公路国际货运代理业务。2013 年 6 月，经青岛海关批复同意，科瑞集团投资 5.68 亿元建设山东科瑞海关直通式监管场站项目，项目主要建设综合办公楼、保税仓库、海关监管仓库等基础设施，并配套现代物流信息管理系统，具有年吞吐货物 540 万吨的规模。科瑞海关直通监管场站建成后将成为国内第一家石油装备行业的海关直通监管场站，可大大提高科瑞产品出口的报关、通关速度，提升科瑞的形象和地位，对东营市石油装备产业和现代物流业发展也有着积极的促进作用。

(二)大力发展技术研发与工业设计公共服务平台

在搭建了多个技术研发中心、不断提升自身技术研发水平的同时,科瑞集团对技术研发、检测、咨询等业务进行了初步剥离,与胜利油田科研单位,西南石油大学、中国石油大学等知名院校联合组建了科技类民办非企业、也是国内首个石油装备产业技术研究院——山东胜利石油装备产业技术研究院,按照"技术研发—成果转化—产品市场化—实现盈利"的模式进行运作,已累计转化技术成果30余项,为石油装备制造企业实现产值数十亿元。

(三)积极发展现代金融服务业

投资1亿美元注册成立科瑞融资租赁公司,主要提供石油石化装备、工程机械设备、节能环保设备及交通运输工具融资租赁等多种融资租赁服务。科瑞融资租赁公司与工、农、中、建等各大型国有商业银行,民生、中信、招商等全国性股份制商业银行,以及中信信托等国内知名信托公司等金融机构建立了良好的合作关系,为客户量身定制形式灵活多样的融资租赁和经营性租赁服务方案,满足不同客户个性化的租赁需求。

三、深化转调创,拉长产业链

科瑞集团以"产品高端化,市场全球化,人才国际化,管理现代化"为导向,进一步深化"转方式,调结构"步伐,促进现代服务业与装备制造业从"专业分工"到"优势互补"再到"产业融合",通过加强设计研发、信息咨询和下游的物流、配送和营销等生产性服务业支撑带动石油装备产业竞争力提升,增强国际影响力;大力发展与装备制造相关的配套服务,形成完整的产业链,促进企业由价值链低端向上下游延伸,把利润点从制造、加工、装配环节利润率最低的环节向产品研发、售后服务等处于价值链曲线高端的服务环节拉升。

潍坊市打造智能装备制造产业基地

潍坊市深入贯彻国家关于环渤海地区合作发展的部署要求，推进转方式、调结构和推进工业化与信息化深度融合，推动智能装备制造产业发展，已取得重大成果。

一、潍坊是“动力之城”

2014 年，规模以上机械装备制造企业 1022 家，主营业务收入 3500 亿元，分别居全省第 2 位、第 3 位。潍柴创建于 1946 年，是目前中国综合实力最强的汽车及装备制造集团之一，是全国最大的船舶动力供应商，国内海洋动力市场份额达 50%以上，2014 年实现销售收入 1270 亿元。近年来，其成功并购法国博社安公司，填补了 16 升船舶动力产品和技术空白。战略重组了意大利法拉第集团，掌控了高端游艇产业资源，潍柴动力国Ⅲ“蓝擎”系列发动机性能居世界先进水平。盛瑞传动，从事重型柴油机关键零部件和汽车高端自动变速器的研发和制造，是国内品种最全、实力最强的重型发动机关键零部件综合制造商之一，成功开发出世界首款前置前驱汽车 8 挡自动变速器(8AT)，是国内汽车 AT 自动变速器科研制造领域的领军企业。福田雷沃国际重工是一家以工程机械、农业装备、车辆、核心零部件为主要产品的大型装备制造企业，是国内重要的农用机械生产基地，产品远销全球 120 多个国家和地区。豪迈科技是世界轮胎模具制造基地，2014 年轮胎模具出口占全国同类产品的 80%以上。

二、潍坊智能装备制造产业发展迅猛

近年来，潍坊在数控机床、工业机器人、智能农机、3D 打印等智能装备制造领域，培育起帅克机械、华创机器人、迈赫自动化装备、赛迪精密机械等一批极具发展潜力的高新技术企业，形成了良好的产业基础。优势传统装备制造企业部分产品，正加速向智能领域升级，福田雷沃重工等企业，加强技术创新，推动传统机械向智能装备延伸。科技创新是打造品牌的孵化器。我市积极搭建科研平台，引导和扶持装备制造企业加大自主研发力度，以自主创新争创品牌产品。目前，全市已建成省级及以上工程技术研究中心 119 家，重点实验室 13 家。其中盛瑞传动、潍柴动力创建为国家级工程技术研究中心。福田雷沃重工等龙头企业纷纷走出国门创建全球一体化的研发体系。针对全市中小微装备制造企业的创新需求，集中建设了工业设计云服务平台，缩小中小微企业信息化数字鸿沟，加快实现“潍坊制造”向“潍坊创造”转变。

三、潍坊智能装备制造市场需求巨大

汽车制造、电子信息、现代农业、现代物流、食品加工、节能环保等潍坊传统优势行业，是智能装备应用相对广泛的行业，对智能装备需求巨大。传统优势行业转型升级，正带动潍坊智能装备制造产业迅速发展，极大地拓展了智能装备市场空间。

四、园区支撑能力强

潍坊拥有 3 个国家级开发区，12 个省级经济开发区。这些园区为智能装备制造相关企业发展搭建了重要平台，为智能装备产业集聚发展提供了强力支撑。

高青县高效生态农业循环经济模式

高青县黑牛产业以资源综合利用效益最大化和废弃物生物处理资源化为途径，在全县70余万亩耕地上，建立了从标准化种植到健康养殖再到绿色种植的农业系统内部循环，推动了以山东黑牛为链接的一、二、三产业的融合发展，构建了生活、生产、生态有机循环的回型产业链，探索出了具有高青特色的高效生态循环农业发展新模式。

一、突破生物技术手段，推动种养循环发展

一是加快农作物秸秆综合转化利用。高青县年种植玉米在50万亩以上，通过秸秆青贮作为牛的优质粗饲料，实现了资源的充分利用，同时带动了周边区县30余万亩玉米秸秆的转化利用。通过增加种植饲喂青贮玉米面积，适度调整了牲畜饲料和粮食种植比例，为发展特色农业奠定了基础。已建立2个大型杏鲍菇工厂化车间，将玉米秸秆、玉米芯等作为生产杏鲍菇的原料，日产杏鲍菇达到55吨。杏鲍菇菌渣又是黑牛的优质蛋白饲料，掺入饲料可直接饲喂，实现了农作物下脚料的多次利用。通过两次转化实现了粮食生产与畜牧健康养殖的有效链接与平衡发展。二是加快牲畜粪便的转化利用。一种方式是利用牛粪养殖蚯蚓，从蚯蚓中提取蚓激酶和优质蛋白质，作为医药、保健品及牛优质蛋白饲料，蚯蚓粪又可作为优质有机肥用于发展绿色种植。另一种方式是对牛粪进行微生物发酵，制成优质的颗粒有机肥。现已建立了2个年产2万吨的有机肥加工厂。通过使用有机肥，逐步解决了化肥所造成土壤板结和秸秆还田后土壤氮肥缺失等问题，改善了土壤结构和肥力，减少化肥使用量50%以上。在农作物产量不减的情况下，降低了生产成本，提升了农业的生态效益和经济效益，实现了从畜牧健康养殖到绿色种植的有效链接，农产品的品质和安全也得到大幅提升，成为山东省出口农产品安全示范区。

二、拉伸黑牛产业链条，推动产业融合发展

注重产业拓展，拉长黑牛产业链条。一是引进国内外先进技术设备，实现黑牛产品深加工，挖掘增值潜力。先后建成了 2 个年屠宰 6 万头规模的精细分割生产线及熟食品加工车间，提高了产品附加值。二是依托黑牛品质优势，发展餐饮业，在北京、济南等大城市设立了多家高档牛肉餐饮店，提高了山东黑牛品牌的知名度，同时也带动了冷链物流的发展。三是大力发展黑牛特色文化产业，推动高青旅游产业发展。连续成功举办了中国（高青）黑牛节，期间，举办了中国黑牛产业发展高峰论坛、五彩农业博览会、田横食品厨艺大赛等系列活动，深入挖掘黑牛文化，集中展示推介了山东黑牛、五彩农业等特色品牌。结合黑牛特色文化，依托高青丰富的自然生态资源和独特的文化旅游资源，策划推出“风情周末”休闲旅游活动，“品国井，吃黑牛，泡温泉，亲吻黄河风情”成为高青旅游新亮点。国井扳倒井文化生态园被评为国家 4A 级旅游景区，成为山东省首家 4A 级工业旅游景区。

三、实施五大保障机制，构建安全保障体系

为推进山东黑牛现代循环产业发展，中共高青县委、县政府建立起了组织运转、政策、金融、监管、科技五大支持保障体系，把 10 万头山东黑牛产业化工程列入全县重大专项工作，成立了山东黑牛现代循环农业建设指挥部和山东黑牛现代循环农业示范园办公室，负责山东黑牛现代循环农业发展推进工作。每年用于扶持山东黑牛循环农业的资金达到 3000 万元。对县域内的山东黑牛、可繁母牛资源全部佩带带有芯片的耳标，将山东黑牛繁育、加工、销售信息全部录入监管系统，能够实时查询，真正实现全过程信息监管，确保了山东黑牛品质和质量的安全。依托山东黑牛繁育工程技术研究中心，建立高档肉牛产学研平台，每年至少举办 2 次省级以上山东黑牛发展高峰论坛或专题技术研讨会，建立健全了县、镇、村三级技术推广网络，全面加强对农民的技术培训和技术指导。同时引导辖内农业银行、农商行积极探索“活牛抵押贷款”模式，有力地支持了黑牛产业化发展。

园区培育

东营港经济开发区打造黄河三角洲生态化工产业基地

东营港经济开发区是《黄河三角洲高效生态经济区发展规划》确定的四大临港产业区之一，是东营市重点打造的三大经济增长极之一。直接管辖区达102平方公里。

一、创新体制机制，引凤筑巢

东营港经济开发区始终把项目作为园区建设的重中之重，创新招商引资方式和项目推进模式，大力推行"班子成员包项目、科级干部挂项目、委办科室推项目"，成功落地了一批体量大、效益好、带动强的大项目，万达、海科、大明、神驰四大工业园建设突飞猛进，万达天弘、华懋新材料、赫邦、爱克森、科鲁尔、华滨等一批重点产业项目全部建成投产，东润、贝特尔等一批项目正在加快建设。与央企及世界500强企业的战略合作取得重大突破。中石化与当地民营企业万达集团合作的26万吨/年丙烯腈项目目前已正式投产，成为中石化与地方民营企业成功联姻的典范；与中石化合作、总投资180亿元的联合石化大型混合芳烃项目正在加快建设，该项目也是东营市单体项目投资最大的工程；投资77亿元的大唐2×100万千瓦超超临界发电项目已取得国家能源局"路条"并顺利完成公司注册，正在积极开展前期工作，力争推动大唐集团在开发区建设重要的国家能源基地。

二、打造"战略要地"，腾笼换鸟

企业搬迁改造载体作用日益明显。东营港经济开发区成为东营市化工产业"战略北移"聚集地，联合石化是东营市实行和中石化原料合作、压小上大的成功案例，总投资180多亿元，突破传统的炼油路线，走高附加值的芳烃产业路线，目前进入安装阶段；大明集团石油磺酸盐项目在东营区胜利工业园的基础上来东营港经济开发区进行升级改造，建成全国石油磺酸盐研发以及产品一体的油田新型助剂基地；诺尔化工生物、爱克森化学、德阳化工都是广饶县传统的化工来东营港经济开发区发展的新型精细化工产业；海科赫邦离子膜烧碱、顺通双氧水、达伟化工MMA项目都是列入东营市搬迁企业，目前顺利搬迁到东营港经济开发区，对环保、安全进行了重新评价和改造，目前生产经营正常。目前，有15个市内化工企业来东营港经济开发区完成了升级改造，计划总投资350多亿元。

三、加强油地共建，双赢发展

东营港经济开发区是在胜利油田仙河采油厂基础上发展起来的，胜利油田投入了3亿元的资金与管委会共同建设港区防潮堤。胜利油田供水公司、孤北水库、孤东水库成为化工园区可靠的水源保障。同时，化工园区的路网等基础设施建设也为油田的生产提供了便利条件。目前，管委会、桩西采油厂每年举行几次座谈会，商洽发展中的问题，形成了油地共建园区的大好局面。

通过外引内建和产业链招商，目前已经形成了丁苯、顺丁、丁基橡胶以及烷基化、芳构化、异构化等完整的碳四产业链；甲醇制丙烯以及下游的丙烯腈、丙烯酸、乙丙橡胶等雏形碳三产业链；随着120万吨/年甲醇制烯烃和联合石化100万吨/年芳烃项目的开始筹建，东营港经济开发区将形成国内一流的碳二、碳三、碳四烯烃产业链和芳烃产业链企业集群。截至目前，园区投产和在建项目已达80多个，总投资突破1000亿元，这些项目全部达产后，将形成3000亿元的工业增加值和50亿元的地方财政收入。

滨州市培育韩店现代生物工程科技特色园区

韩店现代生物工程科技园区是以玉米油生产、玉米副产物深加工、制药与生物工程及新材料应用等高新技术产业为主导的特色园区，已形成食品医药、钢铁机械和新型材料三大产业链。

一、园区概况

园区已入驻企业达到35家，其中利税过亿元企业2家，利税过千万元企业3家。另外，园区拥有上市企业4家。2013年，园区实现工业生产总值480亿元，财政总收入10.2亿元，其中地方财政收入4.1亿元，累计完成固定资产投资25亿元，开工建设投资过亿元项目10个，过10亿元的3个。

二、转方式调结构，提升园区实力

按照“巩固提升一产，调优壮大二产，繁荣发展三产”的思路，全力推动主导产业向规模化、集群化、高新化、生态化方向发展，大力支持发展高附加值、高科技含量、低环境污染项目。西王集团玉米副产物深加工项目与高效农业生态园项目、三星集团轻量化合金项目、西王特钢、宏桥铝材、齐星集团特种陶瓷项目与高强度航空铝材项目、辰坤集团新型智能传感器项目等一批重大新项目的建设投产，对园区创新能力的提升与综合实力的发展产生强有力的推动作用。

三、拓宽招商思路，注入经济活力

通过良好环境和优质服务吸引了众多大公司、大财团前来投资、合作，引进了一批产业关联度大、技术含量高、辐射带动能力强的重大项目。先后有日本住友株式会社、美国太平洋顶峰投资公司、泰国万浦集团、塞尔维亚布莱迪克斯公司、芬兰VTI公司等国际性大公司到园区投资设厂。西王糖业、西王食品、西王特钢和三星油脂4家企业先后成功上市，累计利用境外资金超过46亿元。

四、强化科技投入，提供持久动力

积极引进高科技人才，引导企业同高校之间进行产学研合作，目前园区拥有博士生15名，硕士生32名，各类本科毕业生3000多名；拥有国家火炬计划高新技术企业2个，省级高新技术企业6个；拥有结晶葡萄糖研究所、中国淀粉糖行业检测分析中心等6家研究机构，专利近200件，西王集团技术中心被评为国家级企业技术中心。高新技术产值占园区工业总产值的75%。引导园区企业大力推行清洁生产，加快发展循环工业经济，努力建设资源节约型、环境友好型园区，形成了产业集群内部和社会资源之间的多个循环链条，做到了废物资源化和无害化。目前，园区建有污水处理厂6处，日处理污水1.5万吨，80%的骨干企业实现资源循环利用。其中，西王集团玉米加工回收率达到了98%以上。

五、完善基础配套，强化平台支撑

加大对园区基础设施投入力度，对园区进行了新一轮建设规划，建设了项目集中区、企业聚集区、政府行政区、生态居住区、高效生态农业区，形成了一个集工业、行政、文化、卫生、居住于一体的现代特色园区。完善的配套设施为企业发展解除了后顾之忧，为吸引人才前来工作、创业提供了方便。

莱州市推进种谷建设培育育种特色园区

莱州市生物育种产业园是2013年省“两区”首批认定的特色产业园区，黄区战略实施以来，莱州市把加快生物育种产业发展作为发展现代农业的突破口、推动产业升级的重要举措，完善规划、加大扶持，不断创新，产业竞争整体实力进一步增强，呈现快速健康发展的良好势头。

一、科学规划布局，推动集聚发展

2013年，聘请山东大学专家编制了《生物育种产业园区发展规划》，明确了园区建设目标、功能定位、建设重点，为园区持续发展奠定了基础。几年来，按照规划确定的任务目标，在100平方公里区域内，以玉米、小麦、水产品育苗为重点，着力打造育种育苗研发、种苗培育、种苗产业化示范和配套服务“四大功能区”，推进企业发展、产业聚集、功能配套、产业升级、规模提升，实现了种业的快速发展。

2014年，区内生物育种重点企业达到39家，覆盖农、林、牧、渔四大产业，涉及玉米、小麦、水产、蔬菜、果品苗木、花卉、畜禽等多个门类。玉米、小麦种植基地面积14万亩，良种产量6000万公斤；水产品育种规模达到30万立方米水体，花卉和优质果树苗木育苗面积30000多亩，实现主营业务收入32.4亿元。第四届“全国石斑鱼类繁育与养殖产业化”论坛、山东省海上粮仓专题会、全国第六届月季展等相继在莱州召开。

二、强化载体建设，提升创新能力

加大研发投入，重点企业研发投入占销售收入比例达到5.8%；拥有登海种业技术中心等国家级创新平台5个，明波水产循环水养殖等省级创新平台11家。拥有玉米、小麦种质资源5万余份，月季花种质资源1300多个、仙客来原种资源 110 余个，数量均居国内首位。生物育种累计获得发明专利 16 项，累计通过省级审定农作物新品种 144 个；新通过省级以上科技成果鉴定 15 项。2014 年登海 618 玉米新品种实打验收单产突破 1511.74 公斤，再次刷新我国夏玉米高产纪录；2015 年，金海种业公司新品种烟农(金海)1212 实打验收单产，创全省小麦亩产最高纪录。登海种业是中国玉米产业技术创新战略联盟的首届理事长单位，明波水产公司山东省循环水养殖产业技术创新战略联盟理事长单位。

三、加大政策引导，增强发展后劲

部门配合联动，整合资源，集中扶持，全力促进企业扩张和产业做大做强。近三年，各级财政在园区投入的各项政策性资金超过 1 亿元，全国现代渔业种业示范场、山东省海上粮仓遗传育种中心、海洋牧场生态环境修复与应用工程实验室、梭子蟹种质资源场、省级甲壳类增殖站等公共平台顺利建成投入使用。登海种业高产玉米新品种培育与产业化开发、明波循环水高效养殖技术集成与陆海接力养殖产业示范、月季种质资源库、金海玉米生物育种中心、烟台黑猪良种工程等 20 个生物育种能力提升项目顺利完成，总投资达 15 亿元，为产业发展提供有力支撑。拥有 1 件驰名商标、4 件著名商标，3 个山东名牌产品，3 个国家地理标志产品。

四、创新发展模式，带动产业发展

与中科院、中国农大、山东农大、青岛农大、中国海洋大学、山东省农科院、中国水产科学研究所、新西兰坎特伯雷大学等国内外专业院校科研机构建立起稳定的战略合作关系。山东蓝色海洋科技公司与中科院合作建设海洋生态牧场示范基地，通过“藻、贝、参、鱼”的海洋生态立体生态循环养殖系统，将海水养殖、增殖放流、环境保护、生态修复、资源养护相结合，不仅取得良好经济效益，而且还促进了海洋生态环境改善，得到汪洋副总理的充分肯定；创建的海域规划和使用、技术服务、渔船管理、供销、品牌“六统一”和“育苗＋养殖＋加工＋销售”一体化经营的“泽潭模式”，在全省海上粮仓专题会上推广。明波水产公司实施的陆海接力养殖产业示范项目，开创了名贵鱼类工厂化养殖和网箱养殖接力养殖、南北接力养殖等新型养殖模式，实现一年四季无缝衔接，不仅提高了产品产量，而且还提高了海域综合效益，成为全省陆基渔业示范基地。莱州明波水产公司发起设立的斑石鲷合作社，首批吸引了全国 80 家养殖企业加入。到 2014 年，莱州玉米、小麦、大白菜等良种推广面积累计超过 12 亿亩，创造社会效益 1100 亿元，为国家粮食安全作出了重要贡献。

潍坊市“飞地园区”模式助推经济转型发展

“飞地经济”是近年来我国兴起的一项有效整合发展资源、优化区域产业布局的经济模式，一些省份和地区把它作为新一轮经济发展的突破口和助推器加以大力发展。潍坊市在“突破滨海”战略的实施过程中，对“飞地经济”这一经济模式进行了积极的探索，充分利用滨海作为全市的发展空间这个独特资源，鼓励引导各县市区、开发区在滨海建设特色园区，为全市转调创拓展了空间，激发了活力，成为潍坊经济转型升级新引擎，实现了县域间优势互补、资源共享、互利共赢。

国家级潍坊滨海经济技术开发区，位于蓝黄两大国家战略交汇叠加区域，该区有建设用地 53 万亩、未利用地 26 万亩，土地资源丰富，大部分是工业用地，在国家严控建设用地、各地发展普遍受制于用地空间的形势下，空间优势更加凸显。滨海背靠潍坊、面向大海，左依省会都市圈、右拥半岛城市群，潍坊港是国家一类开放口岸、区域性重要港口，正在建设亿吨大港，集蓝黄两大国家战略和胶东半岛高端制造业聚集区省级战略于一身，是潍坊滨海海洋经济新区核心区，区位优势明显。为发挥滨海区丰富的陆域、岸线和海域资源优势，各县市区拓宽用地空间，充分利用蓝黄战略和国家一类开放口岸、综合保税区政策，构筑潍坊走向海洋、融入世界的更大平台和便捷通道，形成潍坊未来更高层次的发展空间新优势，中共潍坊市委、市政府提出实行“飞地经济政策”。基于此，市委、市政府作出突破滨海、加快蓝黄战略实施的决定，市人大作出各县市区、开发区在滨海建设产业园的决议，举全市之力突破滨海，创新实践“飞地经济”经济模式，15 个县市区建设特色产业园，实现资源共享、互利共赢。

发展“飞地经济”，让原来不位于蓝黄核心位置的县市区，在滨海有了自己的“聚宝盆”，实现了与蓝黄国家战略的无缝对接，共享了国家一类口岸、综合保税区政策，在更高、更大的平台上为各县市区提供了加快发展、转型发展的空间。

为支持各县(市、区)、市属开发区利用“飞地经济”政策，到滨海区建设专属特色产业园区，潍坊市实行了“市里花钱配套，县市区全部受益”的政策，规定特色产业园所需土地指标全市统筹解决，基础设施由市级统一配套，园区项目实缴税金滨海留成部分划归所属县市区、开发区，园区产生的统计指标归所属县市区、开发区。县市区负责飞地园区内招商、建设、运营、管理，并享受全部收益；滨海区负责园区规划布局和项目立项、注册，并将基础设施配套到园区规划红线。这一政策极大地激发了各县市区到滨海区拓展发展空间的积极性，都选派县级干部和专业力量组建园区管委会，常驻滨海区推进园区招商、建设、管理。以先进理念和模式为发展“飞地经济”创造条件，以优惠政策调动各县市区的积极性，以项目带动开发，依靠集约用地，集中优势、集聚发展，加速发展步伐。

滨海区全力为“飞地经济”搞好配套服务，创造效率最高、成本最低、政策最优的发展环境。自全市加快滨海开发推进会议以来，滨海拆迁盐田 4 万亩，已供地近 2 万亩。总投资 30 亿元、全长 50 公里的 13 条配套道路全部通车。水、电、气、通信等基础设施已全部配套到园区“红线”，绿化、管网等设施正在全力推进。规划建设了 9 个特色生态小镇，已全部完成选址和规划设计，衡山镇、嵩山镇开工建设。创新实施“三零三制三全”机制，为各县市区特色园区建设提供最优质、最高效、最周到服务。

各县市区正充分利用“飞地经济”政策，加大项目运作力度，确保在投向、投量、投效、投速上实现主导产业园区化、特色园区项目化、项目发展集群化，全力打造滨海开发的新样板。潍坊市 15 个县市区、开发区都在滨海建设了特色产业园，规划总面积 5 万亩，每个产业园占地 3000～5000 亩。已有潍城区同方机械高速插秧机、昌邑市奥利通机械设备、临朐县正翰环保节能设备 3 个项目投产，52 个项目开工在建，开工项目总体建设进度达到 60％～70％，项目全部投产后，产业规模将超过 1000 亿元。其中，总投资 78 亿元的寿光市鲁丽木业产业园高档木制品加工、光伏发电、能源综合利用项目，总投资 30 亿元的昌乐县静脉产业园项目，总投资 20 亿元的昌邑市德润石油机械设备项目等，正在紧张地进行施工建设阶段，这些体量大、质量高、带动能力强的项目建成投产后，将有力促进滨海的开发建设，成为“飞地经济”的典型范例。

“蓝黄融合”走出乐陵模式

近年来，青岛保税港区创新发展思路和模式，充分利用自身政策和功能优势，探索出了一条资源共享、优势互补、合作共赢的“区区联动”之路，并在德州等地开花结果。在实现对中西部地区辐射带动作用的同时，该模式也成为蓝黄融合发展、“蓝区”服务“黄区”的样板。

一、通过政策空间实现融合发展

由青岛保税港区与乐陵市政府合作开发的青岛保税港区德州功能区位于乐陵市西部新区，总规划面积 5.46 平方公里，在省委、省政府“以蓝黄两大战略为重要引擎，深入推进重点区域带动战略”下，该功能区是青岛保税港区贯彻落实发挥自身功能，积极实施“区区联动”战略的重要载体。作为我省当前对外开放的战略制高点，青岛保税港区集聚了最开放的政策、最优惠的功能、最便捷的通关模式，是我省连接青岛保税港区探索互利共赢发展机制，在全国率先提出了“区区联动”发展战略，积极打造覆盖全省、政策联动、功能共享的保税经济，实现政策功能向内陆的延伸，辐射带动区域经济的发展。

经过近一年的积极探讨论证，2012 年 2 月 22 日，青岛保税港区管委与乐陵市政府在济南举行签约仪式，联手打造面积 5.46 平方公里的青岛保税港区德州功能区。省商务厅有关负责人在签约仪式上指出，青岛保税港区德州功能区的成功签约，不仅对德州市、乐陵市开放型、外向型经济发展具有极大的促进作用，而且还对全省深入实施“蓝黄”战略、推进黄三角高效生态经济区和半岛蓝色经济区建设具有重要意义。青岛保税港区德州功能区的开发建设也被评为 2012 年山东“蓝黄两区”最具影响力十大新闻事件之一。

二、招商引资风生水起

功能区落地后，在与乐陵市政府建立高效对接机制的同时，根据乐陵及周边地区的产业现状，结合保税区政策功能，初步确定了园区产业发展目标定位，功能区确定了现代物流、承接沿海地区及临近中心城市产业转移、聚集本地主导产业、商品展示交易四大功能，构建仓储分拨物流、高端制造、新兴产业孵化、大宗商品展示交易、金融等核心服务、生活配套 6 个特色板块。截至目前，功能区一期建设开发已征地 800 亩，在建保税库、冷库 9 座，建筑面积近 9 万平方米，已有星光糖业保税库、华乐集团保税库、艾博特（乐陵）农产品生产基地、上海联孚新能源汽车、北京嘉寓门窗在内的 27 个项目落户园区。

三、经验做法

一是高标准规划。邀请国内一流规划设计机构泛华集团对功能区的产业、土地、空间、项目、投融资等 5 方面进行高起点高标准的统筹规划。二是抓招商引资，夯实园区基础。功能区在明确了干成什么样、怎样干的思路后，着手编制《招商手册》，同步启动重点项目招商引资。在招商引资工作中，注重与当地产业的结合。对当地的弱势产业，突出领先和带动；对当地的优势产业，做到锦上添花，进一步做大做强。三是政府高度重视，保障园区发展。中共乐陵市委、市政府高度重视功能区建设，将其列为全市 1 号工程，成立市主要领导为组长、政协主席为常务副组长、市相关部门主要负责同志为成员的“项目建设推进领导小组”。同时乐陵市政府从规划、建设、国土等部门抽调 11 名业务骨干，与功能区工作人员组建联合工作班子，成立办公室、综合部、规划建设部、招商部四个部门，建立了全方位的工作对接机制。为推进德州功能区开发建设，乐陵市还为功能区提供最优惠政策，包括税收奖励和降低收费等，鼓励、吸引进区企业做大做强。与此同时，乐陵市出台了一个包括农副产品、保税物流、新能源、高新技术、商务商贸、汽车及零部件制造六大类 46 个项目的发展建议，力促德州功能区规划尽快实施。

改革创新

城乡环卫一体化的“昌邑模式”

近年来，随着城市建设的不断推进，与其相配套的环卫事业发展远远滞后于城市建设发展的进程。社会发展越迅速，环卫发展的一些矛盾和问题越突出。自2008年来，昌邑市大胆探索创新，全面深化改革，坚持城乡统筹、一体发展、市场运作，加快推进城乡环卫模式创新、机制创新，有效缓解了农村“垃圾围村”问题，打造了“昌邑模式”，构建了“无缝隙，全覆盖”的城乡环卫大格局。城乡环卫一体化建设被国家住建部列为农村生活垃圾治理模式典型案例，在全国推广。

一、推进模式创新，构建城乡环卫一体化大格局

针对传统垃圾处理模式链条长、环节多、重复作业以及容易造成二次污染的弊端，昌邑市大胆创新，实行管干分离、事企分开、市场化运作，将城市环卫延伸到镇街、村(社区)，由政府花钱买服务、环卫专业公司进行运作，环卫局负责监管，建立起“统一收集、统一清运、集中处理、资源化利用”的城乡环卫一体化“昌邑模式”。

(一)创新垃圾收运模式

由昌邑康洁环卫公司与镇街、村(社区)签订托管协议，变过去“村镇市”三个管理主体为康洁公司一个主体，实行“一杆到底”管理。康洁公司在各镇街区设立项目部，配备环卫专业人员，每100户设一名保洁员负责村内生活垃圾收集、道路保洁，全市共配备农村保洁员2000余名；按每10～15户村民设置一个垃圾桶的标准，在全市农村设置垃圾桶两万余个，对生活垃圾实行封闭式收集；在全市配备大中型道路保洁、垃圾清运机械、车辆300余台，实现了市镇驻地机械化保洁清运全覆盖；在各镇街区设立10处垃圾中转站，安装垃圾源头减量设备，垃圾减量30%～40%，实现了垃圾“收集运输全封闭，日产日清不落地”，达到了城乡环卫一体化管理无盲区、全覆盖。

(二)创新资源化利用模式

积极推行垃圾无害化处理、资源化利用,加强关键技术自主创新,金丝达环境工程有限公司投资1.08亿元建设了昌邑市城乡生活垃圾资源化利用项目,日处理垃圾300吨,可将建筑垃圾加工制成可再生的建筑材料,将有机垃圾直接进入厌氧设备产生沼气,产生的沼气进行发电,产生的沼渣经深加工制成有机肥料,将橡胶、塑料化纤等进行深加工制成柴油和汽油,达到了"无害化、资源化、产业化",实现了垃圾资源的循环利用。该项处理技术拥有自主知识产权,获得27项国家专利、1项国际专利,荣获山东省重大节能成果奖。

(三)全面做好环卫质量监管

环卫局作为主管部门,成立业务管理科及城乡环卫一体化办公室,建立了科学全面的考核评价机制,制定了《环境卫生质量检查考核细则》及城乡环卫一体化考核办法等一系列规定,加大了对城乡环卫作业的指导监督考核管理力度,形成制约机制,全面提升了全市环境卫生质量。

(四)全面提升环卫管理水平

依托物联网技术与移动互联网技术,创新环卫监督考核管理方式,打造了"智慧环卫"系统:为所有环卫作业车安装GPS定位终端,为所有一线人员配备具有GPS定位、群组呼叫等功能的对讲手机,为2万余个垃圾桶安装电子芯片,建设了25000个探头的统一视频监控平台,实现了车辆管理"即时化"、人员考勤管理"信息化"、垃圾清运管理"数字化"、机械作业监管"可视化",提高了管理水平和工作效率。

在"昌邑模式"的基础上,积极开展城乡环卫一体化国家级服务业标准化试点创建工作,对环卫保洁、清运、处理、监管等各环节逐项进行梳理总结、完善提升,探索建立了一整套全过程、全方位的标准化体系。2014年1月份,包含521项标准的标准体系顺利通过国家标准委专家验收,成为潍坊市首批通过验收的国家级服务业试点项目,创出了全国经验,对于推广城乡环卫一体化"昌邑模式"、增强区域竞争力起到了重要作用。

二、推进机制创新,保障和促进城乡环卫一体化

(一)创新资金保障机制

按照'谁产生、谁付费'的原则,推行生活垃圾处理收费制度"的政策,坚持政府主导、群众参与、多元投入,多渠道筹措资金,强化资金保障。加大市镇两级财政投入力度,实行市、镇街、村(社区)分级投入。市、镇两级财政承担60%以上的环卫托管经费,村级资金筹集主要由村集体出资和通过"一事一议"筹资筹劳

方式解决，农村五保户、低保家庭及残疾人、70岁以上老年人的环卫托管费由镇级财政承担。分级负担的筹资制度在很大程度上减轻了农民负担，为城乡环卫一体化的健康持续发展提供了长效资金保障。

(二)创新政策激励机制

昌邑市先后制定出台了《城乡环卫一体化实施方案》和《关于深化城乡环卫一体化工作的意见》，把城乡环卫一体化工作作为镇街区“一把手”工程，纳入镇街区科学发展综合考核，列入重点督查考核内容，市委、市政府督察室会同环卫局开展专项督查，定期通报工作进展情况。对开展城乡环卫一体化工作成绩突出的镇、街、区，市财政采取“以奖代补”的形式给予适当补助。

(三)创新市场运作机制

坚持走市场化道路，并逐步规范理顺发展思路，于2010年7月成立昌邑市康洁环卫工程有限公司，在承担了全市城区道路保洁、垃圾清运的基础上，又凭借先进的保洁模式、高标准的保洁质量及雄厚的科技装备相继成功接管河北、安徽、江苏、浙江、湖北等10个省份、50余个市(县、区)，成立了300余处城乡环卫一体化托管项目部；并于近期成功走出国门，与巴基斯坦签订了卡拉奇市环卫托管协议，成为目前唯一走出国门的中国环卫企业，开启了环卫产业走向国际市场的先河，擦亮了“昌邑环卫”名片，真正将小环卫做成了大事业。同时，依托坚实的环卫产业基础，全力集聚环卫资源，不断打造环卫产业创新发展新优势。相继成立了康洁制衣、康洁设备、康洁物业等公司，并于2014年5月注册成立了昌邑康洁环卫集团，构建了涵盖环卫保洁、设备生产、教育培训、电子商务等多个领域的优质产业链。康洁环卫集团的成立，在全国率先走出了一条政府花钱买服务、事企分离、管干分开的市场化发展新路子，理顺了管理秩序，提升了环卫质量，实现了政府花最合理的钱，买最优质的服务。

东营市地方金融监管规范引导民间融资试点经验

东营市作为民间融资规范引导工作试点市，按照“规范、疏导、监管、利用”的工作思路。创新了民间借贷服务中心、民间资本管理公司两类新型金融组织，试点经验在全省推广。

一、建立民间借贷服务中心，搭建民间融资服务平台

按照“政府搭台，中介唱戏，融资主体参与”的思路，在每个县、区成立一家民间借贷服务中心。中心是由社团法人发起的公益性、服务性、非营利性民办非企业单位，为民间借贷双方提供信息登记发布、中介撮合、公证、备案、法律咨询等服务。该交易平台的建立，促使过去隐秘的民间借贷浮出水面，实现阳光化、规范化。成立至今，全市民间借贷服务中心累计登记社会需求资金 13.70 亿元，累计登记社会出借资金 7.99 亿元，累计撮合 779 笔民间借贷成交 6.15 亿元，借贷满足率达到 77%。

二、创设民间资本管理公司，拓宽民间投融资渠道

民间资本管理公司是由区域内优质实体企业发起，以项目投资、股权投资为主要业务的股份有限公司。资金来源以注册资本金、向股东借款和定向私募为主，借款和私募融资总额最高可达注册资本的 5 倍。在资金投向上，资本净额的 80%以上用于股权投资和项目投资，其余 20%以内可进行短期财务性投资。民间资本管理公司新型载体的创设，有效地聚集了民间资本投向实业经济。公司成立至今，全市民间资本管理公司已发展到 25 家，注册资本 14.30 亿元，累计实现投资 1103 笔、金额 41.79 亿元，累计开展项目投资 29.80 亿元。

三、金融创新发展成效显著，监管体制日趋完善

新型金融组织的设立，引导民间资本由“地下”转到“地上”，从“以钱炒钱”转向实业投资，服务了广大中小微企业和“三农”经济，实现了民间资本的阳光化、规范化发展。对民间资金的疏导、利用，也在一定程度上减少了非法集资风险隐患，改善了东营市民间融资秩序，使东营市金融生态环境处于全省较高水平。同时，新型金融组织的快速发展与地方金融监管体制不畅、职责不明等现状的矛盾愈发突出。为深化金融体制改革，完善金融监管，明确包括民间借贷服务中心、民间资本管理公司等在内的新型金融组织的监管主体，2013年12月18日成立了“东营市地方金融监督管理局”，各县、区也均于2013年年底前成立了地方金融监管局。地方金融监管体制的建立健全，为促进全市金融业发展、加强地方金融监管、维护区域金融稳定提供了体制机制保障。

滨州市借力资本市场推进黄三角经济区建设

滨州市作为黄三角经济区建设的主战区，资本市场“滨州板块”正在强势崛起。截至目前，滨州市已拥有境内外上市公司 15 家，从证券市场直接募集资金 326 亿元，上市公司数量和融资额分别列全省第七位和第六位。其中境外上市融资 226.9 亿元，列全省第一位，成为全市引进外资的主要途径；邹平县以 9 家上市公司、256.6 亿元的融资额列全省县域首位，被山东省列为金融创新发展试点县，为全省资本市场的创新发展先行先试积累经验。

一、宣传发动，积极营造企业上市的浓厚氛围

滨州市政府每年定期召开企业上市推进会，分析境内外资本市场形势，总结企业上市进展情况，部署下一年度企业上市工作，增强上市的信心和借助资本市场加快发展的紧迫感。积极邀请上级主管部门、证券专家、证券交易所负责人进行指导、培训，与重点企业召开研讨座谈会和上市培训会，实行“一对一，面对面”的服务，帮助企业与券商、律师、审计师等中介机构进行交流和沟通，提高企业资本市场运作能力。组织县区和重点后备企业领导到先进地区考察学习，通过政策引导、典型引路，对企业上市工作进行再动员、再部署，在全市营造了想上市、敢上市、争上市的浓厚氛围。

二、政策推动，加快企业上市步伐

为加快推进企业上市融资工作，滨州市政府先后制定出台了《关于加快推进企业上市融资工作的意见》等一系列扶持和奖励政策。拟上市公司投资新建符合国家产业政策的项目，发展改革部门优先办理立项预审、转报或核准手续，国土资源部门优先安排土地使用指标，各级政府预算安排的各类技术改造、技术开发与创新等专项资金，优先用于符合条件的拟上市公司的重点技改项目；对企业

上市根据上市情况实行分阶段扶持，主要用于上市后备企业的培育、企业上市中介费用的补贴；对成功上市融资的企业给予表彰奖励。县、区政府也根据实际制定了优惠扶持政策。邹平县、博兴县每年都对成功上市的企业，按照融资额的3‰奖励董事长；惠民县对进入上市辅导程序的企业，由县财政支付30%的上市前期费用。

三、服务带动，创造企业上市的宽松环境

根据资本市场发展和企业需要，业务主管部门充分发挥业务熟、联系广、信息快的特点，多次组织力量进行现场指导。特别是对魏桥纺织、滨化集团、亚光毛巾等重点拟上市企业，单位派出专人，由领导带队进驻企业，靠上帮助工作，短则几个月，长则一年多，从上市方向和中介机构的选择、方案的制定、政策法规的把握到资产重组的实施、审批事项的办理等，全程进行指导和服务。市政府多次召开协调会，妥善解决企业在土地、税收、债务等方面的历史遗留问题，为上市扫清了障碍。

四、内外联动，不断拓展企业上市渠道

选择一批成长性好、发展前景好、科技含量高的中小企业，实施点对点指导，争取有更多的企业在国内A股实现上市融资。充分利用国际资本市场，筛选出一批效益稳定、运作规范的中小企业到中国香港、新加坡等境外市场上市，直接从国际资本市场进行融资。鼓励有条件的企业走收购、兼并、买“壳”上市的路子，支持本地企业“借壳”上市，做大做强，借助资本市场实现企业的快速发展。

五、龙头带动，加快体制机制创新

龙头带动能力增强，上市公司通过不断加快科技创新、管理创新和制度创新，形成了较强的资源整合和配置效应，促进了全市经济实现深层次的结构调整和产业升级，带动了区域经济的腾飞。魏桥纺织在香港H股上市后，实现市场融资41.6亿元，定向增发融资30亿元。公司利用募集资金投资扩建了邹平、滨州、威海三个纺织工业园，实现了规模的快速膨胀，逐步发展成全球最大棉纺织集团。企业通过上市，带富了一方经济，也带出了一批管理人才，为企业全面参与国际竞争、深度融入全球经济构筑了新的平台。

东营市探索未利用地开发体制机制改革

自2009年黄河三角洲高效生态经济区开发上升为国家战略以来，作为黄三角经济区建设主战场，东营市充分发挥自身资源优势，在未利用地开发方面，相继开展了一系列体制机制探索。经适宜性评价，全市未利用地适宜整理开发为耕地的有130万亩，主要分布于东营市南部和西部传统农业区；适宜开发为建设用地的有100万亩，主要分布在东部沿海两个市属开发区周围；适宜作为生态湿地保护的有181万亩，主要集中在东部和北部的自然保护区。

一、未利用地开发为建设用地(低丘缓坡试点)情况

2012年8月，东营市被列为低丘缓坡荒滩等未利用地开发利用试点市。先后编制了《东营市未利用地开发利用专项规划(2011～2020年)》《东营市低丘缓坡荒滩等未利用地开发利用试点实施方案》。

(一)项目进展情况

按照"成方连片，节约集约，优化结构，有序开发"的原则，安排了广饶高效生态示范区—盐碱荒滩开发项目区(2.2万亩)和东营河口产业集聚区—盐碱荒滩开发项目区(2.3万亩)等2个项目区。优先安排生物、医药、新材料、新能源等项目，共安排用地11669亩。试点专项用地计划涉及18个用地批次，其中上报省审批试点实施方案12个，用地面积6769亩；市批国有未利用地6个，面积3205亩。2012年试点获批至用地审批、程序理顺期间，为加快试点项目区内基础设施建设，先行安排使用省下达东营市的年度新增农用地计划482亩，专项用于道路建设等基础设施配套。国有未利用地1213亩，用于试点项目区其他基础设施配套和急需建设的项目落地。

(二)耕地保护情况

在低丘缓坡试点过程中，尽量避免对农用地特别是优质耕地的占用，所涉及的耕地，基本上是零星分布的劣质耕地。4.5万亩试点规模中，零星分布的耕地

面积3000亩，仅占总规模的6.6%。对确需占用的耕地，也依法落实了耕地占补平衡任务。

（三）规划调整修改情况

率先在全省探索开展了低丘缓坡试点涉及县区的土地利用总体规划修改工作。目前，全市的土地利用总体规划修改调整工作全部完成并获得批复，并成为全省第二家获省政府批复的单位。此次规划修改涉及4个县、区，12个街道，30个乡镇，共调整修改面积2万亩，涉及地块120余个，为一大批市、县重点建设项目提供了规划保障。调整后允许建设区面积增为2.84万亩，占试点总面积的63%，项目区承载能力进一步提升。

（四）制度建设情况

相继印发《关于成立高效生态经济区建设领导小组的通知》《关于成立低丘缓坡等未利用地试点协调推进领导小组的通知》《关于建立低丘缓坡荒滩等未利用地开发利用试点项目入驻条件审查制度的通知》等规范性文件，组织规划、地籍、耕保、利用等业务科室围绕国家产业政策、土地节约集约利用标准、土地征收转用、国家供地政策等方面对拟入驻项目基本情况进行逐一审查，并作为项目申请用地指标的前置条件，切实提高项目准入门槛，有效地提高了节约集约用地水平。2014年4月，对已批复项目区的规划审批、指标使用、项目实施、权属调整等进行全面梳理，全面掌握试点进展情况，并在此基础上，结合实际进展全部完成报部备案工作，实现了对试点项目区的全程动态监管。

二、东营市未利用地开发为农用地（耕地）情况

东营市自开展未利用地开发管理试点以来，已启动实施未利用地开发项目9个，总规模19.75万亩，建成后新增耕地8.04万亩，预算投资11亿元，其中，东营河口区新户永合土地开发项目等3个项目已竣工完成，新增耕地3.9万亩，完成投资4.98亿元；东营市高效生态农业示范区土地整理项目，东营市高效生态农业示范区二分场土地整理项目，市现代畜牧业示范区土地开发项目一期工程、二期工程、三期工程，利津县、河口区挑河东片土地开发项目等正在实施，部分项目已完工，准备验收，项目总规模9.16万亩，新增耕地4.14万亩，预算投资6.43亿元。目前，正在推进垦利县孤东等5个土地开发项目的勘查、设计等工作。

（一）政府主导

市主要领导挂帅未利用地开发工作领导小组，全面负责未利用地开发的政策措施研究、综合协调、督促检查等工作。建立油地军联席会议制度，协调解决

区域内未利用地开发的重大问题，理顺关系，明确责任，确保共同开发、互利共赢。成立东营市土地综合整治服务中心，具体负责制订开发计划、项目申报、指标交易等工作。

（二）市场运作

市政府、河口区政府及利津县政府共同组建了东营黄河三角洲未利用地开发有限公司，公司注册资本金10亿元，具体负责全市未利用地开发项目实施工作。严格按照先可研、后评估、再预算的程序确定开发项目，对确定的开发项目全面实行工程管理，实行项目法人负责制、项目施工招标制等五制管理，确保工程质量，实现预期效益。

（三）资源整合

按照“渠道不变，管理不乱，集中投入，各计其效”的原则，统筹安排各类相关涉农涉地资金用于未利用地开发。如市现代畜牧业示范区土地开发项目，使用农田水利建设资金，建设项目区的水源干渠及水库；使用交通建设资金，建设项目区部分高标准田间路。通过各项资金的有效整合，既发挥了各类资金一加一大于二的叠加效益，又弥补了占补平衡资金投资范围限制带来的缺陷，确保了项目资金效益最大化。

（四）综合利用

按照未利用地的性质和分布情况，编制未利用地开发专项规划，科学合理地确定了开发、利用和保护区域，研究制定了严格的保护措施和开发利用政策。对生态用地，实行严格保护，发挥黄河三角洲生态旅游和黄河口文化这一独特优势；对宜农开发用地，实行土地综合整治，将未利用地开发整理为耕地，为占补平衡提供保障；划定建设用地备用区，引导建设项目优先占用未利用地，支持和鼓励各县区跨区使用未利用地，确保耕地保有量和基本农田保护面积不减少。

（五）科技支撑

完成了“十一五”国家科技支撑计划项目“黄河三角洲盐碱地暗管改碱工程技术提升与示范”课题，开发方式由原来的简单整理、复垦转变为暗管改碱与大型水利设施和灌排沟相配套。项目区实施暗管改碱后，较传统模式土壤脱盐改良周期、节地率、节水率分别提高50%、12%和30%。

（六）服务全省

探索建立耕地占补平衡指标易地交易平台，实行占补平衡指标市场化交易，为全省突破用地指标制约、促进跨越发展作出了贡献。2011年以来，已向我省东部沿海地区交易耕地指标4.6万亩，总交易额16亿元，既为东营市实施大规模未利用地开发积聚了资金，又解决了用地紧张地区的指标问题，确保了全省占补平衡制度的落实。

滨州市积极推进未利用地开发工作

按照《关于黄河三角洲高效生态经济区未利用地开发利用的意见》(鲁政发[2011]36 号)后,滨州市成立了黄河三角洲(滨州)建设开发有限公司和滨州市土地开发整理有限责任公司,又分别在无棣县、沾化县国土资源局成立子公司,具体负责未利用地开发项目的实施,公司运行经营接受国土资源部门监管。

一、基本情况

(一)第一批项目实施情况

2012 年启动实施了 2 个未利用地开发为农用地项目,分别为无棣县小泊头镇土地整理开发项目和沾化县利国马营土地整理开发项目,总规模 10.33 万亩,总投资 2.24 亿元,2013 年 5 月经省国土资源厅验收入库,实现耕地占补平衡指标 2.06 万亩。

(二)第二批项目实施情况

2013 年 6 月,滨州市又批复立项 2 个未利用地开发为农用地项目,分别为无棣县碣石山土地整理开发项目和沾化县冯家镇北赵土地整理开发项目。总规模 10.2 万亩,总投资 2.2 亿元,计划 2014 年 6 月份验收入库,预计实现新增耕地占补平衡指标 1.58 万亩。

二、主要做法

(一)坚持政府主导,市场化运作

为加快黄河三角洲未利用地开发利用工作,拓宽融资渠道,增强融资能力,滨州市组建成立了黄河三角洲建设开发集团有限公司,市政府委托黄河三角洲建设开发集团公司独资组建滨州市土地整理开发有限责任公司,具体负责未利用地的开发整理工作。由集团公司负责指标的管理和市场动作,截至目前,已交易指标近6000亩,交易额近2.8亿元。

(二)科学编制开发利用规划

按照全面开放、统筹规划、有序开发、规模积聚的原则和大规模、高标准、集约化的要求,编制了《黄河三角洲滨州市未利用地开发利用规划》,明确土地利用功能和发展导向,规范用地开发秩序,大力实施盐碱涝洼地综合整治、滩涂开发、农田整理等主要内容的土地开发利用工程。

(三)加强实施开发整理

建立了项目调度制度、月报制度、监管督察制度和行政问责制度,实行一月一调度,两周一督导,对项目建设未按计划进度实施、未完成预定任务目标、资金落实不到位、不按规定使用资金的,市政府严格实施行政问责。

潍坊市发展职业教育的经验和做法

一、突出科教创新区规划的整体性

根据科教创新区的目标定位,进一步强化其规划建设效果的整体性和统一性,确保30000亩的科教创新区形成完整的统一体。在规划含义抽象上,要科学处理目前规划内容和已建项目之间的关系,将整个科教创新区抽象提升为“手指”与“手掌”的有机统一,用“手”的形象突出技能培训含义。在功能布局上,要着眼于完备的产学研功能构建,不仅布局职业院校、实训基地,而且还要适当布局产业园区、中试基地和孵化基地,力求通过适当的项目建设,把高端人才培养、技能人才培训、科技研发、成果转化和产业孵化有机地统一起来,真正打造引领海洋经济发展的职业教育创新实验区。在资源配置上,要按照共建共享的要求,统一配置城市基础设施、生活服务设施和学校有关教学设施等资源。通过资源配置,把城市、学校、企业有机地融合在一起,建设配套齐全、功能完善、开放程度高、生活便捷的职业教育园区和现代海洋城市,实现资源共建共用共享的目标。

二、整合全市职业教育资源配置

以现有职业院校、普通高等院校为基础,围绕现代职业教育体系创新发展,进一步整合资源,优化布局和结构,促进职业教育创新发展,探索解决企业用工难、毕业生就业难和职业学校招生难“三难并存”局面的路径和突破口,增强职业教育服务经济社会发展的能力。本着专业对口的原则,为学生提供必要的顶岗实习条件和安全健康的顶岗实习劳动环境,要按照工作量或工作时间支付合理的实习报酬,不得低于当地劳动力最低收入标准。学生到实习单位顶岗实习前,学校、实习单位、学生应签订三方顶岗实习协议,学校不得向学生收取实习押金。

三、深化办学体制改革

深化办学体制改革，在借鉴中小学教育办学模式经验的基础上，创新运作模式，组建有关多方参与的学校理事会，以理事会为办学主体，政府定政策，龙头企业为依托，加快推进职业教育发展。特别是中等职业学校，深入推进管办评分离，鼓励社会资本通过独资、合资等多种形式举办民办职业教育，形成多元化办学格局；强化公共财政保障，建立职业教育经费正常增长机制，政府统筹安排使用各类扶持资金，推动民办职业院校健康发展；根据社会需要和市场供求不断优化专业结构，特别是要结合海洋经济产业发展和院校定位，合理设置专业科目，科学制定培养目标，组织教学，全力打造职业教育特色品牌。借鉴中小学校长职级制改革的经验，进一步推动中等职业院校“去行政化”工作。

四、构建海洋人才培养体系，为海洋强国战略、蓝黄战略实施输送人才，提供智力支撑

构建海洋人才培养体系是突破滨海、发展海洋经济的关键和基础。滨海科教创新区既是潍坊国家职业教育创新发展试验区的重要载体，也是培养适应未来海洋经济发展的职教人才培养基地。建设滨海科教创新区，实质上就是打造面向“蓝黄”两区、服务山东半岛乃至全国的实用型人才培养基地，构建以发展海洋经济为龙头的现代职业教育体系，为全市海洋经济发展储备人才、拓展空间赢得主动，为国家海洋强国战略、蓝黄战略实施承担责任并作出贡献。

生态环保

东营经济技术开发区加快园区循环化改造建设

东营经济技术开发区深入实施节能、节水、资源综合利用、清洁生产、新能源设备制造、再生资源回收利用六大循环经济工程，进一步拉伸、延长产业链，加快项目推进，加大废旧资源综合利用力度。

一、加快项目建设，促进循环经济发展

在申请国家园区循环化改造示范试点专项资金支持的 17 个项目中，副产物交换利用项目、污染物“零排放”项目等循环经济关键补链项目 12 个，污染集中防治设施建设及升级改造项目、基础设施项目等公共服务平台项目 5 个，国家发展改革委核定的 17 个项目总投资 20.91 亿元。按照上级及管委会 2012 年 12 月 27 日出台的《东营经济技术开发区园区循环化改造专项资金管理办法》文件等有关要求，开发区对所有项目的实施进度、项目投资完成情况实施月调度。

二、优化产业体系，补齐、延伸产业链条

(一)着力优化产业体系

以建设园区循环化改造试点园区为契机，加快产业结构调整步伐。近年来，开发区按照“产业发展集群化，产城融合一体化，城市功能高端化”的发展思路，着力培育有色金属压延制造、新材料、石油装备制造、汽车及零部件制造、电子信息、新能源等六大产业集群。严格项目准入门槛，集中摆布高新技术产业、战略性新兴产业、先进制造业项目和现有企业新上改造升级项目，安置一批支撑力强、科技含量高、外向度高的项目，带动产业升级。对于能耗水平较高的滨海新材料园实施生态化循环化改造，提升园区产业档次。主体产业区东五路以西区域，实施“退城进园”，集中推进新城区建设，着力推进软件及服务外包产业园、营

州路现代服务业聚集区、府前街金融商务聚集区、广利港国际物流中心等项目建设,大力发展第三产业。

(二)不断完善产业链条

按照园区循环化改造要求,开发区积极完善补充产业链,有色金属产业在现有产业集群的基础上,继续围绕"废杂铜、粗铜、精矿石—精炼—电解—铜产品"进行延伸,增加了年处理30万吨再生铜熔炼技改项目、15万吨废旧杂铜综合利用等7个产业链延伸项目,计划于2015年新上污水处理项目、危险废物综合利用处理中心等2个公共服务平台项目。新材料产业在现有离子膜烧碱、双氧水、甲烷氯化物、苯胺、氯丙烯、三氯氢硅等项目基础上,增加了华泰化工10万吨苯胺项目、5万吨环氧氯丙烷项目,华泰化工污水处理装置二期项目投入运营。太阳能光伏产业在现有产业链的基础上,新上了天信光伏公司200MW电池组件项目,5MW光伏发电项目目前已投产,截至目前,开发区光伏发电能力已达到22.6MW/年。

(三)提高废弃物的综合利用水平,为园区循环化改造提升品质

截至目前,开发区废杂铜回收能力超过35万吨,加工利用30.5万吨,加工利用率达到94%;恒旭木业充分利用开发区周边棉秸秆、废旧木材等资源,新上年产刨花板10万立方米项目10月份投产。方泰金属、恒旭木业等一批企业列入山东省资源综合利用示范企业名单。

三、狠抓节能减排,加快生态建设

(一)加强节能监察,坚决淘汰落后产能

开发区制定了《东营经济技术开发区2014年度节能监察工作实施方案》,根据方案要求对金茂纺织化工集团等4家重点用能企业进行专项监察。查出金茂纺织化工集团等3家企业正在使用淘汰电机141台,已责令企业限期整改。继续淘汰落后产能,东辰集团5万吨/年环氧丙烷项目等3家企业的共9套装置被列入市2014年淘汰落后产能计划。

(二)加大重点用能企业监管力度,深入实施能源管理体系建设工作

一是按照要求,将节能目标任务分解落实到7家重点用能企业,并定期进行考核;二是要求各重点用能企业结合企业实际,制定能源管理体系建设实施计划。目前,金茂纺织已完成体系认证工作,华泰化工等5家企业通过评价验收。三是聘请国际知名咨询公司ICF公司为开发区滨海新材料园企业做能效提升实施方案,并以此为契机,为全区规模以上企业进行了能源和资源绩效最佳实践,工业企业开展能源和资源绩效评估的思路和方法,碳排放交易市场等方面的培训，提高企业资源绩效持续改进能力。

(三)狠抓减排工程

开发区东营金茂铝业高科技有限公司、东营华泰化工集团有限公司炉外烟气脱硝工程已全部完成；东营方圆铜业有限公司工业燃煤锅炉烟尘治理工程除尘设施已完成；东营首创水务有限公司开发区污水处理厂提标改造工程已完成；东营斯恩威水务有限公司开发区滨海新材料园区污水处理厂工程已经进水调试。上述工程建成投运后，可减少主要大气污染物二氧化硫排放量220余吨、氮氧化物1400余吨，主要水污染物COD160余吨、氨氮48吨，大幅提高开发区环境质量，进一步降低工业生产对环境的影响。

四、多措并举，强力推进园区循环化改造

(一)加强组织领导，积极推进清洁生产审核，为园区循环化改造提供坚强保障

开发区多次召开调度会议，调度项目进展，落实项目检查情况，协调解决有关问题，为园区建设顺利推进提供了有力的保障。同时，结合创建国家生态工业示范园区等工作，积极开展清洁生产审核，截至目前，区内鲁方公司、华泰化工等48家企业完成了清洁生产审核并通过验收。

(二)抓企业服务，打造项目建设最优环境

开发区制定出台了《关于提高工作效能全力服务企业和项目的实施意见》，重点是推进管理创新，按照扁平化和大部制的要求，优化现有机关运行体制，减少管理层级，提高工作效率。实行园区指挥部工作机制，在重点产业园区设立指挥部，对园区招商、建设和管理服务工作统一负责、统一指挥。实行“零距离”服务机制，对企业采取群对点、面对面、实打实、全天候服务，并选派一批机关干部到企业挂职服务。推进行政审批“三集中三到位”，将各部门审批职能向审批处室集中，审批处室向大厅集中，审批事项向电子平台集中，提高审批服务效率。实行并联审批制度，把原有互为前置的审批事项放到一个平台同步实施，在部门间建立互相配合、协同推进的并联工作机制。

滨州市循环经济发展模式

经过长时间的探索和总结，滨州市循环经济发展呈现出特色鲜明、潜力巨大的特点，形成了多条循环经济产业链，为黄三角经济区建设开发打下了坚实基础。

一、以发展生态、低碳、循环经济产业集群，并创建多条化工循环经济产业链条及典型模式为代表的鲁北企业集团总公司

鲁北企业集团总公司是国家首批循环经济试点单位、国家千家节能试点企业、国家首批环境友好企业、国家海洋科技产业基地、山东省首批循环经济试点园区，其中多产业共生紧密型化工园区循环经济发展模式被国家发改委确定为中国循环经济典型模式案例，循环经济发展模式被山东省经信委确定为山东省循环经济发展模式。多年来，公司坚定不移地发展生态、低碳、循环经济产业集群，创建了多条循环经济产业链条。一是磷铵、硫酸、水泥联产：用生产磷铵排放的废渣磷石膏（每生产一吨磷铵排放3～4吨磷石膏），制造硫酸并联产水泥，硫酸再返回用于生产磷铵，使上一道产品的废弃物成为下一道产品的原料，资源在生产全过程得到高效循环利用，破解了磷复肥工业排放的废渣污染环境、制约磷复肥工业发展的世界难题，开辟了硫酸和水泥生产新的原料路线，减少了温室气体二氧化碳的排放。二是海水“一水多用”产业链：以海洋滩涂为依托，利用海水逐级蒸发、净化原理，构建了“初级卤水养殖—热电厂海水冷却—海水淡化；中级卤水提溴；饱和卤水制盐；精制卤水制取烧碱和氯气；苦卤提取钾镁；盐田废渣盐石膏制硫酸联产水泥”的海水“一水多用”产业链，产生出巨大的综合效能，为综合利用海水资源开辟了新路并提供示范。三是清洁发电与盐、碱联产：热电厂汽轮机冷却采用海水冷却、锅炉补给水取自反渗透海水淡化装置，浓缩后的温排海水，送鲁北盐场提溴、制盐、生产氯碱；锅炉排放的煤渣用作水泥混合材料。氯碱厂利用百万吨盐场丰富的卤水资源，不经传统的制盐、化盐工艺，直接通过管道

把卤水输入到氯碱装置，既减少了生产环节，又节省了原盐运输费用，建设成本、运行成本大幅度降低，大大增强了企业核心竞争力，成为我国离子膜烧碱行业“盐、碱、热、电”联产的特色工程。四是钛白粉清洁生产：针对钛白粉行业一直未能解决的能耗高、“三废”排放量大的现状，采用“高钛渣生产钛白粉”技术，避免了废渣硫酸亚铁的排放；副产品的废硫酸经净化、浓缩后回用于磷酸萃取，综合利用了废硫酸；酸解产生的废渣经打浆、水洗、重力离心分离工艺回收二氧化钛；废水中和产生的废渣经干燥用于生产硫酸和水泥，硫酸返回用于生产钛白粉，回收了硫资源，减少了环境污染，解决了钛白粉生产过程中废渣、废水难以利用的难题。采用板框过滤脱水和物料预热工艺，降低煤耗15%，解决了钛白粉生产能耗高的难题，实现了钛白粉行业的清洁生产。通过对循环经济产业链的进一步拓展、延伸和完善，形成了完整的循环经济生态产业链条。

二、以玉米、大豆原料循环利用、产品梯次开发，形成集团内部及社会资源之间多个循环经济链条为代表的西王集团有限公司、香驰控股有限公司

西王集团有限公司是国家环境友好型企业，多年来大力发展循环经济，其中玉米深加工废水资源化工程被省经信委确定为山东省循环经济十大示范工程。在原料循环利用、产品梯次开发的基础上，形成了集团内部企业及社会资源之间的多个循环链条，以最小的成本获得最大的经济效益和社会效益。原材料总利用率达到99%以上，产品总回收率达到97.5%以上。一是利用膜技术对废酸碱进行回收利用，每年可直接减少废酸碱排放量24.12万立方米，节水134.1万立方米。二是在淀粉生产过程中，采用闭式循环工艺，用反渗透水洗涤完淀粉乳后，再去洗涤、制酸，实现生产污水零排放。三是利用污水处理厌氧系统产生大量的沼气，进行沼气发电，年创造经济效益300多万元。污水处理厂产生的污泥，进行生产有机肥，代替传统化肥用于万亩农业生态示范园，实现绿色种植。四是采用先进技术，开发中水回用，将达标排放水深度处理后作为生产工艺冷却水回用；每年可消减COD约262.8吨，中水回用率达到80%以上，年节约水资源费用800万元。五是利用热泵加压技术，对中温乏汽余热进行回收，年可节约蒸汽用量15万吨，节约费用2400万元。在能源、资源综合循环利用上，做到了废物资源化和无害化，实现了低投入、高利用，探索出了具有鲜明特色的玉米深加工循环经济模式。

香驰控股有限公司是国家第二批国家循环经济试点单位、国家环境友好企业、中国食品工业食用油行业10强、中国粮油企业100强，以大豆、玉米深加工

为主的企业，通过原料、主副产品、水、废物的循环，形成了增值、再生、转化、再利用等循环利用模式，对产品进行深度梯级开发，不断丰富和完善循环经济内容。一是大豆精炼油循环经济产业链。在精炼油生产中，烘干、软化、蒸发、蒸脱机分离豆粕等工艺回收冷凝水，回用到热动公司作为生产用水，年回收热量折合标煤1530吨、节水10万吨，综合节省费用450万元；浸出工艺中产生的混合气体主要是空气、水蒸汽和溶剂，通过冷凝器分离，空气可作为尾气排放；浸出用溶剂通过管式蒸发器蒸发回收后，可继续循环利用，达到1吨大豆消耗溶剂1.0kg的目标，年减少溶剂消耗费用260万元；蒸煮罐排出的污水到污水处理设施处理，处理后的废水COD含量在50mg/L以内，可回用到热动公司作为生产用水，年回收量30万吨；大豆加工利用过程中产生的副产品作为饲料对外销售，用于畜牧业，畜牧业产生的有机肥回用到农业生产中，作为种植大豆的肥料，农业产品——大豆再回用到工业生产，作为公司的生产原料，从而实现大豆利用的完整闭路循环。二是低温豆粕循环经济产业链。低温豆粕粉碎后经膨化工艺生产组织蛋白，不需要消耗水资源；经乙醇萃取生产浓缩蛋白，溶剂乙醇回收利用，与传统的生产相比，年减少新鲜水消耗40万吨；乳清水（浓度2%）经过膜系统过滤，生产出球蛋白、乳清蛋白和低聚糖等新产品。同时，废水经过膜系统过滤后可以回收利用，回收水部分回用于生产，用于碱浸出工艺调节pH值，年回收水量35万吨以上；另一部分回收水和球蛋白、乳清蛋白、低聚糖生产中的部分废水排到污水处理厂，处理后回用；烘干设备产生的乏汽，做二次蒸汽使用，年节约蒸汽5万吨，节约资金780万元；蒸汽冷凝水全部回收，回用到热动公司，年回收冷凝水15万吨。通过两条循环经济产业链，达到了资源、能源的梯级开发和利用。

三、以焦化生产为基础，集煤焦油深加工、粗苯深加工、工业用气等为一体的山东铁雄冶金科技有限公司

山东铁雄冶金科技有限公司是以焦化生产为基础，集煤焦油深加工、粗苯深加工、工业用气等项目为一体的能源加工转换型企业，荣获“节水型先进单位”等荣誉称号，并拥有多项发明和实用新型技术专利。企业以大力发展循环经济为主要目标：一是投资1.424亿元筹建干熄焦节能改造项目。项目采用先进、成熟、可靠的工艺技术，预计近期投产，投产后年可实现回收5.40万吨标准煤。二是通过自主研发的“焦化废水膜制取纯水技术”日处理废水7200吨的水净化处理厂，处理后的废水可直接用于熄焦与锅炉补给水，全部实现了闭路循环，既减少了治污成本，又节约了大量的水资源。三是焦炉煤气的综合利用，利用焦炉煤气进行燃气发电，年产电能10800万千瓦时、蒸汽20万吨的生产能力。四是固

体废弃物的再利用，在炼焦和化产回收过程中产生的粉尘和焦油渣等固体废物，经统一收集后配入炼焦煤中被再次利用，实现了保护环境与废弃资源再利用的循环经济产业体系。

四、以降低资源能源消耗、上下游产品“共生”形成的绿色化工为主体、各类资源高效利用的特色循环经济产业链为代表的滨化集团股份有限公司

滨化集团股份有限公司是山东省循环经济示范单位，经过多年的发展，逐步形成了一条独具特色的循环经济产业链。其主要模式是：以氯碱装置为源头，以原盐为原料电解生产氯气、氢气和液碱，液碱分别进入固片碱装置和粒碱装置进一步深加工成固片碱产品和粒碱产品销售，氯气经处理后作为原料送入环氧丙烷、三氯乙烯装置。电石生产的乙炔气送入氯乙烯装置和三氯乙烯装置，三氯乙烯副产的 HCL 气通过精制后送入氯乙烯装置与乙炔合成生成氯乙烯，氯乙烯送聚氯乙烯装置聚合生产聚氯乙烯，乙炔发生产生的电石渣作为皂化剂进入环氧丙烷装置和氯气、丙烯等原料生产环氧丙烷产品，部分环氧丙烷送助剂装置生产助剂产品；环氧丙烷的尾气回收作为三氯乙烯燃料，环氧丙烷装置产生的皂化残渣与电厂产生的炉灰、炉渣固废混合后，用于生产建筑用标准砖。通过近几年的技术改造及引进技术消化吸收和创新，烧碱装置采用目前世界上先进的零极距电解槽技术，与普通的离子膜电解槽相比，零极距电解槽能耗低，吨碱电耗可降低 100 千瓦时以上，目前滨化集团吨成品碱交流电耗（含线损）为 2247 千瓦时，吨成品碱耗原盐 1477 千克，单位产品综合能耗 298.94 千克标准煤/吨，远低于烧碱能耗限额标准，在国内同行业中处于领先地位。通过上下游产品的“共生”形成了一个以绿色化工为主体、各类资源高效利用的特色循环经济产业链。

五、以废旧聚酯瓶回收、再生涤纶纤维生产、再生涤纶毛毯及其他涤纶纺织生产三大部分形成的聚酯资源循环经济产业链为代表的龙福环能科技股份有限公司

龙福环能科技股份有限公司是中国化纤产业循环经济示范企业、中国化纤行业技术创新先进企业、山东省循环经济示范单位、山东省节能环保产业示范企业、山东省抵制商品过度包装自愿协议单位。在废旧聚酯瓶回收利用、生产涤纶纤维方面取得了长足的进步，自主研发的“利用废旧聚酯瓶片生产涤纶长丝”技

术，不仅有效地解决了废旧聚酯的环境污染问题，而且还减少了化纤纺织行业对石油能源的消耗。同时打破了国内多年来废旧聚酯瓶只能生产低附加值短纤产品的局面，技术水平国内领先，并达到世界同类产品先进水平。对推动再生纺技术进步和产业升级具有积极广泛的示范推广意义。该技术通过了省级科技成果鉴定，省级资源综合利用认定，形成专利八项，公司现有年产 1.5 万吨/年“再生涤纶长丝装置”，技术成熟，可以在很多领域替代原生料产品。目前，依托废旧聚酯瓶回收利用技术，年回收利用 20 万吨废旧聚酯瓶的“龙福静脉产业园”正在建设中。由“废旧聚酯瓶回收、再生涤纶纤维生产、再生涤纶毛毯及其他涤纶纺织生产”三大部分组成，形成聚酯资源循环经济产业链，构建了再生资源的“静脉产业”模式。

第4部分

研究篇

黄河三角洲高效生态经济区未利用地的开发与利用

一、黄河三角洲高效生态经济区土地资源概况

从地理环境上看，黄河三角洲以垦利县宁海为轴点，北起套尔河口，南至淄脉河口，呈现向东撒开的扇状地形，海拔高度低于15米，也是中国最为年轻的陆地。现代意义上的黄河三角洲是指1855年以来黄河冲积作用形成的冲积扇，1855年这一时间节点以后，黄河在山东利津县以下冲积成三角洲，形成以利津县为顶点、北到徒骇河口、南到小清河口、主体在东营市境内的呈扇状三角形的地区，面积5450平方公里。区内地势平坦，平均在海拔10米以下。三角洲顶部和中部土壤脱盐较好，已成为农耕区。高程4米以下的沿海低地地下水位高，土壤盐渍化强，大部分仍为荒地。入海的泥沙约有40%在口门附近淤积，形成河口的沙嘴及其两侧的烂泥湾。烂泥湾内水深1～2米，浮泥受潮水冲淤漂游不定，鱼饵特别丰富，是鱼类良好的产卵地。

20世纪50年代采取了工程控制，使三角洲顶点下移至东营市渔洼附近，缩小了三角洲的范围，加快了河道延伸速度。平均每年造陆近20平方公里，海岸线每年向海内推进300多米。黄河填海造陆的速度很快，每年可以创造数万亩土地。

发展规划中的黄河三角洲高效生态经济区包括东营和滨州两市全部以及与其毗邻地区、自然环境条件相似的潍坊北部寒亭区、寿光市、昌邑市，德州乐陵市、庆云县，淄博高青县和烟台莱州市。共涉及6个设区市的19个县(市、区)，总面积2.65万平方公里，约占全省的1/6。

高效生态经济区的土地资源优势突出，土地后备资源得天独厚，目前区内拥有未利用地近800万亩，人均未利用土地为0.81亩，比我国东部沿海地区平均水平高了近45%。未利用地集中连片分布，其中盐碱地270万亩，荒草地148

万亩,滩涂 212 万亩,另有浅滩面积近 1500 万亩,黄河冲积年均造地 1.5 万亩,随着沿海风暴潮防护体系的建设和完善,土地后备资源还将逐步增加,具有吸引要素集聚、发展高效生态经济的独特潜在优势。

二、《黄河三角洲高效生态经济区发展规划》中有关未利用地开发利用的规定

《黄河三角洲高效生态经济区发展规划》中提到,要积极探索资源集约节约和持续利用的有效途径,建立完善资源开发保护长效机制,推进土地资源高效利用。具体而言,土地管理体制改革方面,“在坚持实行最严格的耕地保护和节约用地制度的前提下,适应黄河三角洲高效生态经济发展的需要,改革土地管理和土地利用方式。加强土地利用总体规划的管控和引导,积极探索土地利用规划动态管理模式,实行土地利用计划差别化管理,对重大项目建设特别是使用未利用地的建设项目,国家在安排用地计划时予以倾斜,鼓励对宜农土地后备资源进行开发,新增耕地在保证规划确定的耕地保有量和基本农田保护面积不减少的前提下,允许在省域内异地占补平衡,组织实施国家级重大土地整治工程。稳步推进城乡建设用地增减挂钩。强化土地节约集约利用,建立评价与考核制度,将评价结果与土地利用年度计划指标的分配相挂钩。做好土地确权登记工作,规范推进农村土地管理制度改革,支持开展未利用地开发管理改革试点”。另外,“土地资源,按照功能分区,统筹土地资源的开发利用和保护,推动土地集约化利用、规模化经营。合理确定新增建设用地规模、结构和时序,提高单位土地投资强度和产出效益。在保护生态环境的前提下,有序推进盐碱荒滩地等未利用地集中成片开发,防止乱占滥用”。海域资源开发利用方面,则是要“依据海洋功能区划,统筹协调各行业用海,合理利用沿海滩涂资源,开展海岸和近岸海域整治与修复,在围填海指标和滩涂利用上给予倾斜,适度围海造地,实现集中集约用海”。

在试点后备土地资源开发区方面,主要让这些土地资源开发区发挥盐碱地和滩涂资源丰富的优势,统筹规划土地资源开发利用,合理划分农业、建设和生态用地,探索土地利用管理新模式,推进土地集约高效开发,为环渤海地区拓展发展空间提供有力的土地资源保障。

由于土地需求的多元化,未利用地的开发利用方式也呈现多样化的趋势:从最初的开荒进行农业生产向非农生产建设扩展。推进未利用地开发利用,有利于发挥欠发达地区土地资源优势,为加快产业转移、促进区域协调发展提供有力支撑;既可以保护平原优质耕地,又可以拓展建设发展空间,是实现可持续发展

必然的也是现实的选择。

客观上讲，非农业建设使用未利用地，不涉及农用地转用，也不需补充耕地，用地手续的报批相对较为容易，在当前耕地保护任务较重的情况下，重点开发、使用未利用地，无疑是缓解建设用地供需矛盾的有效途径。因此，要积极引导使用未利用地，鼓励将适宜建设的未利用地开发成建设用地。

在开发利用未利用地方面要注意区域差别，急需建立因地制宜、有助于可持续发展的政策体系，区域差别化不仅要体现在利用方式上，而且在未利用地指标分配上也应有所体现考虑所开发的土地转为农业生产、非农建设或生态保护的不同方向，应有针对性地作出全面系统的规定。在生态脆弱地区，未利用地开发应以生态保护为重。构建分地区的差别化未利用地政策，改进和提升土地政策调控区域发展能力，增强区域发展活力，促进区域协调发展。区域差别化在未利用地指标分配上也应有所体现，对有条件进行未利用地开发利用的区域适当给予指标上的倾斜。

未利用地开发利用的相关政策应满足土地综合性开发的不同要求。随着开发方式日趋多样，考虑所开发的土地转为农业生产、非农建设或生态保护的不同方向，应有针对性地作出全面系统的规定。目前，未利用地转变为农用地的政策较为宽松，但未利用地转变为建设用地的政策则较为严格，只是刚处于起步阶段。后者需要完善收益分配、投入机制、规划控制、规范管理、监督、审批等方面的政策，并予以详细规定。鼓励使用土地利用总体规划中确定的城镇建设用地范围外的国有未利用地作为建设用地，从工业用地出让金、土地有偿使用费、征地地价、补偿费等多方面给予优惠政策，加大对新能源产业项目的优惠政策。未利用地开发需要特别注意完善生态环境评价，严防开发后的生态风险。

三、目前黄河三角洲未利用土地的开发管理现状

近年来，通过大量细致的工作，区内各地全面摸查黄河三角洲未利用土地的现状，确定黄河三角洲地区未利用地总体规模约为 792 万亩。2011 年 2 月，国土资源部与山东省人民政府签署了《关于创新国土资源管理体制机制，共同推进黄河三角洲高效生态经济区发展及地质找矿合作协议》，国土资源部支持将黄河三角洲作为单独区域编制土地利用总体规划，支持在土地利用管理制度方面进行先改先试。从政策上，允许山东实施省内异地占补平衡，其他建设用地紧张的地区可以购买黄河三角洲的土地指标。2011 年东营市在此协议的指导下约卖掉 2 万亩土地，进行了有益尝试。

2012 年山东省制定出台了《关于黄河三角洲高效生态经济区未利用土地开

发利用的意见》,安排了4亿元专项资金支持东营、滨州两市进行未利用地开发,启动了首期35万亩未利用地开发项目建设。

在土地利用上,结合区域资源、产业特点,采取跨区调整、加快国有未利用土地开发及适当增加建设用地规模等方式,编制完善黄河三角洲高效生态经济区土地利用总体规划和详细规划,把区内土地开发利用纳入一个"盘子"。

在发展战略上和土地利用实践上与蓝色经济区融合。黄河三角洲地区的东营市,滨州的无棣与沾化,潍坊的寿光、昌邑、寒亭同时也属于蓝色经济区,享受两区的优惠发展政策。相对于蓝色经济区,黄河三角洲大多是落后地区,缺乏资金与技术,但有充足土地等资源。二者有良好的地缘关系,能够良性互补,各取所需。

在未利用地的开发使用方式多元化上,也早已有实践。2010年,垦利县为青岛农业大学无偿提供1000亩海边土地,用作青岛农业大学的海参养殖教学基地,同时青农大为垦利海参养殖无偿提供技术支持。通过合作,历史上从没有海参养殖传统的垦利,迅速推广了这一高利润项目。在胶东沿海花高价也难以买到土地的青农大,则获得了充足用地,实现了双赢发展。

青岛保税港区建区已有20多年,随着项目不断涌入,区内用地日益捉襟见肘。2012年保税区与乐陵市签订协议,乐陵提供土地5.46平方公里,保税港区在五年内投资130亿元,建设乐陵保税港区,推动产业发展;而在2012年6月,青岛市人民政府又与东营市人民政府全面战略合作框架协议签约。协议意在通过高层会晤、联席会议、牵头工作机构、干部交流、分阶段落实等保障措施,全面深化两市在交通物流、旅游会展、产业合作、金融保险、外经外贸、科技教育等领域的合作。

(一)目前黄河三角洲未利用土地的开发管理现状及问题

1.土地使用的体制机制障碍依旧存在

虽然黄三角地区是一个土地逐年增加的地区,但由于土壤本身的可用程度不一,加上体制机制上的制约,土地使用相对紧张。以东营为例,土地归属不一,主体包括军队、油田和地方政府等,造成在土地使用上很难做到统筹规划。自然保护区方面,由于规划时间较早,之前的保护范围已不能适应土地开发利用的需求。此外,虽然省里出台了《山东省人民政府关于黄河三角洲高效生态经济区未利用地开发利用的意见》,但在实际运行中,由于土地使用指标的管制,即便是大量未利用地得到整理,但土地资源也无法转换成有效、可利用资源,实际需求与指标供给的矛盾突出,省《规划》中提到的未利用地先使用、后核销的政策得不到落实,区域性的土地交易市场也亟待完善。除了少量的省内占补平衡试点,大量未利用土地仍未找到有效地利用途径。

2. 探索"飞地经济"园区模式，促进共同发展

县域经济是区域经济发展的基石。由于自然条件、资源禀赋各异，黄三角各县市区发展不平衡，虽然规划实施以来，相对落后地区取得了大的发展，但还应看到，在土地政策趋紧的大环境下，各地依旧面临发展困境。加强合作，共同发展，尤为必要。

探索"飞地经济"园区模式，调剂土地供求矛盾。沿海开发起步较晚，产业基础薄弱，未利用地较多；而内陆地区土地指标紧张，发展受到约束。鼓励内陆县市在沿海地带建立"飞地经济"园区，一方面可以很好地解决土地紧张问题，另一方面又可以促进沿海产业发展，真正实现海陆联动，利益共享。

3. 理顺土地使用的体制机制，发挥未利用地的资源优势

一方面，要加快土地产权改革，尽快落实国家、省市有关农村土地确权工作要求，同时，应积极争取国土部门支持，理顺未利用地使用制度；另一方面，应鼓励探索建立土地交易市场，调剂土地余缺，缓解土地市场供求矛盾，实现资源充分利用的同时实现共赢。此外，应细化未利用地开发相关政策，建议省、国土资源部协商在每年一度的土地变更调查中，将实际未利用地从"全国第二次土地调查"数据库中调整出来，还原未利用地的真实使用性质。同时，要强化区域、市等编制的未利用地开发规划的作用和效力。

(二)东营市的情形

东营市土地可持续利用在全国具有较强的典型意义，东营市国土总面积1236.49 万亩，全市未利用地总面积 411 万亩，占全市土地总面积的 33.25%。东营市未利用地总量占全省未利用地总面积的 18.4%，占黄三角未利用地的58%，同时，黄河入海口年均形成陆地面积 1.5 万亩左右。东营市是全省未利用地规模最大、占市域面积比重最高的地级市。通过农用地适宜性评价分析，适宜开发整理为农业用地的未利用地 130 万亩，适宜生态保护的 181 万亩，适宜开发为建设用地的 100 万亩，是我国东部沿海土地后备资源最多、开发潜力最大的地区之一。根据 2015 年 10 月所公布的 2014 年度东营市土地变更调查成果显示，全市土地总面积 1236.49 万亩，其中，农用地 636.59 万亩，建设用地 205.75 万亩，未利用地 394.15 万亩，分别占全市土地总面积的 51%、17%、32%。与上年度数据相比，农用地减少 1.17 万亩，建设用地增加 3.37 万亩，未利用地减少2.23 万亩。全市耕地面积为 334.48 万亩，占全市土地总面积的 27%，比上年度减少 0.70 万亩。

在全国范围内，东营市这一特点得天独厚，在探索土地资源管理和利用方式的改革创新方面具有充分的条件。

未利用地的开发一方面用于保障经济的发展，另一方面可用于实现耕地的

“占补平衡”，成为东营市最明显的优势之一。但未利用地如何进行开发和异地交易，目前仍处于探索阶段，收效尚不明显。同时，从其空间分布看，万亩以上成片未利用地 341.1 万亩，主要分布于新老黄河入海口及沿海一带；万亩以内零星未利用地 119.55 万亩，分布于全市乡镇村周围，并与耕地插花分布。因此，即便对于东营市自身而言，由于未利用地空间分布不均衡，涉及行政区划的问题，也存在一定的障碍。

为发挥好这一资源优势，创新区域土地规划计划管理，东营市制定了两个“试点方案”(部省合作协议试点和未利用地开发管理改革试点)，编制了“两个规划”(土地利用总体规划和未利用地开发利用规划)，划定了生态用地保护区、农业开发区、建设用地备用区和“飞地”经济区。积极落实计划差别化管理，2011年，安排新增建设用地计划指标 32746 亩，其中未利用地 23216 亩(占新增计划71%)，有效减少了耕地占用。并且设立和调整管理机构，优化职能运作流程，成立市土地综合整治服务中心，行使农村土地综合整治项目运作职能，原土地评审交易中心加挂市城乡土地指标交易中心牌子，赋予其城乡建设用地整治挖潜指标和耕地占补平衡指标的市场交易职能，成立黄河三角洲综合开发有限公司，负责区域内未利用地开发整理和经营，承担对外融资、招商的职责；具体实践中，在全市范围内推行国有建设用地使用权、采探矿权网上交易；开展落实耕地占补平衡，在河口区新户镇率先启动 12 万亩未利用地开发项目建设，并成功与青岛等市交易耕地占补平衡指标 2 万亩。

表 1　　东营市未利用地总量与结构　　单位:万亩

地类	代码	东营市	东营区	河口区	垦利县	利津县	广饶县
总计	3	460.70	42.1	171.46	164.55	58.67	23.91
未利用地	31	244.19	28.73	75.10	78.76	44.28	17.33
荒草地	311	48.03	1.90	10.64	30.61	3.90	0.99
盐碱地	312	193.31	26.21	64.13	47.91	39.54	15.51
其他土地	32	216.51	13.37	96.36	85.80	14.39	6.59
河流水面	321	23.85	1.72	4.23	10.05	5.03	2.83
苇地	323	63.73	1.39	36.57	23.83	1.53	0.40
滩涂	324	128.93	10.26	55.57	51.91	7.84	3.35

东营市河口区未利用地资源在黄河三角洲和东营市的地位最为突出。2009年，全区未利用地 171.46 万亩，占全市未利用地总量的 37%，占河口区土地总

面积的 53.4%，人均未利用地超过 7.8 亩，四项指标均列东营市首位。从国家把黄三角作为“全国重要的后备土地资源开发区”的定位以及河口区发展的长期需求来看，未利用地是河口区最重要和最具战略意义的资源，而如何用好则是其发展过程中的突出矛盾，也将是其未来一段时间内的工作重点。

从当前河口区发展现状来看，经济结构单一、服务业发展滞后、生态环境脆弱、公共财政支出压力大等矛盾长期无法解决，而在周边地区发展的背景下，一旦陷入路径依赖，将极可能错失国家战略实施的机遇。而通过未利用地科学合理开发，破解发展瓶颈的可行性在于：首先，通过未利用地开发，发挥河口区在土地资源方面的最大优势，在招商引资的区域竞争中获取先机，更可采取为其他地区设置产业发展专属用地区等方式推进区域开发。其次，通过土地指标交易，减少其他地区对耕地的占用，为山东省乃至全国经济社会发展拓展新的建设用地空间，同时扩宽河口区财政收入来源。再次，提高区域植被覆盖率和土地质量，对防风固沙、控制水土流失、涵养水源、净化空气等都将产生良性效应，改善区域生态环境，提升经济社会的整体承载力，确保健康可持续发展。

未利用地开发无外乎转作农用地、建设用地和生态用地三种途径。因此，河口区把未利用地资源转化为经济优势的基本途径包括：(1)通过未利用地整理为农用地。一方面发展高效生态农业，包括种植业、林业、畜牧业、水产养殖业等，同时落实吸引外来人口聚集的社会管理政策，为外来人口到河口区从事一般农业和规模农业提供便利条件和优惠政策。在发展经济的同时，促进人口增长。另一方面，开展土地指标跨区域交易，保持区域耕地动态平衡，提高河口区财政收入规模，用于基础设计建设、改善投资环境和其他公共性支出。(2)未利用地整理为建设用地的，一种是为本地招商项目提供空间，可给予相应的财税优惠政策；第二种是探索“飞地”政策，可以在“未利用地拓展建设用地备用区”设置项目区，鼓励全国各地尤其是山东省其他市的重大建设项目设置产业发展建设用地区，实现双赢发展。(3)在未利用地上开展土壤改造，提高植被覆盖率，保育生态环境，提高生态环境承载力，为经济社会发展提供保障，可根据条件发展休闲、旅游、观光等对环境影响较小的产业类型。

1.东营市未利用地开发情况

(1)未利用地开发为农用地情况

截至目前，东营市已启动实施未利用地开发项目 7 个，总规模 28.08 万亩，建成后新增耕地 10.2 万亩，预算投资约 16 亿元。其中，市高效生态农业示范区土地整理项目，河口区新户镇永合土地开发项目、河口区新户镇北李土地开发项目等 3 个项目已竣工完成，新增耕地 1.3 万亩，完成投资 1.12 亿元。河口区新户土地开发项目(二期)、市高效生态农业示范区二分场土地整理项目、市现代畜牧业示范区土地开发项目一期、二期工程已完成施工。项目总规模 14.7 万亩，预计新增耕地 5.86 万亩，预算投资 8.79 亿元，市现代畜牧业示范区土地开发项目三期工程已立项施工，项目总规模 1.1 万亩，预计新增耕地 0.29 万亩，预算投资 0.86 亿元，其他项目正在加快科研和设计，待立项后实施。

2013 年，东营市又组织制订了第二批未利用地开发计划，确定实施利津县汀罗镇，垦利县南展南片、南展北片、孤东片，济南军区生产基地和河口区河口街道等 6 个未利用地开发项目，开发总规模 20.76 万亩，预计新增耕地 7.07 万亩，目前正在编制项目科研和设计。

(2)未利用地开发为建设用地情况

自低丘缓坡荒滩等未利用地开发利用试点批复以来，项目区内共批复用地 6038 亩，其中低丘缓坡荒滩等未利用地开发利用实施方案 9 个，新增建设用地面积 5193 亩，市批国有未利用地转用批次 8 个，新增建设用地面积 845 亩。试点工作的稳步推进有效拓展了东营市建设用地空间。截至目前，全市项目区共确定入驻项目 43 个，立项投资 267 亿元，其中开工建设项目 32 个，完成投资 126 亿元。

2.东营市未利用地开发的有关做法

(1)完善工作推进机制。2011 年 2 月，“省、部合作协议”确定在东营市开展未利用地开发管理改革探索，并列入全国低丘缓坡荒滩等未利用地开发利用试点。2011 年 10 月，东营市在全省率先启动未利用地开发项目建设。为确保开发工作的顺利推进，市政府成立了由市长任组长、分管副市长任副组长、有关部门和县区(农业示范区)主要负责人为成员的未利用地开发工作领导小组，全面负责未利用地开发的政策研究、综合协调、督促检查等工作。建立了油地军联席会议制度，协调解决区域内未利用地开发的重大问题，理顺关系、明确责任，确保共同开发、互利共赢。同时，为适应大规模开发未利用地的需要，市土地整理中心更名为市土地综合整治服务中心并升格为副县级，具体负责未利用地开发计划的制定、项目申报和指标交易等工作。按照“政府主导、市场运作”的模式，市政府于 2012 年 2 月组建东营黄河三角洲未利用地开发有限公司，注册资本金 10 亿元，承担了东营市全部未利用地开发项目实施，确保了开发项目的进度和质量。

(2)科学编制项目规划。根据土地利用总体规划、城市发展规划和产业发展规划，在充分调查论证和适宜性评价的基础上，编制了《东营市未利用地开发利用专项规划(2011～2020)》，对区域功能、产业布局进行了明确界定划分，合理确定用地规模和开发时序。同时，按照“先易后难、分期分批、稳步推进、高效开发”的原则，2011 年，编制了第一批未利用地开发计划，2013 年，又组织制订了第二批未利用地开发计划。

(3)提高科学开发水平。针对黄河三角洲土壤盐碱度高的实际情况,加大技术研发力度,用三年时间完成了"十一五"国家科技支撑计划项目"黄河三角洲盐碱地暗管改碱工程技术提升与示范"课题,开发模式由原来的简单整理、复垦转变为暗管改碱与大型水利设施和灌排沟配套的模式。目前,全市实施的未利用地开发项目全部采用暗管改碱技术,配套完善沟、渠、路、林、桥、涵、闸等农田水利设施,亩均投资都高于5000元。市高效生态农业示范区二分场土地整理项目区采用管道输水、喷灌,供水渠矩形浆砌石的方式,实现了节地最大化。通过系列新措施的实施,实现了项目区内渠路林村标准化统筹开发,较传统模式节地率提高10%左右。

(4)推动实现高效利用。一是实现产业化经营。为了开发的未利用地实施规模化、产业化经营,先后引进了正大集团、正邦集团、河南天瑞等现代农业项目。正大现代农业科技生态园项目是东营市利用外资最大的农业产业项目,总投资约40亿元,占地8万亩,着力打造绿色农业种植和现代畜牧养殖两大产业。正邦集团拟投资16.48亿元实施现代化高标准生态循环项目。天瑞公司拟投资8亿元实施4倍体刺槐种植加工项目。二是推动农村土地流转。积极探索对外承包、地块转包、地块互换、土地入股等模式,引导周边村民"离农务工",进而带动土地快速流转和规模化开发,带动农业增效、农民增收。

(5)积极推进"占补平衡"。2011年以来,东营市组织实施的河口区新户镇永合、北李等项目产生的"占补平衡"指标,交易给青岛、烟台等市和省区域办2.3万亩,解决了用地紧张地区的指标问题,有效地保障了全省"占补平衡"制度的落实。

3.东营市土地资源开发利用存在的问题

一是土地整理的矛盾。首先,东营市主要用地为由河流和海洋共同作用下的三角洲平原及海积平原,微地貌形态有高地、坡地、低地、洼地及潮间带5种类型,总体上地形平坦、地势低、比降小、地下水位高、土壤盐渍化严重的特征明显。这种情况除对农业生产造成较大影响外,在城镇和产业所需场地建设时,需要预先采取填土等工程手段,在滨海地区更需提前建设防潮堤等防灾减灾设施,建设用地的选址要充分考虑淡水集用的便利性等。其次,海陆交互区域的共同特点是资源丰富、生物多样,因此东营市的土地利用还面临着与石油开采和自然保护区的矛盾。在石油开采的过程中,存在与其他行业争空间、造成土地液化、地面沉降、污染以及油井寿命结束后的土地再利用难等问题。同时,市域保护区与石油采掘、东营港经济开发区等功能存在矛盾,如东营港经济开发区管辖范围内与自然保护区重叠面积达16.7平方公里,与自然保护区间设置的隔离带3.8平方公里，压缩了开发区的发展空间。

二是土地资源优势如何发挥的矛盾。未利用地是指农用地(直接用于农业生产的土地，包括耕地、林地、草地、农田水利用地、养殖水面等)和建设用地(建造建筑物、构筑物的土地，包括城乡住宅和公共设施用地、工矿用地、交通水利设施用地、旅游用地、军事设施用地等)以外的土地。未利用地具体包括未利用土地和其他土地两大类，其中未利用土地含荒草地、盐碱地、沼泽地、沙地、裸土地、裸岩石砾地、其他未利用土地七类，其他土地主要指河流水面、湖泊水面、苇地、滩涂、冰川及永久积雪五类。

三是水资源短缺、农业灌溉用水供需矛盾突出。黄河引水指标长期制约黄河三角洲地区农业可持续发展。东营市的农业用水全部依靠黄河，且作物正常需水外，春季还需大水压碱，亩用水量高。黄河引水指标是制约黄三角地区农业可持续发展重大因素。另外，工程引水能力得不到满足，只能依靠泵站动力提水，由于水量小，造成上下游用水矛盾集中，因此，黄河水季节性不均造成区域季节性缺水问题尤为突出。

四是土地开发工程建设投入资金缺口大。按照黄河三角洲地区关于实施中低产田改造，大力推进环渤海地区棉改粮的要求，必须对该区域的农田水利骨干工程进行完善和改造提升。还有，推广暗管改碱等工程措施和现代科技生物改碱等先进技术，土壤改碱、培肥地力效果明显，能够大幅提高粮食产量，但是投资较高。

五是开发难度越来越大，成本越来越高。黄河三角洲地区已完成或正在土地开发整理的地块，多是成方连片，基础条件好，开发难度小，新增耕地多，成本投入相对较低，而随着开发的不断深入，难度将逐步增加，效益将逐步降低。目前，已启动实施的 7 个未利用地开发项目，总规模 28.08 万亩，建成后新增耕地 10.2 万亩，预算投资 16 亿元，亩均投资 5698 元，增地率为 36.3%。而正在规划的开发地块，有的增地率仅为 22.2%，呈逐步降低趋势。相对集中连片、开发难度小的未利用地都已开发，将来的未利用地开发项目投资逐步提高，开发难度会愈发加大。

六是耕地保护压力越来越大。随着异地占补平衡交易量增加，耕地保有量越来越大，基层政府的耕地保护压力不断增加，县区参与开发的积极性不高。

(三)滨州市的情形

1. 目前滨州市土地利用和规划情况

滨州拥有大量未利用土地，仅北部沿海盐碱荒地达 300 余亩，海岸线 240 公里，浅海海域面积 300 万亩，淤涨型高涂海域面积 150 万亩。首先在未利用地的开发利用方面有组织保障，成立了以市长为组长，有关县区、部门主要负责人为成员的领导小组，并且于 2011 年 9 月份注册成立了黄河三角洲(滨州)建设开发有限公司，是滨州市开发建设未利用地项目的投资主体和建设主体，作为融资、开发、建设、运营平台，具体负责全市未利用地开发整理和经营。从 2012 年 10 月底开始，计划用一年多的时间开发建设 12.5 万亩的未利用地起步区，其中，沾化县李果马营 5.5 万亩、无棣兴棣 5 万亩土地开发整理项目区，开发整理为高效生态农业用地，项目总规模 10.5 万亩，实施后可新增耕地 2 万亩，按照"七通一平"要求，将北海经济开发区 2 万亩新材料产业园开发为建设用地。

按照山东省政府要求，滨州市黄三角未利用地的开发要在 5 年时间内，完成 50 万亩土地开发整理和 20 万亩建设用地开发。目前，滨州市编制的土地规划除《滨州市土地利用总体规划(2006～2020 年)》外，还有《滨州市未利用地开发利用专项规划(2011～2020 年)》《黄河三角洲高效生态经济区(滨州)土地利用总体规划(2011～2020 年)》，其中《未利用地开发利用规划》已经省政府批复(鲁政土字[2012]1227 号)。但是滨州要成为全国重要的后备土地资源开发区和未利用地开发试验区，仍有很长的路要走。其中，如何进一步提出更加详细、具体、优惠的"飞地经济"政策，拓展项目用地空间，如何扩大未利用地开放合作，加强与天津滨海新区、环渤海经济圈、珠三角、长三角以及山东半岛城市群等用地紧张地区建立合作关系，如何建立共建、共管、共享的模式等，都是待突破的课题。

2. 滨州市未利用地开发政策情况

未利用地政策除省政府《关于黄河三角洲高效生态经济区未利用地开发利用的意见》(鲁政发[2011]36 号)外，没有其他具体的政策。按照该意见，全省 2011～2015 年开发未利用地 110 万亩，其中新增农用地 66 万亩(其中耕地 46 万亩)，建设用地 44 万亩；2016～2020 年开发未利用地 90 万亩，其中新增农用地 36 万亩(其中耕地 25 万亩)，建设用地 54 万亩。

滨州市一是成立了未利用地的专门开发机构，市政府注册成立了黄河三角洲(滨州)建设开发有限公司，代表市政府作为未利用地开发项目的投资主体和建设主体，成为市政府融资、开发、建设、运营的平台；成立了市土地开发整理有限责任公司，具体负责全市土地开发整理项目的组织实施。二是积极推进未利用地开发项目的实施。按照"宜农则农，宜渔则渔，宜牧则牧，宜建则建"的原则，在省厅统一安排部署下，确定了沾化县利国马营 5.16 万亩土地整理开发项目区、无棣县小泊头镇 5.17 万亩土地整理开发项目区和北海经济开发区 2 万亩新材料产业园建设用地项目区，目前 2 个农用地开发项目已经完成。《滨州北海经济开发区荒滩开发利用试点实施方案》已经上级国土部门批复，部分企业已经入住北海新区。

3.滨州市未利用地开发潜力情况

按照省政府《关于滨州市未利用地开发利用专项规划(2011～2020 年)的批复》,滨州市无棣县(含滨州北海经济开发区)和沾化县作为未利用地开发试点县,试点规划近期开发未农用地规模为 20.00 万亩,开发为建设用地规模为 3.24 万亩;远期开发为农用地规模为 10.57 万亩,开发为建设用地为 34.24 万亩。

规划近期开发为建设用地规模 3.24 万亩中,无棣县 0.30 万亩、沾化县 0.70 万亩、北海新区 2.24 万亩。无棣、沾化还没有编制开发利用试点实施方案,《滨州北海经济开发区荒滩开发利用试点实施方案》中的 2.24 万亩中位于允许建设区面积 1118.55 亩,其中建设用地 756 亩、农用地 237.15 亩、未利用地 124.95 亩。

土地规划数据库中未利用地开发为建设用地(允许建设区)面积为 3.67 万亩,其中无棣县(含滨州北海经济开发区)1.24 万亩、沾化县 2.03 万亩。

4.滨州市未利用地开发利用过程中存在的问题

一是滨州北海经济开发区是经国务院《黄河三角洲高效生态经济区发展规划》批复确定的四个临港产业区之一,也是规划要求优先开发的产业聚集区。2010 年 9 月 29 日,经省政府批准为省级经济开发区。滨州北海经济开发区成立时,无棣县新一轮土地利用总体规划已经由省政府批准,开发区所辖马山子镇建设用地总规模、新增建设用地规模已确定(新增建设用地总规模为 1221.9 亩,其中城乡建设用地规模为 64.4 亩,交通水利及其他用地规模为 1157.5 亩)。为支持北海经济开发区的发展,上级国土部门追加了新增城乡建设用地指标 2000 亩,市国土部门追加了新增交通水利及其他用地指标 1916 亩,衔接后,北海经济开发区(马山子镇)实际建设用地总规模为 22.90 万亩,规划控制指标为 22.35 万亩,用地规模已无法满足北海经济开发区经济社会发展需求。

二是根据全市土地利用总体规划中期评估,上级下达滨州市建设用地总量、城乡建设用地、城镇工矿用地 2020 年规划规模指标分别为 253.07 万亩、145.39 万亩、72.77 万亩,2012 年实际情况分别为 245.41 万亩、144.21 万亩、52.71 万亩,按照现状计算规划剩余空间分别为 7.66 万亩、1.18 万亩、20.06 万亩。其中各县区建设用地总规模、城乡建设用地规模、城镇工矿用地规模不平衡,其中邹平县建设用地总规模和城乡建设用地规模分别为 0.01 万亩、－0.84 万亩,博兴县的这两项数据分别为 0.17 万亩、－0.57 万亩,惠民县的这两项数据分别为 0.95 万亩、1.80 万亩,阳信县的这两项数据分别为 0.66 万亩、1.62 万亩,无棣县的这两项数据分别为 1.13 万亩、－0.06 万亩,沾化县的这两项数据分别为－1.49 万亩、－1.27 万亩,滨城区(含开发区、高新区)的这两项数据分别为 6.23 万亩、0.38 万亩。无棣、沾化、博兴、邹平 4 个县级及全市 61 个乡镇城乡建设用地规模“倒挂”。

四、未利用地开发利用模式分析

未利用地开发利用模式方面，可以将已经有相关试点的工作有步骤地推广到整个生态区，包括飞地经济模式、地票模式和未利用海域开发利用模式等。

（一）飞地经济模式

在土地利用模式上，飞地模式的尝试成为黄三角未利用地开发利用方面的一个亮点。例如，德州庆云红云高新技术产业开发区与天津红桥区合作开发庆云未利用土地，中国航天碳材料、齐耀生物质能源循环综合利用等一批高端、高品质的循环经济产业项目开始建设。另外，青岛保税区在德州乐陵设立了功能区，把青岛保税区的功能延伸到了乐陵，给乐陵提供了发展的空间和机会。

飞地经济是指两个互相独立、经济发展存在落差的行政地区打破原有行政区划限制，通过跨空间的行政管理和经济开发，实现两地资源互补、经济协调发展的一种区域经济合作模式。它的良好运行可为中西部发展和东部的产业转移提供了一个新的平台，从而有力推动区域经济协调发展。飞地经济是在推进工业化和招商引资过程中，飞出地和飞入地双方通过打破行政管辖关系，把飞出地自己的或招入的资金和项目放到行政上隶属飞入地的工业园区，利用税收分配、政绩考核等一系列科学的利益机制，实现互利共赢，进而扩大两地合作广度，加深两地合作深度。

要实现飞地经济模式，首先，需要科学规划，要考虑到飞入地的资源优势、飞出地的需求，以及制定详实可行的方案。其次，政府间要有效合作，政府是一个推动者，而不是实施者。以产业集群而不是不加选择地迁出和接收项目，并实行合理的利益分配。再次，要发挥企业管理主体的作用，如果可能的话，以企业集团为主开发和管理该模式。然后，要完善前提条件，夯实基础，飞入地应避免基础设施建设四面开花，而应集中有限资源投在局部地域内，形成局部良好的投资环境；要有双赢合作、服务为主的观念；完善管理，一般来讲，飞入地的管理体制可能滞后于飞出地，因此，完善管理制度是重要的途径。最后，还要建立稳定的利益分配机制，充分调动飞入地和飞出地的合作积极性。

德州市庆云县红云高新区彰显了飞地经济园区特色。根据德州市和天津红桥区的共建协议，双方共同负责红云高新区的规划、建设、运营和发展，税收分成，红云高新区成为长江以北首块飞地经济实验田，这一跨省联姻，对于刚刚拉开土地开发大幕的黄三角区域无疑具有非凡的借鉴意义。按照“规模建区，产业立区，特色兴区”的思路，快速推进红云高新区四纵四横路网和电、气、通信、给排水等基础设施建设。该高新区主要以发展新能源、新材料、高端机械制造、精细化工、轻工食品等新兴产业为主，着力打造新能源、新材料产业集群。红云高新技术产业园区总规划面积108平方公里，按照“七通一平两化”的标准，目前已迁占土地1200亩，路网、管网、标准厂房等基础建设全面完成，两条主干道路实现通车，总投资达5亿元。中国航天碳材料生产基地、齐耀新能源等10个重大项目落户园区内，总投资142亿元。

庆云县未利用地方面的主要问题体现为建设用地指标紧张，特别是后备土地资源不足。除少数大项目能争取到点供指标外，有限的用地指标远远不能满足项目建设用地需求。与黄三角特别是东营、滨州等地相比，庆云县未利用土地较少。

另外，以德州乐陵青岛保税港区经济园区为例，在扎实做好黄河三角洲工作的基础上，乐陵市牢牢抓住黄河三角洲和半岛蓝色经济区建设这一难逢的机遇，大力开展产业分工与协作，“蓝黄融合”取得重大进展。2012年，青岛保税港区(乐陵)经济园区项目落户乐陵，项目总投资130亿元，一期投资20亿元，主要建设小枣生物食品、物流园区、加工贸易、大型商场等生活配套服务于一体，面向鲁西北、冀东南，辐射河南、山西，形成功能齐全、配套完善的综合产业园。

乐陵市未利用地开发利用管理中存在的一个突出问题就是未利用土地统计中数据统计口径不一，未利用地两次调查差异较大。在第一次土地调查期间，未利用土地为133025.1亩，“二调”后未利用土地为36791.1亩。经调查，除上级立项开发治理减少的原因以外，主要是当地农民受国家种田补贴政策的利益驱动扩大耕种面积。以铁营洼为例，许多土地根本不具备耕种条件，耕种效益很低。因此，需要上级有关部门积极协调国土部门，将乐陵市未利用土地数额按黄三角规划中确定的数据为准。

(二)地票交易模式

在稳步推进城乡建设用地增减挂钩方面，可以借鉴地票交易模式。地票，是指将闲置的农村宅基地及其附属设施用地、乡镇企业用地、农村公共设施和农村公益事业用地等农村集体建设用地进行复垦，变成符合栽种农作物要求的耕地，经由土地管理部门严格验收后腾出的建设用地指标，由市国土房管部门发给等量面积建设用地指标凭证。这个凭证就称为“地票”。然后在交易所交易，可以在全市的范围内、更有价值的地方“落地”，实现农村集体建设用地和城市建设用地指标在城乡之间远距离、大范围置换，土地资源得到优化配置。

比如一些废弃的远郊乡镇企业用地，就能通过这种形式复垦并通过验收后，获得“地票”，然后再拿到主城区“兑现”。一方面，农村建设用地浪费问题得到了解决；另一方面，也解决了城市建设用地紧张的矛盾，城市建设用地增加和农村建设用地减少挂钩，保证了城乡的建设用地总量不增加、耕地总量不减少。

但是，为了防止以“地票”交易之名行新一轮“圈地”之实，应该设计比较严密科学的制度。首先，将闲置的农村宅基地及其附属设施用地、乡镇企业用地、农村公共设施和农村公益事业用地等农村建设用地进行专业复垦，经土地管理部门严格验收后，按增加的耕地面积由市土地行政主管部门向土地使用权人发给相应面积的“地票”（实际是“先补后占”），然后，将“地票”拿到土地交易所内进行交易，购得者可纳入自己的新增建设用地计划，增加等量城镇建设用地。其次，在城市落地使用时，必须符合土地利用总体规划和城乡总体规划，办理征收转用手续，完成对农民的补偿安置。

（三）未利用海域开发利用模式

山东省的海岸线长达 3345 公里，约占中国海岸线总长度的 1/6。山东海洋资源有其区位优势，近海海域占渤海和黄海总面积的 37%，滩涂面积占全国的 15%，拥有 456 个海岛，海岛总面积为 111.22 平方公里，海岛岸线长为 561.44 公里，其中 500 平方米以上的海岛共有 320 个，常驻居民岛 34 个。应该说，黄三角高效生态区的海域资源相当丰富，以滨州市为例，法定海岸线长 127 公里，海域面积近 3000 平方公里。辖沾化、无棣、北海新区三个沿海县（区）。目前，滨州市海域使用面积 152.03 万亩，其中渔业用海面积 136.14 万亩，工业用海 13.54 万亩，交通用海 1.76 万亩，造地工程用海 0.17 万亩，其他及特殊用海 0.36 万亩。而东营市海岸线长 413 公里，滩涂面积 180 万亩，229.50 万亩的黄河三角洲国家级自然保护区是我国暖温带最完整、最广阔、最年轻的湿地生态系统。在未利用地开发利用方面，未利用海域开发与一般未利用土地开发利用既有相同性，也有其独特性。

首先，海洋产权进行交易之前，确权登记制度是非常必要的。将海洋产权进行确权、登记，并向产权主体颁发证书。因为登记是确认产权的法律形式，而且海洋产权的交易制度也需要以产权登记标识产权的流转，同时，国家作为财产所有者对产权流动实行管理也需要以登记制度作为基本前提。

其次，流转方式上要遵循市场经济原则，市场经济要求通过等价交换、公平竞争、信息公开等市场机制来进行权利的流转交易，因而，在创设海洋产权流转制度时必须体现市场机制的基本原则，才能达到海洋资源的合理配置。

再次，海岛、海域等海洋使用权抵押担保制度要参照土地使用权。海岛、海域等海洋产权的客体是与土地性质有相似之处的不动产。同土地一样，特定海岛、海域位置固定，不能移动，表现为特定的物质形态。这说明，它们具备独立的经济价值以及法律上排他的支配可能性，符合物权法意义上物的特征，是一种与土地性质相同的不动产。

最后，在海洋产权价格的确定和测算方面，为了保证海洋产权流转的公平性和交易的合理性，必须在科学认识海洋产权客体的特性及海洋产业特点的基础上对海洋产权的价格进行确定和测算，为海洋产权的交易提供参考。因为，海洋的特性与陆地有很大差别，海洋的开发和使用应该是多维度的，应根据不同情况采取不同的标准：其一，对沿海、近海域、滩涂水产养殖业，可视其区位和资源条件，实行级差使用金，一般实行招标、拍卖、挂牌等市场化的竞价交易方式。其二，对于海洋技术（如海洋采掘技术、海洋医药技术、海洋潮汐发电、海洋生物技术等）参照已有的其他领域的技术和知识产权交易定价机制，可以根据其研发投入产出情况确定出让金比例，并应体现国家产业扶持和政策导向。其三，对于污染物的排放权和填海造地权要以经济效益和环境效益的综合考量来确定价格。

五、黄河三角洲高效生态经济区未利用地下一步开发工作建议

（一）保护资源措施，体现生态原则

保障发展与保护资源同处于一个重要的位置，在未利用地的开发利用方面遵循生态优先标准。在实际工作中应该做好如下几个方面的工作：

1. 加强建设项目用地选址管理，在源头上切实执行生态资源保护的原则。在进行建设项目用地选址，对未利用地进行分类管理，始终坚持“能用非耕地的，尽量不占耕地；能用劣质地的，尽量不占良田好土”的原则，从项目用地选址环节控制尽量少占耕地资源。

2. 加强建设项目用地预审管理，把控用地指标。在进行建设项目用地预审时，严格按照行业用地控制指标的要求进行用地规模审查，超过控制指标范围的，必须调整用地面积，优化设计方案，从项目用地预审环节控制尽量少占土地资源。

3. 大力推进土地开发复垦整理工作，以市场化手段带动土地权利交易。以产权交易为纽带，充分发挥市场机制在未利用地开发方面的作用，积极通过土地开发复垦整理，有效利用地票交易模式，补充建设项目占用的耕地，实现占补平衡，确保耕地保有量不减少。

（二）节约集约用地措施，彰显高效特征

1. 加强土地利用总体规划的整体控制作用，认真修订土地利用总体规划，各类与土地利用相关的规划要与土地利用总体规划相衔接，从空间布局来看，所确定的建设用地规模必须符合土地利用总体规划的安排；而从时间布局来看，年度用地安排也必须控制在土地利用年度计划之内。

2. 严格建设项目用地标准。对于公路、铁路等交通基础设施建设项目，严格

按照国家建设用地控制指标审核项目用地规模，防止在项目用地申报中搭车报征土地；在工业建设项目用地工程中，严格执行"工业用地控制指标"要求，防止借工业项目建设圈地、囤地和闲置土地。

3. 积极盘活存量土地。采取"区位调整"方式积极盘活存量批而未征、征而未供、供而未用、用而未尽土地，促进土地高效利用，避免闲置。

4. 加强土地供应管理，深入推进土地有偿使用制度。严格按照国家供地政策供地，对于经营性性质的用地，严格采用招、拍、挂的方式供地。逐步推行符合《划拨用地目录》的项目用地向有偿使用方向发展。

5. 完善建设用地储备制度。储备建设用地符合规划、计划，并将现有未利用的建设用地优先纳入储备。储备土地出让前，处理好土地的产权、安置补偿等法律经济关系，完成必要的前期开发，缩短开发周期，防止形成新的闲置土地。土地前期开发引入市场机制，按照有关规定，通过公开招标方式选择实施单位进行土地一级开发。

6. 强化用地合同管理。土地出让合同和划拨决定书严格约定建设项目投资额、开竣工时间、规划条件、价款、违约责任等内容。对非经营性用地改变为经营性用地的，约定或明确政府可以收回土地使用权，重新依法出让。严格执行建设用地开、竣工申报、验收制度，加强建设用地批后监察工作。对建设项目用地批准后使用土地期间进行全程跟踪管理，防止"批甲用乙"、不按用地范围和批准用途使用土地等情况出现。

7. 探索低效利用土地退出机制试点工作。对原批准使用，因产业政策、结构调整、规划控制等方面达不到投资强度、容积率控制等规定或基本面临破产的工业低效用地，尝试由企业有偿退给政府统一规划布置，促进土地节约集约高效利用。

黄河三角洲高效生态经济区循环经济发展报告

中共十八届五中全会提出:“推动低碳循环发展,建设清洁低碳、安全高效的现代能源体系,实施近零碳排放区示范工程。全面节约和高效利用资源,树立节约集约循环利用的资源观,建立健全用能权、用水权、排污权、碳排放权初始分配制度,推动形成勤俭节约的社会风尚。”再一次在新时期把低碳循环发展理念提到了中共发展理念的最前沿。发展循环经济,实现绿色发展是“新常态”下各项目标的重要战略举措,黄河三角洲作为全国高效生态发展的示范区,必须摒弃先污染、后治理的老路,突破经济发展难以避免环境污染的困境,而在经济中高速发展的新阶段,发展循环经济是达到这一发展要求的重要抓手。

一、黄河三角洲高效生态经济区循环经济发展的背景

(一)发展循环经济作为一项重大任务纳入国民经济和社会发展规划

我国早已把发展循环经济作为调整产业结构、转变经济发展方式的有效途径,十七届五中全会通过的《中共中央关于制定国民经济和社会发展第十二个五年规划的建议》中,就把发展循环经济作为建设资源节约型、环境友好型社会的重要内容。此后,相继出台一些行之有效的法律法规,并围绕发展循环经济、促进节能减排出台了一系列财政、投融资政策,公布实施了《废弃电器电子产品回收处理管理条例》《再生资源回收管理办法》等法规规章,发布了200多项循环经济相关国家标准。国家一些主要领导人在多种场合多次强调发展循环经济、推进节能减排工作的重要性。《循环经济促进法》于2009年1月1日起施行,标志着我国循环经济进入法制化管理轨道。

表 1　　中国出台的促进循环经济发展的主要政策

日期	出台政策名称	主要目的或内容
2003.12	《循环经济示范区规划指南》(环发[2003]208 号)	在国家已批准的各类园区或大企业集团基础上鼓励创建生态工业示范园区。
2005.7	《国务院关于加快发展循环经济的若干意见》(国发[2005]22 号)	以尽可能少的资源消耗和尽可能小的环境代价,取得最大的经济产出和最少的废物排放,实现经济、环境和社会效益相统一。
2005.10	《关于组织开展循环经济试点(第一批)工作的通知》(发改环资[2005]2199)	在重点行业、重点领域、产业园区和省市组织开展循环经济试点工作。
2007.6	《关于印发循环经济评价指标体系的通知》(发改环资[2007]815 号)	科学评价我国循环经济的发展状况,为制定和实施循环经济发展规划提供数据支持。
2007.12	《关于组织开展循环经济示范试点(第二批)工作的通知》(发改环资[2007]3420)	围绕实现节能减排目标,对第一批试点进行补充和深化。
2009.1	《循环经济促进法》	通过法制化促进循环经济发展,提高资源利用效率,保护和改善环境,实现可持续发展。
2010.4	国家发展改革委、中国人民银行、银监会和证监会联合发布《关于支持循环经济发展的投融资政策措施意见的通知》	提出规划、投资、产业、价格、信贷、债权融资产品、股权投资基金、创业投资、上市融资、利用国外资金等方面支持具体措施。
2012.12	《“十二五”循环经济发展规划》	明确了发展循环经济的主要目标、重点任务和保障措施。
2013.2	《循环经济发展战略及近期行动计划》	落实十八大推进生态文明建设战略部署的重大举措。
2015.10	《中共中央关于制定国民经济和社会发展第十三个五年规划的建议》	推动低碳循环发展是坚持绿色发展,着力改善生态环境。

资料来源:根据公开资料整理。

山东省高度重视循环经济发展。2006年4月，成立了山东省政府节约能源办公室，负责组织协调全省循环经济发展工作。全省各市和大部分县(市、区)也都成立了节约能源办公室，有专人负责推进循环经济工作，建立了联席会议制度，形成了全省上下协同、横向联动、紧密衔接的组织推动体系。

山东省认真贯彻落实《中华人民共和国循环经济促进法》《中华人民共和国清洁生产促进法》等法律法规，颁布实施了《山东省清洁生产促进条例》《山东省节约能源条例》《山东省再生资源回收利用管理办法》等法规，出台了《关于发展循环经济建设资源节约型社会的意见》等规范性文件，保障循环经济的快速发展。在各类法规政策的带动下，涌现出了济南钢铁、山东泉林纸业等一批发展循环经济的先进典型企业。成功培育了以烟台经济技术开发区、潍坊滨海经济技术开发区等为代表的循环经济型园区。

表2　山东省出台的促进循环经济发展的主要政策

日期	出台政策
2005.6	《关于发展循环经济建设资源节约型社会的意见》
2006.4	山东省地方税务局《关于发挥税收扶持作用促进循环经济发展的意见》
2007.1	《山东省循环经济试点工作实施方案》(鲁政发[2007]8号)
2009.9	《山东省再生资源回收利用管理办法》
2009.12	山东省循环经济示范单位名单(第一批)
2010.9	山东省循环经济示范单位名单(第二批)
2011.6	《山东省循环经济专项资金管理暂行办法》
2011.11	山东省循环经济发展“十二五”规划
2012.11	山东印发《关于加快海洋循环经济发展的意见》

资料来源：根据公开资料整理。

黄河三角洲上升为国家战略对发展循环经济是个极大的促进。循环经济是实现黄河三角洲高效生态发展目标重要途径，对发展循环经济极为重要，《黄河三角洲高效生态经济区发展规划》提到“循环经济”有15处之多。在功能定位方面，规划要求建成全国重要的特色产业基地，大力发展循环经济，推进清洁生产，突破制约产业转型升级的关键技术，培育一批特色优势产业集群，构筑现代生态产业体系，建成全国重要的高效生态农业基地和循环经济示范基地；在发展目标方面，规划要求产业结构进一步优化，循环经济体系基本形成，建设全国重要的循环经济示范区，建成东营经济开发区、胜利工业园、华泰工业园等16个循环经济示范园。

(二)资源环境刚性约束进一步强化

资源环境压力较大,节能减排任务繁重。黄三角能源消费结构单一,煤炭和原油占一次能源消费的 98%以上,特别是煤炭消费占 80%左右,工业重工业比重高,重工业对应着高能耗,加大节能降耗的力度就显得更为迫切。高重工业占比与高能耗往往带来高污染。2012 年以来,黄三角乃至山东全省多地出现大范围的雾霾天气,空气质量急剧恶化。多个城市公布数据显示,PM2.5 颗粒物浓度完全处于"严重污染"或"危险"水平,严重影响人民生活。联系到沙尘以及饮用水安全等问题频发,环境质量问题已经到了一个十分严重的程度,这与高能耗及粗放的生产方式密切相关。

(三)绿色发展大势所趋

中共十八大报告首次把"生态文明"提到前所未有的高度,明确提出"推进绿色发展、循环发展、低碳发展","建设美丽中国"。这不仅是对生态文明重要性理论认识的升华,而且还表明了走绿色发展之路已经成为中国坚定不移的战略选择。无论从政府、企业、个人的角度来看,推动绿色发展是大势所趋。绿色发展就是要寻找一种既增加物质财富,又不损害生态环境质量的模式和发展路径,其本质是资源节约型和环境友好型发展,充分考虑环境承载力和资源承受力、促进资源永续利用的循环经济是一种可持续的"绿色经济模式"。

《山东省 2013~2020 年大气污染防治规划》正式实施,规划的总体目标是:到 2020 年,全省空气质量比 2010 年改善 50%左右,实时监控一些重点废弃物企业(见表 3)。国务院委托环保部与山东签订了大气污染防治目标责任书,其要点是:到 2017 年,空气质量明显好转,全省重污染天气较大幅度减少,优良天数逐年提高;细颗粒物浓度比 2012 年下降 20%左右。严格产业环境准入,不再审批钢铁、水泥、电解铝、平板玻璃、船舶、炼焦等新增产能项目。加快淘汰落后产能,提前一年完成钢铁、水泥、电解铝、平板玻璃等重点行业"十二五"落后产能淘汰任务。实行煤炭消费总量控制,到 2017 年底,煤炭消费量在 2012 年基础上净削减 2000 万吨。

表 3　　2013 年山东省省控以上重点污染源

地区	重点废水监管企业数	重点废气监管企业数
滨州市	52	64
东营市	24	29
寿光	11	18

续表

地区	重点废水监管企业数	重点废气监管企业数
昌邑	8	4
寒亭	3	4
莱州	2	1
高青	5	2
乐陵	2	1
庆云	3	0
合计	110	123
全省合计	747	891
占比	14.7%	13.8%

资料来源：根据山东省环保厅公开资料整理。

二、黄河三角洲高效生态经济区循环经济发展的现状

(一)发展概况

循环经济模式在黄三角逐渐展开。其约占山东省 1/10 的经济总量，在循环经济示范单位却占比较高，如表 4 所示。黄三角区域在三个层次上逐渐展开循环经济的实践探索：在企业层面积极推行清洁生产；在工业集中区建立由共生企业群组成的生态工业园区；在城市开展循环经济试点工作。黄河三角洲的滨州市循环经济起步较早，滨州市已拥有 2 家国家循环经济示范试点企业（山东鲁北企业集团有限公司和山东香弛粮油有限公司）、2 个省重点培育的循环经济园区、21 家省重点培育的循环经济企业、2 个省节能环保产业基地、1 个省首批推广的循环经济发展模式、2 个省循环经济标准化试点单位、5 家省循环经济示范企业、5 家省清洁生产先进企业、3 家国家环境友好企业、9 家省环境友好企业，6 县1 区全部成为国家级或省级生态示范区建设试点。

表4 山东省循环经济示范单位情况

	山东省第二批示范单位		山东省第一批示范单位	
	全省数量	黄三角	全省数量	黄三角
循环经济示范县(市)	4	莱州市	6	寿光
循环经济示范园区	4	山东东营胜利工业园区，滨州高新区生态化工产业园	6	潍坊滨海经济开发区，东营经济开发区
循环经济示范企业	55	东营方圆有色金属有限公司，山东晨鸣纸业集团股份有限公司，滨化集团股份有限公司，山东阳信龙福生态科技有限公司	55	山东鲁北企业集团总公司，华泰集团有限公司，山东黄金矿业股份有限公司新城金矿，山东香驰粮油有限公司，万达集团股份有限公司

资料来源：根据公开资料整理。

东营市重点培育的30家循环经济型企业、30个循环经济项目，涵盖了石化、盐化、造纸、纺织、有色金属、橡胶轮胎等主导行业，并逐步发展成为行业龙头企业，其中华泰集团、万达集团、方圆有色金属有限公司被列为省循环经济示范企业。围绕主导产业，培植形成了石油化工、有色金属加工、造纸、盐化工、橡胶轮胎、海水利用、发电、纺织、新能源、农林废弃物综合利用等10大循环经济产业链条。

(二)发展现状：行业的角度

1.盐化工：在全国具有示范意义

鲁北化工、海化等化工企业在发展中总结出了一套行之有效的循环经济之路，遵循生态规律，应用循环经济理论和系统工程的思想，通过实施技术集成创新，拓展发展空间，提高企业效益。以化工企业为主要载体的潍坊滨海经济技术开发区、鲁北高新技术开发区、胜利工业园等园区，尝试同类型或关联度较高的高污染企业集中的园区依据循环经济理念、清洁生产要求对园区空间布局、产业结构、产业链构建、资源能源利用、污染集中治理、基础设施、运行管理等方面的优化、提升、改造和完善，进行了有益的探索。这些都是区域层面转方式、调结构，建设资源节约型、环境友好型社会，提高生态文明水平的具体实践。

山东省地下卤水资源丰富，卤水开采主要集中在黄三角的寿光、寒亭、昌邑、莱州沾化、东营区和广饶县。以原盐为主要原料的许多盐化工企业如山东鲁北企业集团等主要形成的循环经济链条为:磷铵、硫酸、水泥联产循环经济产业链,海水"一水多用"循环经济产业链,清洁发电与盐、碱联产循环经济产业链,生态电业产业链,油煤盐"三化合一"产业链和钛白粉清洁生产产业链。

海水综合利用是一项具有广阔发展前景的朝阳产业,以海水为出发点海洋化工企业如山东海化集团等,形成了"冷却链、卤水链、化工链"三条海洋经济产业链,实现了海水的养殖、放牧卤虫、化工工艺冷却、提溴、制盐、制硫酸钾等"一水多用",提高了海水资源的集约化利用程度,实现了"盐、化、养"一体化的目标;在"一水多用"的基础上,初步形成以碱、溴、苦卤化工、精细化工系列为主的循环经济产业链条;以产业链上产生的废弃物在体系内的再资源化为重点,开发建设了硫酸钾、氯化钙等一批资源综合利用项目,最大限度地避免了制盐母液、制碱废液、电石泥废渣等外排对海域生态的影响,形成了上下游产品接续成链、关联产品复合成龙、资源闭路循环为特色的生态工业循环经济模式(见图 1)。

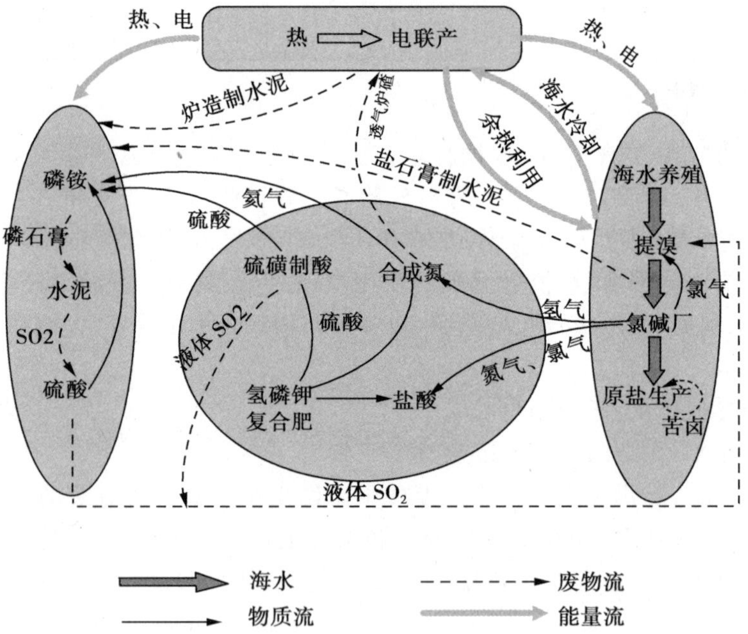

图 1　海水一水多用循环经济示意图

资料来源:中瑞企业社会责任合作网。

2. 新能源:优化能源供给结构

按照山东省关于黄三角开发建设的实施意见,要把黄河三角洲建成全省乃至全国的新能源产业基地，重点建设东营、滨州、潍坊、莱州四个大型风电场项目，力争新能源发电装机容量达到400万千瓦，其中，风电装机达到300万千瓦。但现在仍然是布局与投入期，需要大量的资金投入，真正见到实效仍需一段时间。

表5　　　　黄河三角洲主要新能源产业基地建设情况

名称	情况介绍
河口区新能源产业基地	已并网发电的风电项目4个，累计完成投资23.48亿元，总装机容量达到19.65万千瓦，预计可实现年发电量4.2亿千瓦时。
东营经济技术开发区新能源产业基地	形成了风力发电、太阳能光伏发电、太阳能光热利用、水地源热泵与空气源热泵等产业，其中风力发电、太阳能光伏发电已形成产业链。
东营光伏新能源产业基地	基地依托东营光伏太阳能有限公司。
广饶县新能源产业基地	发展方向是：围绕生物质能、太阳能、风能综合利用及化工新材料、先进复合材料、新型功能材料、新型建筑材料等领域的技术创新。
莱州新能源产业基地	大唐、华电国际、华能等国字号大企业相继进驻莱州市，目前，全市风力发电装机容量已达到22万千瓦，居全省首位，已发电6.5万千瓦时。目前，大唐驿道风电场等两个风电项目正在建设，总投资约200亿元的百万千瓦级海上风电场项目前期工作进展顺利。预计到2015年末，风电总装机容量超过100万千瓦，建成山东省最大的风力发电基地。
滨州新能源产业基地	加快太阳能光伏发电、风能发电、生物质能综合利用、新型储能产品及煤化工新兴产业关键技术的研发，实施新能源应用示范工程，推进产业化开发利用。
乐陵市新能源产业基地	国电乐陵生物质发电、乐陵乐源热电厂矩阵式太阳能集热发电项目与铁营乡大型农村沼气工程。
黄河三角洲新能源基地（庆云县）	通过招商引资，庆云县50MW太阳能和生物质能联合热发电等7个重点项目，列入了绿色能源示范群发展规划。
潍坊新能源产业基地	潍坊北部沿海地带新能源产业形成了一定规模。主要有山东瑞其能电气有限公司永磁直驱风力发电机组项目、国电滨海风电总投资120亿元的海上140万千瓦风力发电项目等。

续表

名称	情况介绍
生物质发电项目(高青县)	依托山东丽村热电有限公司生物质发电项目,目前该项目已试车。
磁浮磁动风力发电项目(高青县)	全国首家磁浮磁动风力机储能发电试验站项目在高青县动工建设。

资料来源:根据山东省推进黄河三角洲高效生态经济区建设办公室资料整理。

利用秸秆发电,可节约煤炭燃烧量,可以减少二氧化硫排放量,减少烟尘排放,秸秆燃烧生成的草木灰还可做农业肥料回田循环使用,再一次变废为宝,实现了资源的循环利用。同时秸秆的大量收购也带动了周边农民增收致富。要建成秸秆收集、采购、加工、销售网络,打造一条稳固的秸秆转化利用产业链。

表 6　　黄河三角洲地区主要生物质发电项目

所在地区	项目名称
东营	国能垦利生物质发电
	胜园生物质能发电
滨州	中电环宇生物质发电
	金缘集团生物质发电
	天地缘集团生物质发电
	山东开泰生物质发电
	国能惠民生物质发电
高青	丽村热电生物质发电
昌邑	昌邑安利兴生物质发电
莱州	鑫晖生物质热电有限公司莱州市生物质发电厂
乐陵	国电乐陵生物质发电

资料来源:根据有关资料整理。

3. 食品工业:实现经济效益和生态效益的双赢

黄河三角洲地区是重要的农业区,这为当地食品工业的发展提供了基础。一些循环经济模式也逐渐推广开来,其中以博兴县香驰控股、邹平西王集团等食品加工企业为典型。博兴县香驰控股已形成“五大循环圈”,即以蛋白公司为龙头，延伸大豆加工产业链条，形成“主产品循环圈”；根据大豆不同的蛋白含量和含油量，分类利用，形成“原料循环圈”；运用环保新技术，改善治污效果，提高废弃物利用率，清洁生产，形成“三废循环圈”；加强副产品开发，提高产品附加值，形成“副产品开发圈”；以热动公司为枢纽，对各子公司的热能和电能产出比例及蒸汽压力进行灵活调整，并回收冷凝水进行余热循环利用，形成“能源循环圈”。邹平西王集团独创了“闭环式”生产工艺：以玉米为主原料生产淀粉、蛋白粉；以淀粉生产过程中的淀粉乳为原料，生产广泛用于医疗、食品行业的葡萄糖、麦芽糊精；以玉米浸泡液和生产葡萄糖产生的母液为原料生产赖氨酸；以玉米胚芽为原料，生产色拉油；以玉米胚芽粕、玉米皮、玉米浸泡液为原料，生产高蛋白纤维饲料；以赖氨酸生产过程中的离交废液为原料生产微生物蛋白饲料(见图 2)。

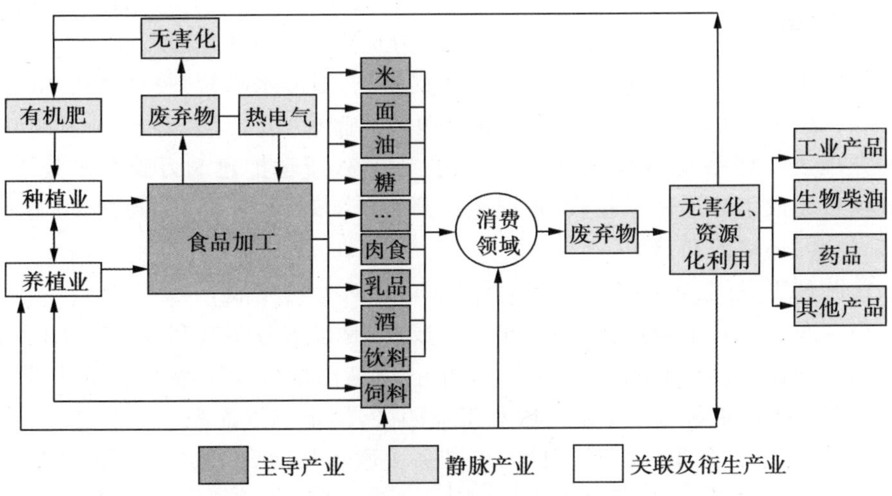

图 2　食品工业发展循环经济基本模式

资料来源：循环经济发展战略及近期行动计划。

(三)发展现状：典型园区

1. 鲁北高新技术开发区：企业小循环促进园区大循环

鲁北高新区作为黄河三角洲高效生态区和山东半岛蓝色经济区叠加部，是国家生态工业示范园区、山东省首批循环经济试点园区，也是滨州市命名的全市15 个特色重点园区之一，园区定位为“鲁北新型生态化工园区”。园区范围为北至大口河堡、南抵孙岔公路、西至漳卫新河、东到马颊河，规划总面积为 101.8 平方公里。以在循环经济方面取得一定成就的山东鲁北企业集团为依托，引进多家企业，产业特色突出，在发展循环经济方面取得了一定的实效。

拉长产业链条。整个鲁北高新区按照循环经济理念，以海水、铝土矿、磷矿、钛铁矿、原油五大原材料深加工为主线，产业链纵向延伸，同时又横向关联、互相配套，形成了磷铵硫酸水泥联产、海水一水多用、盐碱电热铝联产、油盐化工结合、钛白粉清洁生产等多个产业链条共生发展，形成了企业小循环，园区内企业关联度高，一个企业的产品成为另一家企业原料，下游装置“吃干榨净”上游装置产品和各类废弃物，形成了园区大循环的发展格局。

集中污水处理与供热。鲁北高新区属于特色化工园区，总规和区域环评完备，有一定规模的污水集中处理厂和集中供热中心，外排污染物达标排放并能够满足总量控制要求。

实现资源综合利用和环境保护的有机统一。把打造资源节约、环境友好新型生态化工基地作为推进园区经济发展的重要突破口，在资源消耗环节，通过先进工艺和技术创新大力提高资源利用效率，在废弃物产生环节，大力开展循环经济综合利用，在产业发展规划、企业引进等方面严格把关，力求产业升级。在实践中探索形成了一级海水养殖、二级海水提溴、三级海水晒盐“一水多用”和盐制碱、氢制氨、氯制烷“综合高效利用”等资源节约型模式。园区内32个建设项目全部办理了环评手续，环评执行率达到了100%，新建扩建5万吨污水处理厂，部分项目完成了竣工环保验收，督促企业严格落实环保“三同时”制度，努力实现经济、社会、环境的和谐统一。

2.胜利工业园：企业关联性大，促进园区循环经济发展

山东东营胜利工业园区2002年1月成立，是以服务于胜利油田和中国石油工业为主的综合性工业园。2006年3月6日，被山东省人民政府批准升级为省级开发区，正式命名为山东东营胜利工业园区，核定规划面积6平方公里，控制规划面积15平方公里。累计入园石油装备关联项目达到130家，石油装备企业61家，2010全年完成工业总产值78亿元，实现销售收入75亿元、利税7.5亿元，分别占园区企业经济总量的67.8%、68.1%和68.2%。重点项目推进顺利。

已经初步形成了石油装备制造、石油精细化工、机械配件、精密铸造等4个循环经济产业链，实现了资源的循环利用。把强化节能减排、提高资源高效循环利用作为园区引进企业运营的重要门槛。园区内所有企业基本实现了资源的上、中、下游相互利用，建立了循环经济产业链。以生态产业链、产品链和废物链为主线，以骨干企业为龙头，积极发展以产品关联紧密、资源高效利用为特征的生态工业，大力推进企业内部资源链条的纵向闭合。山东赛瓦、美国斯伦贝谢、海科新源、欧博特等企业内部链条闭合循环利用。华锐石油钢管、孚瑞特、嘉杨等公司之间形成了产业上下游之间耦合。

(四)发展现状:社会大循环发展中的亮点

1.东营市"种植、养殖、能源"三位一体的生态农业发展理念

东营市的"种植、养殖、能源"三位一体的生态农业发展理念是循环经济在农业中的体现。秸秆已经被大批量用来发电,或其他方式的生态利用。国能垦利生物发电有限公司的农作物秸秆发电、正和木业的次小薪材综合利用、山东成成木塑公司的农作物秸秆综合利用,还有驰中集团以标准化的蔬菜基地等为依托,鼓励农林废弃物综合利用。在这些企业带动下,当前东营市秸秆的综合利用量达 136 万吨,利用率达到 85%。全市已有 3 个县被确定为全省生态农业与农村新能源示范县。

长安集团在东营牛庄镇秸秆生物气项目,正在建设当中。项目设计能力为年生产生物气 300 万立方米,年可消纳农作物秸秆 1.05 万吨,项目总用地面积 15 亩,同时建设示范种植园及蔬菜大棚 5000 亩,为生物气项目提供生物质原料,同时沼液与沼渣作为有机肥料应用于园区作物和大棚有机蔬菜种植,形成循环能源农业产业链,具有良好的示范作用。项目建设内容包括原材料种植、原料收运及预处理、秸秆发酵生产生物气、沼气提纯生产生物天然气、沼渣沼液储存、沼渣沼液综合利用六大部分(见图 3)。

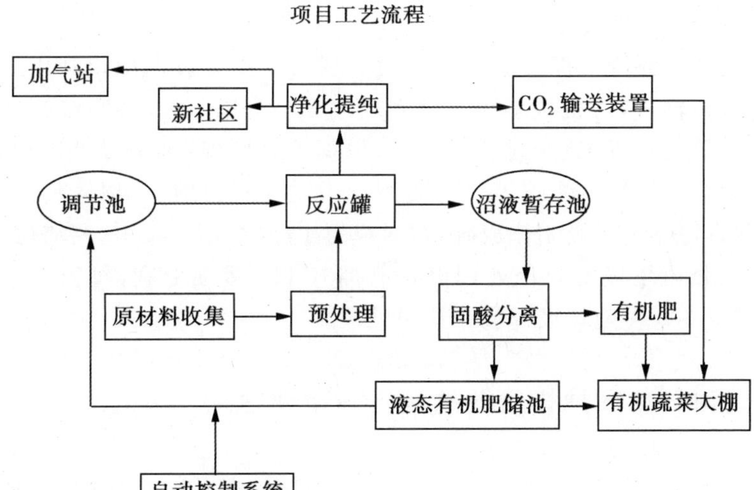

图 3 东营牛庄镇秸秆生物气项目工艺流程

资料来源:根据调研资料整理绘制。

2.阳信龙福环能科技有限公司聚酯资源循环利用

阳信龙福环能科技有限公司以社会上废弃的塑料瓶为原料,形成了一条由

“废旧聚酯瓶片—涤纶长丝—毛毯等商品”完整的节能环保产业链，实现了真正意义上的循环经济(见图 4)。

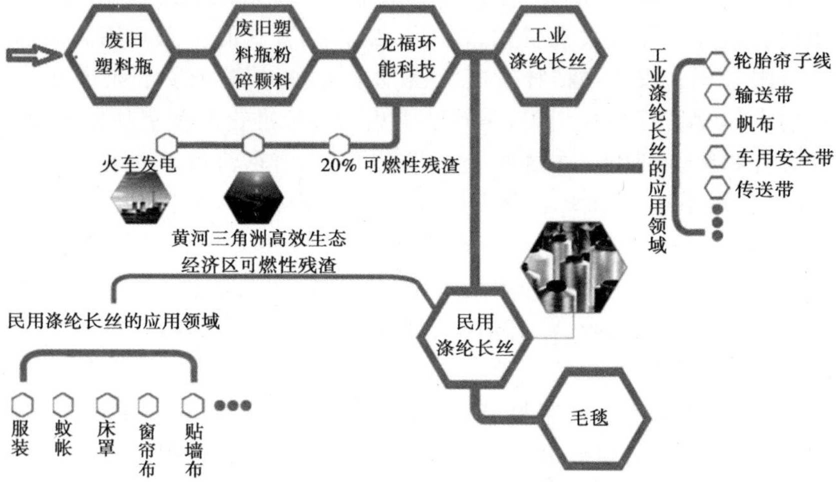

图 4　龙福环能科技废旧塑料瓶循环利用示意图

资料来源：龙福环能网站。

3. 昌邑废弃物处理新模式

潍坊金丝达环境工程股份有限公司实现未分类垃圾资源化利用，所有的垃圾统统进入传输带，经机械多级破碎剥离成 2 公分以下的小块，随后，餐厨废弃物直接做厌氧化处理；磁选挑拣出金属；根据浮力原理，水洗过程让砂石、陶瓷、玻璃等重物沉淀；塑料、橡胶等轻物质漂浮。先分好类别，再物尽其用。金属直接回收，砂石等建筑垃圾制作成砖，塑料成再生原油，沼气发电，沼渣做有机肥和煤球。这家公司垃圾资源化处理设备已拥有 110 多项专利，每天上午 10 点过后，昌邑城乡 300 多吨垃圾都会在这里处理。

三、黄河三角洲抽样企业的运行效率评估

节约能源是发展循环经济的重要手段和目的，对黄河三角洲企业能源效率的评估是对该地区循环经济发展的间接评估。通过发展循环经济可以把能源效率利用到最高点，少产生污染，并达到保护环境的目的。另一方面加强能源的审计对循环经济的发展有较强的促进作用，能源价格的波动也会通过对能源效率的反映间接影响该地区循环经济的发展。

(一)能源价格与利用效率

作为世界上最大的一次能源消费国,中国应该注重提高能源利用效率,进而提高整体经济运行效率。中国 2014 年一次能源消费量达到 2972.1Mtoe(百万吨标准油),占世界一次能源消费总量的比重高达 22.99%。同时,中国的能源消费结构是以煤为主的,2014 年煤炭消费量占一次能源消费总量的比重高达 66.03%。不容忽视的是,2014 年中国煤炭消费量占世界煤炭消费总量的 50.55%。上述数据意味着,由于是经济大国和能源消费大国,中国政府实施的能源及低碳领域的政策,可能在国内外经济之间产生交互影响。对此,中国政府事前评估以求趋利避害。经过计算可知,传统化石能源(煤炭、石油和天然气)的消费量,占中国一次能源消费总量的比重高达 89.16%。并且,由于传统化石能源具有不可再生性,如何提高能源利用效率,就成为一个重要的研究课题。

表 7　　2014 年中国一次能源消费情况

指标	单位	煤炭	石油	天然气	核能	水电	可再生能源	总和
中国一次能源消费量	Mtoe	1962.4	520.3	166.9	28.6	240.8	53.1	2972.1
中国各种一次能源消费量占总消费量的比重	%	66.03	17.51	5.62	0.96	8.10	1.79	100.00
中国一次能源消费量占世界总消费量的比重	%	50.55	12.35	5.45	4.98	27.40	16.75	22.99

同时,提高能源利用效率,是中国降低碳强度的重要政策工具。从定义来看,碳强度指的是单位 GDP 的二氧化碳排放量。当前,碳税和交易市场是重要的二氧化碳减排工具。不过,无论是碳税还是碳交易,都会导致 GDP 和二氧化碳排放量同时降低;与之不同,提高能源利用效率,会导致二氧化碳排放量降低,却未必导致 GDP 下降。因为,提高能源利用效率会增强企业的产品竞争力,进而对经济产生促进作用。至少是,提高能源利用效率对经济的负面作用要低于其他政策工具。从这个角度来讲,提高能源利用效率,可能是中国低碳转型的有效政策工具。所以,考察企业的能源利用效率,对于促进中国经济低碳转型具有重要研究意义。并且,提高能源利用效率,是企业应对能源价格频繁波动的重要策略。图 5 列出了西北欧煤炭价格、美国中央阿巴拉契亚煤炭现货价格、日本炼焦用煤进口价格(CIF)、日本动力煤进口价格(CIF)和亚洲煤炭价格,这五种煤炭价格在世界煤炭市场上具有相对较强的代表性和影响力。经过观察可知,尽

管不同价格指数在数值上存在一定差异,但总体上的变化趋势相似,呈现出较高的一致性。在不同市场上,煤炭价格上涨和下跌时间比较吻合。经过比较可知,世界煤炭价格波动起伏幅度较大。以日本动力煤进口价格为例,从 1988 年到 1998 年,日本动力煤进口价格的波动范围为 50 美元/吨到 60 美元/吨;从 1999 年到 2003 年,日本动力煤进口价格主要是在 40 美元/吨上下波动;从 2004 年到 2011 年,日本动力煤进口价格快速攀升,从 2004 年的 60.96 美元/吨飙升到 2011 年的 229.12 美元/吨;从 2012 年到 2014 年,日本动力煤进口价格出现下降趋势,2014 年,日本动力煤进口价格下降到 114.41 美元/吨。虽然其他几种煤炭价格变化幅度与日本动力煤进口价格的变化幅度在数量上存在较大差别,但是它们的总体变化趋势基本上一致。上述分析表明,世界煤炭价格变化频繁,且波动幅度较大,这会给企业带来较大的运营风险,尤其是高耗能行业。

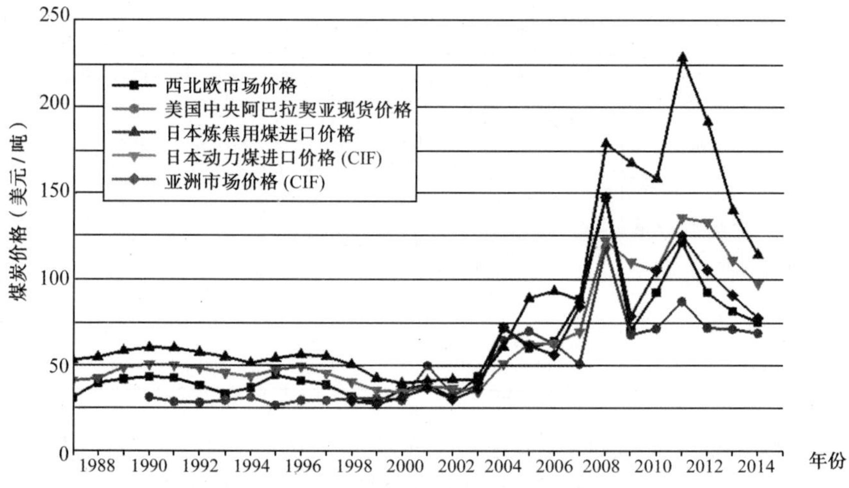

图 5　世界市场煤炭价格(单位:美元/吨)

图 6 描述的是三种常见的原油价格,分别是迪拜原油价格(Dubai)、布伦特原油价格(Brent)、美国西德克萨斯原油价格(West Texas)。经过观察可知,从 1976 年到 2014 年,原油价格波动频繁,呈现阶段性变化趋势。以布伦特原油价格为例,由于受第二次石油危机的影响,布伦特原油价格从 1978 年的 13.03 美元/桶上涨到 1980 年的 35.69 美元/桶。此后,一直到 2003 年之前,布伦特原油价格基本上在 20 美元/桶左右浮动。从 2004 年开始,布伦特原油价格快速上涨,从 2004 年的 38.27 美元/桶增长到 2012 年的 111.67 美元/桶。经过比较可知,尽管不同原油价格在变化幅度上存在数量上的差别,但是它们的总体变化趋势基本一致。由于国际市场上原油价格和煤炭价格的变化趋势呈现出一定程度

的相关性。因此，在此背景下，国际能源价格时起时伏，甚至是大起大落，会增加企业的运行风险，尤其是高耗能行业。

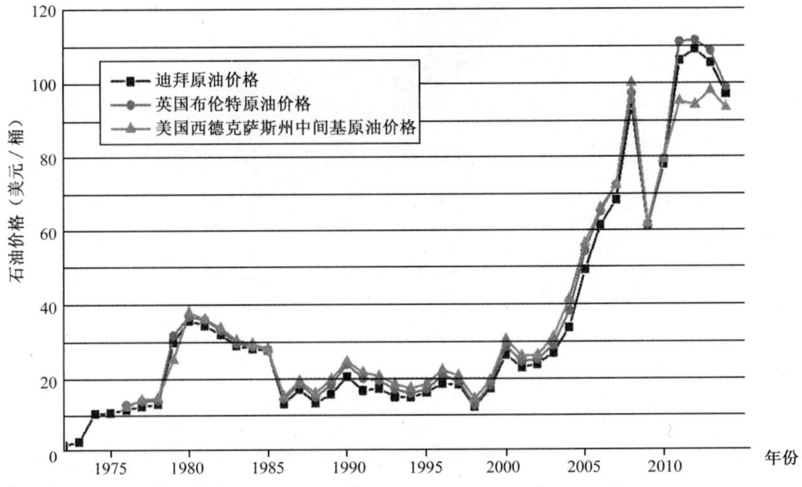

图6　世界市场原油价格（单位:美元/桶）

提高能源利用效率，可以有效降低能源价格波动带来的风险。对于企业而言，能源是生产过程中的必须投入品。在短期内，能源需求的价格弹性相对较小，能源需求因而具有一定的刚性，能源价格波动造成的短期冲击相对较大。提高能源利用效率，降低生产单位产品的能耗，也就降低了产品生产对能源的依赖程度，因而可以有效降低能源价格波动引致的运营风险。在此，本部分根据调研数据，评估抽样企业的产出效率和能源利用效率，考察不同企业效率差距的成因，并对促进循环经济发展提出政策建议。

(二)企业的运行效率评估

1.抽样企业的产出效率

本次抽样企业总数为121家，其中，黄河三角洲地区60家，其他县市61家。图7描述了抽样企业所属行业分布情况。经过观察可知，抽样企业数最多的是化学原料及化学制品制造业，共22家;第二位的是通用及专用设备制造业，共20家;其他抽样企业分布在农副产品加工业(16家)、纺织工业(12家)、金属冶炼业及压延工业(8家)、电力、热力的生产和供应业(7家)、建筑业(6家)、医药制造业(4家)、造纸及纸制品业(4家)和金属制品业(4家)。此外，18家抽样企业被列入其他行业，每个行业的抽样企业总数没有超过4家。上述数据意味着，此次抽样企业的行业分布较为分散。

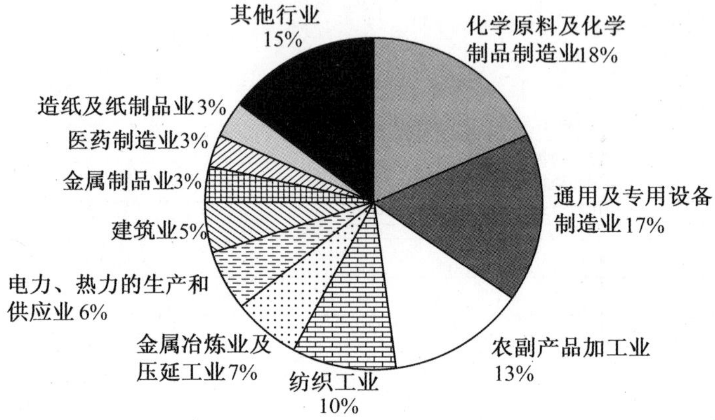

图 7　抽样企业的行业分布

笔者采用DEA模型(数据包络模型),对抽样企业的产出效率和能源利用效率进行了评估,并分别基于生产要素投入量和生产要素支出金额进行了评估。关于DEA模型介绍、数据分析及详尽评估结果,请参阅《黄河三角洲高效生态经济区发展报告:2014》,此处不再赘述。

表8和表9分别列出了基于生产要素投入量评估的产出效率和生产要素支出金额评估的产出效率。根据两种评估效率的方法,有11家抽样企业的产出效率都位于20名之内,有17家抽样企业的产出效率都位于30名之内。上述结果表明,两种方法得到的评估结果总体上是较为一致的,这意味着该评估结果具有较强的可信度。不过,两种方法得出的结果存在一定差别,这可能主要是由各地生产要素市场发育不够成熟造成的。

表8　　基于生产要素投入量评估的产出效率

产出效率排名	是否黄河三角洲地区	抽样企业所属地区	主营产品或所属行业
1	是	滨州市滨城区	抽油杆、油井管
1	是	东营市广饶县	建筑
1	是	滨州市高新技术开发区	淀粉糖
1	是	滨州市高新技术开发区	曲轴加工
1	是	滨州市惠民县	农业
1	是	滨州市经济开发区	家纺

续表

产出效率排名	是否黄河三角洲地区	抽样企业所属地区	主营产品或所属行业
1	是	滨州市沾化县	轻工业
1	不是	济南市长清区	散热器
1	不是	济南市长清区	其他建筑业
1	不是	济南市天桥区	电解铜
1	不是	潍坊市临朐县	金属窗
1	不是	烟台市芝罘区	食品加工
13	是	滨州市高新技术开发区	化工行业
14	不是	济南市天桥区	纺织
15	不是	菏泽市牡丹区	电力运营行业
16	是	东营市利津县	棉纺织品
17	不是	枣庄市薛城区	焦炭
18	是	滨州市经济开发区	PVC-U、PVC-M、PE给水管材等
19	是	滨州市阳信县	供水设备
20	不是	济南市历城区	洗衣机
21	是	滨州市经济开发区	疫苗
22	不是	济宁市兖州区	铁路养路机械
23	不是	济南市济阳县	木工数控设备
24	不是	枣庄市滕州市	化工类
25	不是	德州市德城区	尿素
26	不是	烟台市龙口市	中央空调
27	不是	济南市长清区	水泥粉
28	是	滨州市无棣县	机械制造
29	不是	威海市文登市	玻璃管
30	不是	烟台市招远市	粉丝

注：本表引自《黄河三角洲高效生态经济区发展报告：2014》。出于篇幅考虑，仅列出产出效率前30名企业。

表 9　　基于生产要素支出金额评估的产出效率

产出效率排名	是否黄河三角洲地区	抽样企业所属地区	主营产品或所属行业
1	是	滨州市高新技术开发区	化工行业
1	不是	菏泽市牡丹区	电力运营行业
1	不是	济南市天桥区	电解铜
4	不是	潍坊市临朐县	金属窗
5	不是	济南市长清区	其他建筑业
6	是	滨州市沾化县	轻工业
7	是	滨州市滨城区	抽油杆、油井管
8	不是	枣庄市薛城区	焦炭
9	是	东营市利津县	棉纺织品
10	是	滨州市无棣县	轻革
11	不是	济南市长清区	散热器
12	不是	枣庄市滕州市	化工类
13	不是	莱芜市钢城区	钢铁
14	不是	济南市长清区	水泥粉
15	是	滨州市高新技术开发区	曲轴加工
16	是	滨州市邹平县	玉米油、铝合金
17	不是	济南市章丘市	电力、热能
18	是	滨州市阳信县	CPE、碳纤维制品
19	不是	潍坊市昌乐县	化工产品
20	不是	烟台市招远市	粉丝
21	不是	菏泽市郓城县	化工
22	不是	潍坊市高密市	化纤
23	不是	青岛市李沧区	建筑材料
24	是	滨州市惠民县	农业
25	是	东营市利津县	封隔器、堵塞器
26	是	滨州市北海经济开发区	给水管材、管件
27	是	滨州市惠民县	绳网

续表

产出效率排名	是否黄河三角洲地区	抽样企业所属地区	主营产品或所属行业
28	不是	济南市历城区	洗衣机
29	不是	济南市天桥区	纺织
30	不是	枣庄市滕州市	有机化肥

注：本表引自《黄河三角洲高效生态经济区发展报告：2014》。出于篇幅考虑，仅列出产出效率前30名企业。

2.抽样企业的能源利用效率

在本部分中，我们基于能源投入量和能源支出总额，考察抽样企业的能源利用效率。表10和表11分别描述了基于生产要素投入量评估的能源利用效率和基于生产要素支出金额评估的能源利用效率。经过观察可知，对于这两种评估效率的方法，有12家抽样企业的产出效率同时位于20名之内，有18家抽样企业的产出效率同时位于30名之内。上述结果表明，两种方法得到的评估结果总体上是较为一致的，这意味着该评估结果具有较强的可信度。但是，两种方法得出的结果存在一定差别，这可能主要是由于能源价格存在明显的区域差异造成的。造成能源价格出现区域差异的原因有很多，例如能源的运输成本、能源市场发育不成熟等等。

表10　　基于能源投入量评估的能源利用效率

能源利用效率排名	是否黄河三角洲地区	抽样企业所属地区	主营产品或所属行业
1	是	滨州市滨城区	抽油杆、油井管
2	不是	潍坊市临朐县	金属窗
3	不是	济南市长清区	散热器
4	不是	济南市天桥区	电解铜
5	不是	菏泽市牡丹区	电力运营行业
6	不是	济南市长清区	建筑业
7	是	滨州市惠民县	农产品
8	是	滨州市高新技术开发区	淀粉糖
9	是	滨州市沾化县	轻工业
10	是	滨州市高新技术开发区	曲轴加工
11	不是	烟台市芝罘区	食品加工

续表

能源利用效率排名	是否黄河三角洲地区	抽样企业所属地区	主营产品或所属行业
12	是	滨州市经济开发区	家纺
13	是	滨州市阳信县	供水设备
14	是	滨州市高新技术开发区	化工行业
15	不是	济南市历城区	洗衣机
16	是	滨州市经济开发区	疫苗
17	是	滨州市经济开发区	PVC-U、PVC-M、PE给水管材等
18	是	东营市广饶县	建筑
19	不是	济宁市兖州区	铁路养路机械
20	不是	济南市历下区	图文
21	是	滨州市无棣县	轻革
22	是	滨州市无棣县	机械制造
23	不是	济南市济阳县	木工数控设备
24	不是	日照市五莲县	机械安装
25	不是	烟台市龙口市	中央空调
26	不是	威海市文登市	玻璃管
27	是	滨州市无棣县	精密铸造
28	不是	枣庄市峄城区	服装
29	是	东营市利津县	棉纺织品
30	不是	烟台市龙口市	港口装卸

注:本表引自《黄河三角洲高效生态经济区发展报告:2014》。出于篇幅考虑,仅列出产出效率前30名企业。

表11　　基于能源支出金额评估的能源利用效率

能源利用效率排名	是否黄河三角洲地区	抽样企业所属地区	主营产品或所属行业
1	不是	菏泽市牡丹区	电力运营行业
2	是	滨州市高新技术开发区	化工行业
3	不是	济南市天桥区	电解铜

续表

能源利用效率排名	是否黄河三角洲地区	抽样企业所属地区	主营产品或所属行业
4	不是	潍坊市临朐县	金属窗
5	不是	济南市长清区	建筑业
6	是	滨州市阳信县	CPE、碳纤维制品
7	是	滨州市无棣县	轻革
8	不是	济南市长清区	散热器
9	不是	济南市长清区	水泥粉
10	是	滨州市邹平县	玉米油、铝合金
11	是	东营市广饶县	建筑业
12	是	滨州市惠民县	农产品
13	不是	莱芜市钢城区	钢铁
14	是	滨州市阳信县	供水设备
15	不是	济南市历下区	图文
16	是	滨州市北海新区	饲料生产销售
17	是	滨州市经济开发区	家纺
18	是	滨州市高新技术开发区	淀粉糖
19	不是	济南市	药品
20	是	滨州市无棣县	机械制造
21	是	滨州市沾化县	轻工业
22	不是	济南市历城区	洗衣机
23	是	滨州市高新技术开发区	机械
24	是	滨州市高新技术开发区	曲轴加工
25	是	滨州市高新技术开发区	化工
26	是	滨州市北海新区	海水育苗、养殖
27	不是	济宁市兖州区	铁路养路机械
28	不是	烟台市龙口市	中央空调
29	不是	济南市济阳县	木工数控设备
30	不是	潍坊市高密市	化纤

注：本表引自《黄河三角洲高效生态经济区发展报告：2014》。出于篇幅考虑，仅列出产出效率前 30 名企业。

3. 企业运行效率的区域差异

表 12 列出了黄河三角洲与山东省其他县市抽样企业的产出效率和能源利用效率。经过比较可知，基于生产要素投入量的结果表明，黄河三角洲抽样企业的产出效率均值和山东省其他县市差异较小，能源利用效率均值却低于山东省其他县市；基于生产要素支出金额的结果表明，黄河三角洲抽样企业的产出效率均值低于山东省其他县市，能源利用效率均值低于山东省其他县市。以上分析表明，黄河三角洲生产要素价格机制（尤其是能源价格）运行效率较低，对企业的产出效率和能源利用效率产生负面影响。

表 12　　不同区域抽样企业的产出效率

评估方法	抽样企业所属地区	抽样企业数（家）	效率	
			均值	标准差
基于生产要素投入量的产出效率	山东省其他县市	61	60.0000	37.1784
	黄河三角洲	60	60.9167	34.9427
基于生产要素支出金额的产出效率	山东省其他县市	61	62.6557	38.2147
	黄河三角洲	60	59.2667	31.8912
基于能源投入量的能源利用效率	山东省其他县市	61	66.0164	38.0791
	黄河三角洲	60	55.9000	31.2246
基于能源支出金额的能源利用效率	山东省其他县市	61	72.3115	38.1984
	黄河三角洲	60	49.5000	27.4118

注：本表引自《黄河三角洲高效生态经济区发展报告：2014》。

（二）抽样调查企业结果分析

在中国经济向低碳转型的背景下，黄河三角洲地区应该提高企业的能源利用效率和产出效率，进而提高经济的整体运行效率。基于此，本部分评估了黄河三角洲地区和山东省其他县市抽样企业的产出效率和能源利用效率，其主要贡献如下：

第一，从宏观经济层面而言，剖析黄河三角洲地区经济发展相对滞后的症结所在，为经济实现跨越式发展提供可控性、可量化、可操作性的政策工具。本部分旨在研究，如何通过提高经济运行效率来实现经济的跨越式发展。企业运行效率是技术进步的一个重要体现方式，而技术进步是经济落后地区实现经济跨越式发展的重要途径。同时，企业是市场经济的主体，其运行效率决定着整体经济运行效率，也关乎整个经济的发展水平。本部分采用国际上通用的研究范式，即采用DEA(数据包络)模型测度经济运行效率，剖析黄河三角洲地区和山东省其他县市运行效率的差距及形成原因。据此，本部分提出了通过提高经济运行效率来实现经济相对落后地区跨越式发展的有效路径，该路径具有可控性、可量化、可操作性等诸多优点。为此，黄河三角洲地区应该调整产业结构，加强生态环保建设。黄河三角洲地区高新技术产业和服务业发展相对滞后，重工业所占比重相对较大。通过调整产业结构，降低高耗能、高污染行业所占比重，可以加强黄河三角洲地区的生态环保建设，促进促进黄河三角洲地区循环经济的发展，实现社会的可持续发展。同时，黄河三角洲地区应该以改革为主要手段，促进形成完善的生产要素市场，以提高生产要素的配置效率。完善的生产要素市场，是实现生产要素有效配置的关键。本部分研究结果表明，黄河三角洲地区的生产要素价格相对扭曲，影响了企业的运行效率。为此，黄河三角洲地区应该促进形成完善的生产要素市场，进而为企业提高运行效率提供保障，为提高整体经济运行效率奠定基础。

第二，从微观企业角度而言，采用DEA模型，测度企业的产出效率和能源利用效率，探究提高企业竞争力的有效途径。企业是市场经济活动的主体，提高企业运行效率是提高整体经济的运行效率的关键。此外，自从2004年以来，世界市场能源价格高位运行，能源是生产过程不可或缺的投入要素。为此，本部分从企业角度展开研究，测度企业的产出效率和能源利用效率，探究不同企业之间运行效率差距及其原因。黄河三角洲地区应该以能源审计为主要手段，实现企业的节能增效。本部分研究结果表明，黄河三角洲地区抽样企业的能源利用效率，要低于山东省其他县市。因此，黄河三角洲地区应该积极提高企业的能源利用效率，在实现企业节能的同时，促进企业提高整体运行效率。不容忽视，能源审计是一个检验企业能源利用效率的有效手段。通过能源审计，黄河三角洲企业可以比较本企业与其他企业能效差距，剖析原因所在，并能据此提出有效的解决方案。不容也不应该回避，当前研究受限于数据瓶颈，缺陷非常明显。当前研究的最重要的缺陷便是，仅采用了黄河三角洲地区60家企业的研究数据(其中滨州市55家)，样本容量不足而使得研究分量大打折扣。如果说当前研究已经提供了一把“标尺”，可以测度黄河三角洲地区与其他地区之间的效率差距，那么，现存的主要问题是，该“标尺”的“刻度”不精确，不能进行精确度量，效率差距的形成原因及其解决方案就会出现偏差。

四、促进黄三角高效生态经济区循环经济健康发展的建议

(一)切实贯彻高效生态的发展理念

循环经济是高效生态经济的具体体现,作为全国高效生态的示范区,深入贯彻高效生态理念是对循环经济发展的促进。让高效生态的思维方式固化到我们的制度体系中去,特别是要自上而下地渗透到对工业化、信息化、城镇化等各个方面的决策、执行和评价中去。限制钢铁、电解铝等高耗能、高排放行业,鼓励企业发展循环经济,进一步完善促进落后产能退出的政策措施。

(二)完善循环经济的评价与监督体系

要建立和完善循环经济管理、运行及其监督机制。贯彻促进循环经济发展的各项法律规章,建立涵盖"投入—生产—废弃物处置"全过程,完善而有效的循环经济监督机制,将循环经济的每个环节都落到实处。引导社会大众参与对循环经济的监督评价过程,完善发展相关的规划、评价和考核制度。实时监管重点企业制度、标准标识管理制度、表彰奖励和惩处制度等。

(三)制定区域内油盐化工循环经济规划

黄三角油盐化工行业发展循环经济具有全国示范意义。在发展中遵循生态规律,应用循环经济理论和系统工程的思想,通过实施技术集成创新,拓展发展空间,提高企业效益,总结出了一套行之有效的循环经济之路。该区域企业众多,需要制定该行业的循环经济规划,将一些行之有效的循环经济发展方法进行推广,尤其是需要推广资源能源利用、污染集中治理、基础设施、运行管理等方面的优化、提升经验。在区域层面切实推进转方式、调结构,建设资源节约型、环境友好型社会,提高生态文明水平。

(四)强化技术创新的引导作用

循环经济低能耗、低污染、低排放,最终要依靠各种创新。通过科技创新支撑循环经济发展,促进经济结构调整、转变发展方式,提高产业和产品的核心竞争力,使资源最大化利用,提高投入产出高效率,增强区域可持续发展。通过制度创新,在环境保护和污染物排放上采取严格措施,引导企业在技术的选择上采用高效率的技术。制定 R&D 补贴策略,促进企业从事循环经济关键技术的研发工作。

(五)充分重视能源调控重要性

企业发展循环经济一方面对企业的生产效率有可能会起到正面的促进作

用，使得企业利润增加；另一方面是靠政府政策的引导，环保政策趋严，国家和地方加大对污染排污的排放成本和违规排放的惩罚力度，将会对企业发展循环经济起到促进作用，而能源供给是对企业发展循环经济起到非常大的杠杆作用，政府适当关闭该地区的自备电厂将对该地区企业发展循环经济有正面促进作用。

黄河三角洲高效生态经济区四大港区发展现状与展望

自 2009 年黄河三角洲高效生态经济区规划批复以来，黄河三角洲地区的发展上升为了国家战略。其中临港产业布局概括为“四港、四区、一带”，即围绕着莱州港、潍坊港、东营港、滨州港四个港口搞四个开发区，在北部形成一个沿海经济发展带。《黄河三角洲高效生态经济区现代物流业发展规划》进一步明确了“两中心、一带、两翼”的物流业发展布局，重点依托东营、滨州、潍坊、莱州四个港口，建设环渤海湾物流产业发展带。

四大港区发展对于黄三角高效经济区建设具有重大意义。港口与城市经济是一种双生共存的关系，随着临港产业的规模发展，“城以港兴，港城联动”的发展趋势越来越明显。四大港区发展实现了区域发展由“背海发展”到“面海发展”的战略转移。本专题在进一步论证了四大港区发展的必要性和可行性的基础上，总结了四个临港产业区港口、产业和城市发展的成就和问题，并提出四大港区发展的总体思路、重点和体制保障，为四大临港产业区重大决策提供借鉴。

一、黄河三角洲四大港区的发展条件

黄三角区域包括山东省的东营市、滨州市，潍坊市的寒亭区、寿光市、昌邑市，德州市的乐陵市、庆云县，淄博市的高青县和烟台市的莱州市，共 19 个县（市、区），陆地面积 2.65 万平方公里。全区位于京津冀都市圈与山东半岛的结合部，与天津滨海新区最近距离仅 80 公里，和辽宁沿海经济带隔海相望，是环渤海地区的重要组成部分；西连中西部广阔腹地，南靠长三角北翼，向东出海与东北亚各国临近，具有深化国际国内区域合作、承接国际产业转移、加快开放开发的有利条件。

根据黄河三角洲高效生态经济区规划要求，东营临港产业区将建设石油化工基地、能源储备基地，建成环渤海经济圈重要的物流节点、鲁北及晋冀区域性物流中心和重要物资集散地；滨州临港产业区将着力打造先进制造业、绿色化工、资源综合利用、现代物流、农产品加工等五大产业集群，建成黄河三角洲高效生态经济建设的先导区，环渤海区域性物流中心，重要的蓝色经济集聚区，生态和谐的宜居新城；潍坊北部临港产业区建成海洋循环经济试验区，特色海洋产业集聚区，蓝黄战略融合发展示范区，生态宜居滨海新城；莱州临港产业区建成黄河三角洲高效生态经济区的先行区，烟台西部重要的经济增长极。

(一)区位优势明显

东营港区地处环渤海湾港口布局的适中位置，距天津港 90 海里，距大连港 122 海里，是东北经济区与华北、中原经济区交通通道的中心控制点。东营港和东营港经济开发区水上交通十分方便，出渤海湾与国内外各港口相通。陆路交通非常发达，与首都北京、省会济南和天津、青岛等重要港口城市都有高等级公路连接。

滨州港地处渤海经济圈和黄河经济带的交汇处，是山东省西北部的主要出海口。目前荣乌、济青高速公路构成了北海经济开发区与北京、天津、威海的直接联系，并以此为基点辐射全国主要城市。疏港公路、新海路及省道线等干线公路构成了北海经济开发区与滨州市区、周边县市的便捷联系通道。黄大铁路、德龙烟铁路的规划建设，将与朔黄铁路、胶济铁路、京沪铁路相互连接，联系沿海港口，拓展内陆腹地，为开发区提供便利的铁路运输条件。航空客运依托济南、天津机场，车程均在 1.5 小时以内，货运则依托滨州、东营机场，实现与全国主要城市的物流对接。

莱州港产区地处渤海东南岸，与辽东半岛、天津滨海新区隔海相望，是青岛、烟台、潍坊三市的枢纽地带，连接黄河三角洲高效生态经济区、山东半岛蓝色经济区和胶东半岛高端产业聚集区三大板块的重要结合部，大莱龙铁路、威乌高速贯通全境，原 206 国道、三城线、文三线等国、省主干道四通八达，距烟台、潍坊和青岛机场均在 100 公里左右，发展临港产业的条件得天独厚。

潍坊港区地处山东半岛中部，山东省东西沿海经济带的中心区域，是山东省重要的区域中心城市和沿海开放城市。潍坊港位于潍坊市北部沿海，西临淄博、东营，东连青岛、烟台，港口后方集疏运体系畅通，区位条件优越。

(二)自然资源富集

东营港区内全部为国有未利用土地，是我国东部沿海地区后备土地资源最多、开发潜力最大的地区之一。土地成方连片，没有耕地，不涉及“三农”，适宜发展各类临港产业，特别是生态化工产业、现代物流业。该区是环渤海地区淡水资源十分丰富的地区，黄河在东营入海，流路稳定，多年平均净流量 228 亿立方米，保持了十年不断流。蓄水能力 1720 万立方米的孤东水库和蓄水能力达 1 亿立方米的孤北水库,可以支撑大规模开发建设需要。

滨州临港产业区位于山东省最北岸,渤海湾西南岸,规划总面积 1500 平方公里,人口 4.6 万,是全国沿海人均土地最多的地区之一,也是国内沿海后备土地资源最为丰富的地区之一。北海经济开发区地广人稀,以滩涂、盐碱地、盐场为主,地势平坦,工程条件相对较好,拥有大规模开发建设的土地资源;其西北部是滨州贝壳堤岛与湿地国家级自然保护区,生态环境优越,区域自然条件较好。

潍坊港区各类资源丰富,尤其是旅游资源独特。作为潍坊市面向渤海湾南岸的重要发展地区,潍坊滨海因其滩涂资源、盐田资源的先天优势,未来发展过程中具有较大的功能拓展空间。相比潍坊市其他市辖区、开发区而言,潍坊滨海的用地资源足以承担起全市海洋经济发展主战场的历史使命。潍坊滨海的海洋浅滩资源可以说是地区的稀缺旅游资源。区域内比降为 3000∶1 的滩涂资源,加上已经建成的沿海防护堤,形成了几十平方公里的、具备了防潮防浪功能的水上活动区域。

莱州港区海岸线长 108 公里,海域面积 3900 平方公里;未利用土地 30 多万亩,是蓝色经济区九大集中集约用海片区之一。已探明矿产资源 30 多种,其中,已探明黄金储量 800 吨,居全国第一位,菱镁石储量居全国第二位;陆地、海上都具备建设风电的条件,风电规模位居全省首位;自然景观独特,文化底蕴深厚,是重要的滨海旅游度假胜地,建设临港产业区具有持续的资源保障能力。

(三)产业基础雄厚

四大港区具有广阔的经济腹地优势。四大港区直接经济腹地为山东东营、淄博、滨州、德州和潍坊等地市,间接经济腹地包括济南、泰安和聊城,并可辐射冀南、晋中等地区。四大港区其腹地煤炭、矿产资源十分丰富。黄河三角洲区域内经济发展相对落后,但由于第一产业及第二产业中采掘业、冶金和石油化工等重化工业所占比重较高,为港口经济的发展带来了极大的潜力。近年来,黄三角区域固定资产投资高速增长,这也为四大港口经济长期增长打下了基础。

东营港区所在东营市是山东省省辖市,下辖三县两区,全市土地面积 8053 平方公里,人口 180 万。东营港经济开发区经过多年发展,该区域已经形成了石油化工、盐化工、纺织业、机械电子产业、轮胎产业、造纸工业、食品工业等优势产业,尤其是石化产业得到迅猛发展。东营港后备陆域广阔,可以充分发挥临海优势,向内陆腹地辐射,逐步形成以港口为核心的临港产业和替代产业。

滨州港区主导产业优势明显。已经形成了优势比较突出的航空航天、电子信息、石油开采及加工、海洋化工、现代冶金、汽车及装备制造、食品加工和生物制药等八大主导产业,具备了比较雄厚的产业基础,形成了高新技术产业群。这些产业科技含量高,产业链长,辐射功能强。

潍坊港区产业体系较为完备。在山东海化等大型企业的带动下，潍坊滨海的工业部门已建立了较为完整的循环经济体系，具有良好的盐化、石化工业基础，在国内乃至世界范围内具备的一定的竞争优势。同时产业体系未来升级条件日趋成熟已具备石化盐化一体化的条件。

莱州港区所在莱州市产业基础良好。经过多年的培育和发展，形成了一批特色突出、竞争力较强的支柱产业，机电、黄金、盐及盐化工等主导产业的优势地位进一步巩固，高新技术产业和循环经济发展步伐加快。2011 年，区内地区生产总值达到 320 亿元，规模以上工业总产值达到 850 亿元，生物产业、装备制造、新能源等战略新兴产业产值占 50%以上。现代物流已经成为新的主导产业，初步形成了临港物流和加工制造业相互促进的发展格局，滨海旅游呈现加速发展态势。出口总额达到 6.6 亿美元，实际使用外资 6200 万美元，引进市外国内资金 38 亿元，是开放合作的高地，建设临港产业区具有坚实的基础。

（四）承载能力较强

东营港区自然环境承载力较强。港区多年平均径流量 228 亿立方米，港区一次性蓄水能力达 1.17 亿立方米。港区电力供应充足。生态产业区、仓储物流区、中央商务区“三大片区”配套建设进展顺利。重点实施道路、填土、绿化、水系、供电、消防、给排水、污水处理等设施完善。

滨州形成以科技创新、研发办公、商务金融、会议接待等功能为主，是设施配套完善的创新型研发服务中心。新城建设因地制宜，个性特色鲜明，营造富有冲击力和感染力的城市景观，充分体现独具特色的地方文化和生活特征，构筑资源节约、环境友好、宜业宜居、和谐共生的生态住区。

潍坊港区城市综合服务区初步形成以中央商务核为中心，采取倒 T 字形、中心积聚的空间布局模式，形成向周边产业组团和生活组团指状辐射的形态。城市综合服务区由中央商务服务、高效总部商务、会展文化服务和中央商务拓展四部分构成。初步构建了“工”字形格局的生态安全网络，形成“三带、四核、八廊、水网”的生态安全格局。

莱州港区生态环境承载力较强。水动力条件较好，自净能力较强，近岸海域功能区水质达标率为 100%，生态修复和环境治理取得显著成效，是黄河三角洲区域生态保护较好的区域之一。近岸海域生态环境质量总体良好，能够为临港产业区建设提供有力的支撑。

二、黄河三角洲四大港区发展的现状与问题

黄河三角洲地区的发展上升为国家战略以来，港区建设进程加快，基础设施

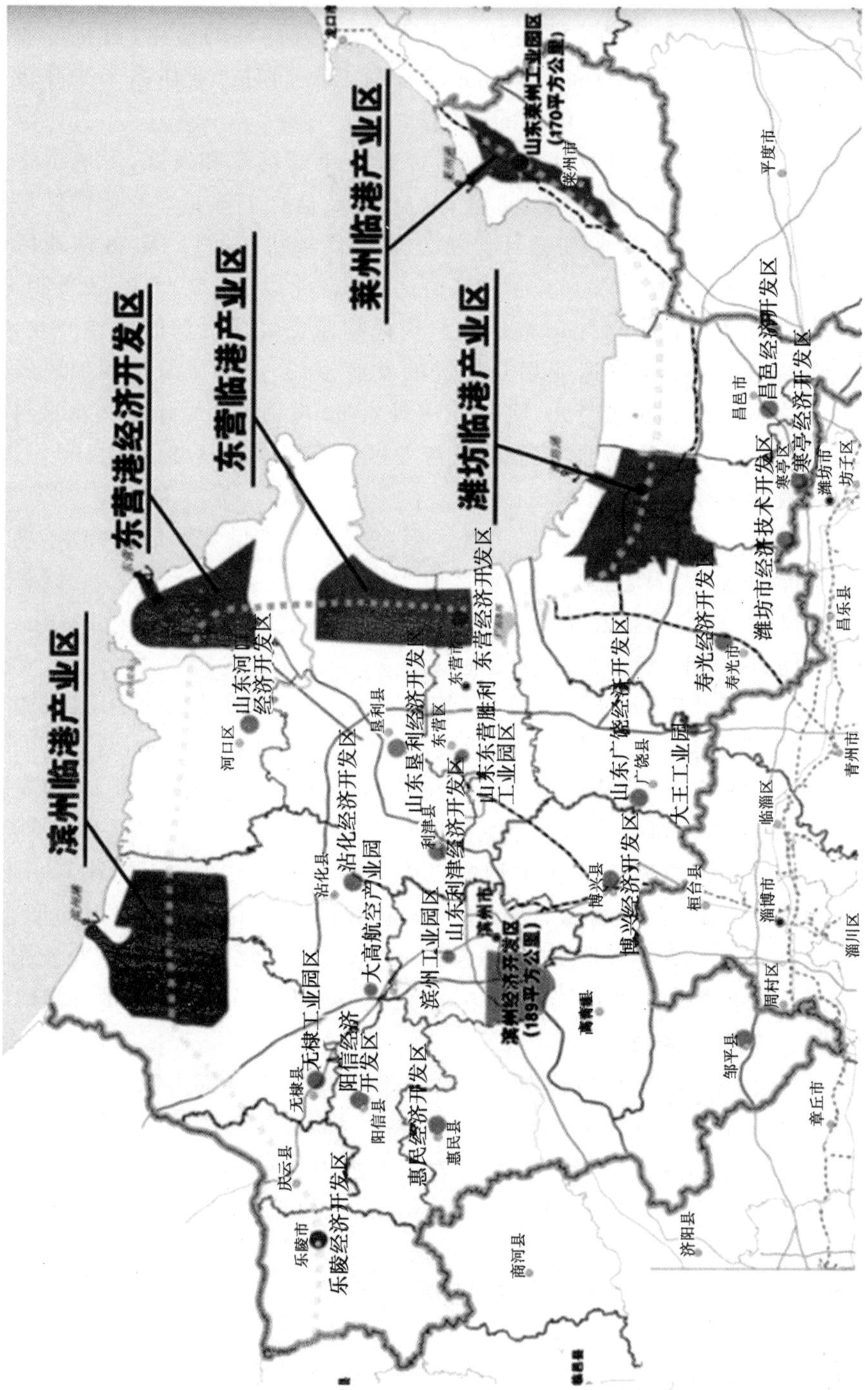

图1 黄河三角洲四大临港产业区区位图

等重点项目加速推进；提升产业调整步伐，形成临港产业集聚发展态势，园区承载功能得到进一步提升；港口新城建设进度加速，腹地支撑迅速扩大；同时交通设施不断完善，港区对接进程加快，金融支撑力度加大，黄三角地区正逐步探索建立适合地区发展的港产城联动机制。

但是仍存在一些比较突出的问题，主要表现为：港口规模效益不显著；重复建设问题凸显，港口同质化竞争激烈；支撑产业中油盐化工所占比例过大，产业结构有待升级；新城建设相对滞后，投资环境亟待改善，港产城联动机制尚处与探索阶段；资金平衡机制需进一步完善。

（一）黄河三角洲四大港口及产业区概况

东营、滨州、潍坊和烟台莱州等四大港口为依托，形成东营临港产业区、滨州临港产业区、潍坊北部临港产业区和莱州临港产业区等四大产业区。自 2009 年以来，四大临港产业区发展迅速。港口建设速度加快，新增一批万吨级泊位，实现运营集装箱业务突破；临港铁路、公路建设加快，初步形成现代物流体系。围绕精细化工、油盐化工、船舶制造、清洁能源、船舶发动机和汽车制造等优势产业，临港园区承载能力大幅提升，已经形成产业集聚与城市功能互补的态势。截至 2014 年，已经初步形成临港物流和现代加工制造业发展，生产要素的合理流动和优化配置，特色产业集群的四大港区发展机制。

1. 东营港区

东营港位于渤海湾湾底西南处，黄河入海口以北约 50 公里的渤海湾和莱州湾交界处，北距天津港 90 海里，东距龙口港约 72 海里，隔渤海与大连港相距 122 海里，出渤海海峡与国内外各港相通，水上交通运输十分便利，优越的地理位置使东营港具有对内、对外双向辐射的区位优势。2014 年，东营港实现货物吞吐量达 2600 万吨，同比增长 107%。

港口规模和能力。2014 年，东营港口建设共完成投资 84180 万元。截至 2014 年底，东营港拥有码头泊位 40 个，最大靠泊能力 5 万吨级，年通过能力已突破 3000 吨，完成旅客运送近 19 万人次，车辆近 8 万辆次，运营仓储罐区 5 个，港口企业 27 家。随着集装箱码头的改建完成，东营港口不断拓展业务空间，与以大连港为首的东三省各港口码头开辟了集装箱运输的业务往来，开创了东营集装箱运输业务的先河。目前，东营港已经发展成为以油品、精细液化品、散杂货、客货滚装以及集装箱运输的综合性港口。

2. 滨州港区

滨州港是京津冀和山东半岛两大经济区的连接枢纽，处于黄河三角洲腹地，是环渤海经济圈与济南都市圈的交汇点，陆上距离青岛、济南、天津、北京等地均在 300 公里范围内。海上距离天津滨海新区 68 海里，与河北曹妃甸海上直线距离72海里，距离韩国约430海里，距离日本约700海里，具有得天独厚的区位优势。

滨州港是《黄河三角洲高效生态经济区发展规划》与《山东半岛蓝色经济区发展规划》两大国家战略规划建设的重要港口之一，是省会济南都市圈唯一和最近的出海通道，已被交通运输部和山东省人民政府由地方一般港口提升为地区性重要港口，并纳入全国沿海港口建设布局规划，成为山东省建设“东北亚国际航运综合枢纽”的重要一环。滨州港一期工程全部建成，二期工程已全面展开，在功能定位、规划前期、项目储备、工程建设、基础设施、发展方式等方面取得重要阶段性成果。已成为“环渤海经济圈”的关键一环、“半岛城市群”的重要一翼和济南都市圈的主要成员。

按照《滨州港总体规划》，滨州港规划为套尔河、大口河和海港港区3个港区。套尔河港区梯次规划整理岸线45公里，建设100～500吨级泊位80个，设计年通过能力200万吨，打造河海联运黄金水道，拉动滨州临港经济低成本快速发展。大口河港区规划建设大口河东岸及鲁北运河100～300吨级泊位20个，设计年通过能力50万吨，为鲁北国家级循环经济示范基地建设和持续快速发展打造坚实平台。海港港区通过双堤环抱式港池建设，新增深水岸线3公里，远景规划建设3万～20万吨级深水泊位90多个，形成2亿吨以上吞吐能力；中长期规划建设原油、液化、煤炭、原盐、集装箱、件杂货等3万～10万吨级泊位50余个，打造黄河三角洲亿吨以上区域性综合港口。

3. 潍坊港区

潍坊港（中港区）位于渤海湾潍坊滨海经济技术开发区海岸，是潍坊及周边地区对外开放的重要“海上通道”，是黄河三角洲开发建设的四个重要港口之一。

潍坊港于1996年开工建设，1998年正式通航运营。为进一步发展港口经济，建设万吨级以上深水泊位，2005年，潍坊市政府引入马来西亚森达美集团投资成立了潍坊森达美港有限公司。2009年，潍坊港正式成为国家一类开放口岸；2010年12月经山东省人民政府商交通运输部同意批复为地区性重要港口，港口腹地进一步延伸到潍坊以外的周边地区。货种主要有原盐、纯碱、油及液体品、铝矾土、煤等30多个品种。货源涵盖化工、能源、粮食、造纸、建筑、机械加工等多个行业领域。

截至2014年，码头岸线总长5775米，3个万吨级泊位正式对外开放，3个两万吨级、5个5000吨级泊位已投入使用，5万吨级航道和码头获批并已开工建设，预计到“十二五”末，潍坊港码头泊位可达到34个。据统计，2014年，潍坊港吞吐量突破2600万吨，累计完成2603万吨，同比增长12％。中港区已建成3个20000吨级多用途泊位，5个通用泊位码头正在建设中。

4. 莱州港区

莱州港地处烟台市最西端，是距鲁中、鲁北、鲁西距离最近的深水港口。近年来中海港务(莱州)有限公司充分发挥港口的地理位置优势，不断加大对港口的投资力度，全方位推进创新活动，港口硬实力和软实力得到大幅提升。2014 年，莱州港拥有生产性泊位 12 个，其中专用液化品泊位 7 个，1 个 10 万吨液体化工品专用泊位，2 个 5 万吨液体化工品专用泊位，最大靠泊能力从 5 万吨级提升到 8 万吨级；10 万吨级油品泊位 1 个，最大卸油能力 4800 立方/小时；2 个 5000 吨级大宗散货通用泊位，3 个万吨级散货泊位，总设计年吞吐能力 2000 万吨。

莱州港"十三五"期将主要抓住黄河三角洲发展的历史机遇，以黄河三角洲港口群为投资和业务发展重点区域，以油化品、矿石为核心货种，以资本合作、租赁经营为主要发展手段，以提供现代物流供应链综合服务为业务发展模式，实现港口物流业务的持续稳定快速发展。

(二)黄河三角洲四大港区的发展成就

1. 港口建设进度加快，重点项目加速推进

港口规模加速扩张。港口建设在沿海开发中的地位和作用是由港口在地方经济社会发展中的贡献所决定的。黄三角是环渤海经济圈的重要组成部分，与天津滨海新区隔海相望，东连胶东半岛，南靠济南城市圈，是环渤海经济区与黄河经济带的交汇点，处于连接中原经济区与东北经济区、京津唐经济区与胶东半岛经济区的重要位置，港口运营水平显著提升，2013 年全年完成吞吐量 5617 万吨。黄三角港口经过数年发展，成绩显著，港口基础设施规模扩大，生产能力增强，港口的服务能力和水平明显提高。近年来，伴随我国经济的快速发展，港口发展速度和建设脚步加快，港口密度骤然增大。在"十一五"期间，中国经济尤其是对外贸易发展对运输的需求不断增加，直接推动中国港口建设投资的增长，为港口扩张提供动力。

港口货运能力实现突破。港口的集装箱吞吐情况不但反映腹地经济的发展水平，而且还是腹地经济类型的一种表现，是运输现代化的重要标志。对腹地经济的贡献是原油的 4 倍左右、煤炭的 2 倍左右。集装箱运输规模已成为衡量港口城市是否具有航运中心地位的主要标志，港口集装箱的吞吐量是衡量港口是否是枢纽港的主要指标。基于此，黄三角加快港口建设进度，加大港口扩建工程，港口疏运体系进一步完善。

核心港口龙头带动功能初显。四大港口除滨州港尚未通航外，其他三大港口均已具备万吨级泊位及航道。滨州港 2 个 5 万吨级、2 个 5000 吨级液体化工码头已于 2011 年建成投用，潍坊港 3×2 万吨级泊位、2×5 万吨级泊位及航道的投产形成明显的助推效益，莱州港两个 7 万吨级通用泊位、两个 5 万吨级煤炭泊位正在建

设，2014 年，滨州港已经实现了正式通航，能够停靠 3 万～5 万吨级船舶。

港口规模分化明显，货物吞吐能力增幅较大。从港口自身发展历史来看，随着政策、资金的投入，经济形势的好转以及时间的推进，港口货物吞吐量在显著提升，潍坊港和莱州港由于建港较早，货物吞吐量呈现较大规模，两港在 2013 年分别实现港口货物吞吐量 2332 万吨和 1752 万吨，四大港口主要以矿石和油品运输为主，见表 1。

表 1　　2013 年四大港口货物吞吐量　　单位：万吨

港口	货物吞吐量			
	矿石	煤炭及制品	油品	合计
东营港	92	128	529	1421
滨州港	558	—	8	1112
潍坊港	393	396	247	2332
莱州港	560	120	890	1752

资料来源：根据《中国港口年鉴（2013）》有关资料整理。

2013 年，四大港口泊位长度最长的是潍坊港，滨州港泊位长度最低；泊位数东营港港和潍坊港最多，滨州港最少；而泊位年通过能力，目前，莱州港最为完善，具备油品和煤炭制品运输能力；东营港已经具备汽车和旅客运输条件，见表 2。

表 2　　2013 年四大港口泊位及其年通过能力

港口	泊位		泊位年通过能力					
	泊位长度（米）	泊位数（个）	矿石（万吨）	煤炭及制品（万吨）	油品（万吨）	集装箱（万 TEU）	汽车（万辆）	旅客（万人）
东营港	2287	28	—	—	50	—	2	8
滨州港	1126	10	—	—	—	—	—	—
潍坊港	2445	15	—	—	—	—	—	—
莱州港	2273	12	1500	300	1500	—	—	—

资料来源：根据《中国港口年鉴（2013）》有关资料整理。

东营港建港时间较晚，基础稍弱，但增长速度显著，2008～2013 年，东营港货物吞吐量从 64 万吨增加到 1421 万吨，增幅高达 2120.31%。另外，四大港口中，潍坊港泊位长度最大，为 2287 米，是滨州港泊位长度的 2.17 倍，东营港、莱州港居中。

港口总体带动能力增强。港口是区域经济发展的重要资源，是带动区域经济发展的核心战略优势，港口经济已经成为区域经济发展的增长极。2012 年全年，黄三角地区进出口总额为 251.9 亿美元，同比增长 10.7％，远高于全省 4.1％的增长率。

港口促进黄三角区域内各县区的经济外向度提升。一般而言，港口规模在很大程度上影响贸易规模。以半年度县区进出口总额数据为例，2013 年 1～6 月份，东营区、莱州市、寒亭区、滨城区等距离港口较近的几个县市区进出口总额绝对量远高于相对较远的县市区。当然，进出口总额还会受到地区产业结构、产业规模以及进出口政策等因素的影响。对加总数据而言，明显可以看出地区进出口差异，潍坊、莱州以及东营等港口发展迅速的市进出口总额较大，而对于尚在建设中并未通航的滨州而言，进出口额稍差，见图 2。

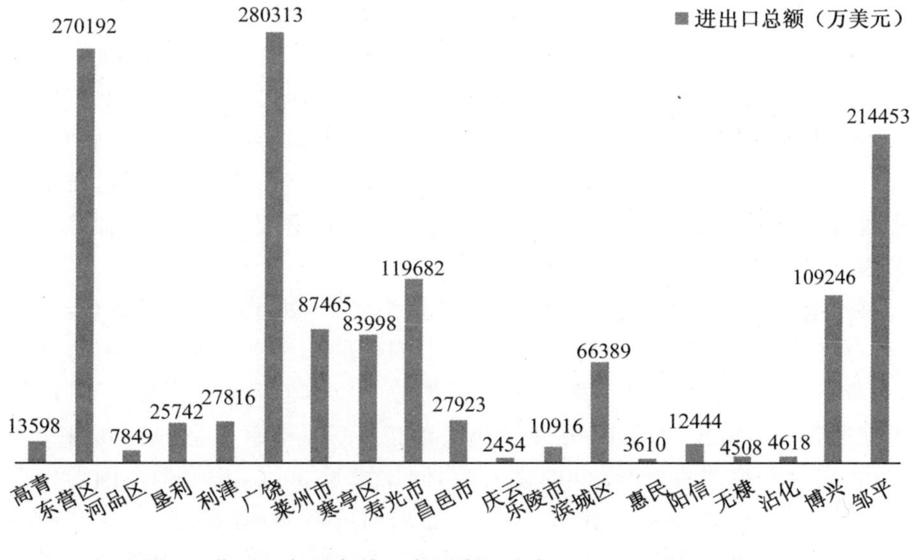

图 2　黄河三角洲高效生态经济区分市县进出口总额绝对量

资料来源：2013 年 1～6 月《蓝黄监测月报手册》。

黄河三角洲港口建设主要围绕东营港、滨州港、潍坊港和莱州港四大港口展开。各港口前期发展基础迥异，滨州港已经通航，港口建设进展较快，未来几年进入快速发展期。东营港等其他三个港口近期港航能力也发展加快，对产业聚集形成有力支撑。

东营港明确发展定位，改建扩建工作有序推进。2014 年以来，针对东营地区石油资源丰富、化工产业集聚、市场需求旺盛的特点，东营港重点建设石油及液体化工品专用码头，目前已有 38 个泊位投产，与之配套的公共管廊带达到 30

公里，液体化工品仓储能力突破400万立方米。万通2×2万吨级、宝港2×5000吨级液体化工品码头等4个码头获得了省人民政府对外开放的批复后，东营对外开放码头泊位已达到6个。东营港已逐渐发展成为环渤海地区最大的油品和液体化工品特色港口。

滨州港建设进度加快。截至2014年，滨州港五大重点工程建设进展顺利。其中，西防波堤(含防潮堤)工程堤身主体结构已完成，达到3/10万吨级航道开挖掩护条件。2015年，滨州港2×3万吨级散杂货码头工程竣工验收，港务集团将全面与青岛港展开合作，成立合资公司，共同运营2×3万吨级散杂货码头。滨州市将在2015年全力推进滨州港海港港区建设，着力建成防波堤二期工程，建设防波堤15.66公里，同时建成规模为17.6公里3万吨级单向航道。

潍坊港运输能力实现突破，综合服务能力和竞争力显著提升。潍坊港一直以散杂货、集装箱业务一体的综合性大港为发展目标，各项业务均实现较大发展。2014年1～10月，潍坊港完成集装箱吞吐量130315万标箱，完成年度计划的130.32%。2014年5万吨级航道工程开工，预计2015年实现船舶通航，2020年航道规划实现10万吨级船舶通航，将大幅提高港口综合竞争力。届时，潍坊港将具备集装箱、散杂货、液化品、客货滚装、海河联运五大服务功能，潍坊港将有望成为贯通渤海湾两岸经济带陆海联运大通道的重要节点，山东省综合运输体系的重要枢纽、海河联运区域物流中心。

莱州港立足地缘优势，打造黄三角的“桥头堡”。处在山东半岛蓝色经济区、黄河三角洲高效生态经济区两大国家级战略规划中，莱州市作为两区叠加的区域，有着显著优势。2012年，莱州港8号泊位10万吨级改造全面完工，成为黄三角地区首个建成投运的10万吨级码头泊位；2013年莱州港的吞吐量又实现了快增长，全年完成吞吐量2000多万吨，同比增长36%，几乎是全国港口业平均增速的2倍，2014年莱州港22#、23#通用泊位项目，海庙港5#、6#通用泊位项目，莱州渔业文化旅游中心项目通过省厅审核；莱州港10万吨级航道工程项目进行了海洋环评。下一阶段，莱州港将建成15万吨的深水泊位，泊位由现在的12个增加到39个，预计到2016年，莱州港将建成10万吨级泊位5个、5万吨级泊位9个，港口吞吐能力将超过亿吨。

2. 临港产业加快集聚，园区承载功能提升

临港产业加快集聚，后发优势凸显。在黄河三角洲高效生态经济区建设中，东营、滨州、潍坊和烟台莱州四个临港产业区充分发挥各自优势，加快发展，在山东转方式、调结构中发挥了重要作用。山东省对四大临港产业区进行整体规划，由山东省发展改革委出台的《黄河三角洲高效生态经济区四大临港产业区发展规划》，进一步明确了临港产业区的具体范围和发展重点，这将有利于各临港产

业区协同推进、争创区域发展新优势，形成山东经济发展的新亮点。

目前，四大港口产业正在形成初步集聚，如表 4 所示：东营临港产业区建设石油化工基地、能源储备基地，建成环渤海经济圈重要的物流节点、鲁北及晋冀区域性物流中心和重要物资集散地；滨州临港产业区着力打造先进制造业、绿色化工、资源综合利用、现代物流、农产品加工等五大产业集群，建成黄河三角洲高效生态经济建设的先导区，环渤海区域性物流中心，重要的蓝色经济集聚区，生态和谐的宜居新城；潍坊北部临港产业区建设海洋循环经济试验区、特色海洋产业集聚区、蓝黄战略融合发展示范区、生态宜居滨海新城；莱州临港产业区建设黄河三角洲高效生态经济区的先行区，成为烟台西部重要的经济增长极。

表 4　　黄三角四大临港产业区发展情况

名称	位置	面积	临港产业区发展重点
东营临港产业区	东营港经济开发区	232 平方公里	建设石油化工基地、能源储备基地，建成环渤海经济圈重要的物流节点、鲁北及晋冀区域性物流中心和重要物资集散地。
滨州临港产业区	北海经济开发区	526 平方公里	建设国家级循环经济示范区，环渤海地区物流中心和油盐化工、船舶制造、清洁能源、生物制药等产业聚集区。
潍坊北部临港产业区	潍坊滨海经济技术开发区	677 平方公里	依托潍坊滨海经济开发区，打造船舶发动机和汽车制造、科技兴贸创新和全国最大的海洋化工基地，建成国家级循环经济示范区。
莱州临港产业区	包括三山岛等 9 个镇的沿海区域	350 平方公里	发展现代物流业，建成电力、冶金、精细化工、机械制造、滨海旅游、生物育种等产业聚集区。

园区承载能力不断增强，引领带动作用显现。截至 2013 年，四大临港产业区进驻企业 1206 家，总产值达到 3000 亿元，占黄三角地区生产总值的 71%。依托 30 家省级以上经济（技术）开发区，积极推行园中园和一区多园模式，形成了主营收入过 50 亿元的各类特色园区 23 家。东营、潍坊、邹平等 3 个开发区升级为国家级经济技术开发区。

东营港坚持优化调整产业结构，努力打造特色产业园区。东营港经济开发区，大力发展临港经济，打造现代生态化工基地和国际物流港。投资 930 亿元实施了一批重大项目，形成了突破崛起之势。积极发展县域经济，制定出台了推进县域科学发展、支持利津加快发展等政策，推进各县区协调发展跨越发展。2012 年各县区经济增幅都在 16.9%以上，广饶县在全国百强县中居第 57 位。2013 年所有县区公共财政预算收入基本都达到 10 亿元以上。河口区在抓好已有企业增资扩规的同时，大力实施产业招商，借助外力加快发展，华锐集团、海螺集团、江西正邦、新加坡澳亚集团、印尼佳发集团等国内外行业巨头纷纷落户，绿色生态化工、高端装备制造、高效生态农业、战略性新兴产业等主导产业初具规模，产业配套和集聚发展能力明显增强。

重点工程有序推进，建设进程骤然加快。1500 万吨中海油原油上岸、8 个业主码头开工、5 个生态工业园和 3 个临港物流园启动，在腹地扩大、基础设施统筹和社会管理职能转移三大利好的催动下，轻装上阵的东营港开发区，建设进程骤然加快。而港区一体化后的河口区，也正在进入发展的加速度。成立不久的蓝色经济开发区，只用四个半月就完成了一年的基础设施建设任务，7 个 10 亿元以上的产业项目已经全面开工。

莱州港着力建设黄三角坚强桥头堡和出色排头兵。莱州港区位优势也促进了临港产业的发展，临港仓储、物流、加工"三箭齐发"。园区内已建成各类油化品仓储设施 170 万立方米，园区将陆续加快推进项目华大油品仓储二期、国家粮食储备库、耀铸进口铁矿石集散中心等项目。按照以油品、液体化工品以及矿产品为主的定位，在港口附近的莱州工业园内，规划有 17.5 平方公里的临港工业区和 6.2 平方公里的临港物流园区，目前包括香港华大控股、大通石油等 10 家油化品仓储企业已进驻在内。目前，园区已经形成了以临港产业、黄金开采及深加工、玉米育种、水产育苗及养殖为主导的产业格局。

园区承载功能不断完善，现代物流业快速崛起。莱州临港物流园区跻身全省服务业重点园区，成为黄三角地区唯一省级物流园区。企业集群效应逐步显现，中化工、新加坡德力西等 19 家国内外大企业入驻园区。一批重大项目顺利实施，总投资 14 亿元的莱州至昌邑输油管道项目日前全部竣工投运，新增仓储能力 100 万吨。

潍坊港狠抓重点园区开发，以招商促发展。产业园区建设稳步推进。昌邑潍坊滨海产业园区建设稳步进行，与此遥相呼应的是昌邑滨海（下营）经济开发区建设加速推进。昌邑市按照潍坊滨海开发"一体两翼"的总体战略布局，举全市之力突破昌邑潍坊滨海产业园建设和昌邑滨海开发。

重点园区加快开发。"一区一园"发展规划上报省政府待批。滨海区"一城四园"完成规模以上固定资产投资 205 亿元，总配套面积达到 160 平方公里。高新区"63513"示范工程顺利推进，10 个特色产业园区形成规模，新兴高端产业占比达到 66%。综合保税区二期围网具备条件，服务功能进一步显现，寿光（羊口）、昌邑（下营）两个开发区建设加快推进。

3. 港口新城建设加速，腹地支撑迅速扩大

黄三角临港产业园坚持规划先行，强化规划的前瞻性和权威性，促进新农村规划、城镇总体规划与港口新城建设相协调，形成布局合理、功能完善、生态良

好、环境优美的港城发展新格局。

完善新城顶层设计，应对人口快速增长。黄三角港区开发热潮的掀起，数以十万计的产业工人以及科技、管理、专业技术人才大量涌入。从黄三角最西端的乐陵到最东端的莱州，各地均把构建和谐新城提到与产业布局并重的位置。在各地黄三角开发规划中，有关城市建设的规划着墨颇多。在滨州北海新区管委会的推动下，该区目前正在由“城镇化”向“城市化”转变，正在加快推进污水处理厂、汽车站、实验学校、星级酒店、市民活动中心等公共设施的建设。在黄三角新城市群的规划中，潍坊滨海新区的滨海新城是规模最大、层次最高、功能定位最齐全的一个。预计到 2030 年，整个新城人口将达到 100 万。东营港市政公用设施不断健全，城市服务功能明显增强。全区项目承载能力明显增强，全区城市服务功能不断完善。

腹地支撑迅速扩大。临港城市承担了港口新城建设发展所需的智力支撑、高端商务服务、建设核心居住区和旅游度假区等功能，临港腹地支撑作用日益显现。东营市充分发挥土地资源优势，在河口北部规划建设了 180 平方公里的山东河口蓝色经济开发区，科学设置新能源、新材料、新型生物、新型装备、高端橡塑加工和绿色精细化学品六大主体产业区。滨州港城市职能规划为滨州港提供了强大的腹地支撑，临近的核心区北部产业组团、核心区南部产业组团以及拓展区产业组团为港口提供产业支撑，以产兴港；相邻的北海新城、核心区配套生活组团以及拓展区生活组团为港口和产业提供人力和智力支撑，以城促进港产发展(见图 2)。

图 3　滨州临港新城职能规划图

资料来源：《滨州北海经济开发区总体规划(2011～2030 年)》。

东营港依托河口区、垦利县和东营市中心城区，加快新城建设，形成港区新城与周边区域的对接（见图3）。利用港区产业优势，连接带动周边区域发展，形成东营市经济增长的三个增长极之一。

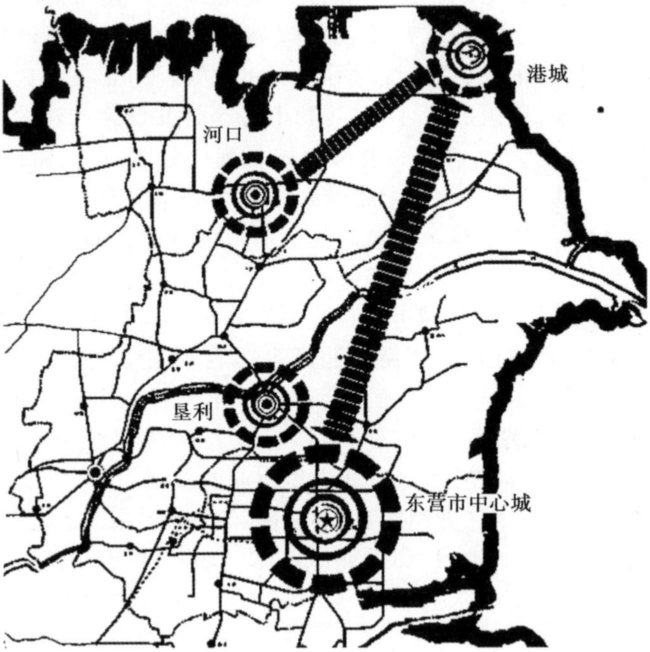

图4　东营港、东营经济开发区在东营市的区位图

推进“人才特区”建设，科技创新能力明显提高。实施高端人才“筑巢工程”，出台落实人才购房、选拔、聘用和使用政策，面向全球引进一批高层次领军人才和创业团队落户黄三角临港产业园，加强培训平台建设，支持市技师学院发展，加快山东大学东营研究院和东营软件与服务外包学院建设，办好黄河三角洲高级培训中心，打造区域性培训品牌。

4. 配套设施不断完善，港区对接进程加快

重大交通设施建设取得重大突破。港口与腹地的优势叠加打开了陆海统筹发展的新格局。黄三角四大港口设施条件不断改善，运营水平显著提升。滨州至德州高速公路竣工通车，济南至乐陵高速加快建设。德大铁路已经正式运营。

信息化建设取得初步成效。东营市成为国家首批智慧城市试点城市，2013年，东营市积极推进“智慧城市”建设，完善城市地理信息、交通通信、社会治安等智能化信息系统，提高城市信息化水平。推行“数字城管”和网格化管理，实施综合执法，构筑起了“大城管”格局。潍坊市积极推进信息通信基础设施建设，实现

了信息通信网络全覆盖，共享市级电子政务平台，加快电子商务和社会领域信息化发展，提高信息化支撑能力，建设智慧临港新城。

5. 政府资金支持加大，金融支撑力度增强

产业投资基金形成多元互补。2011 年组建的黄河三角洲产业投资基金，总规模 200 亿元，首期已募集 50 亿元，与 40 家企业达成了投资意向，出资 3 亿元完成了对泰丰、金麒麟等 5 家企业的股权投入，参与投资建设的河口区"防潮堤"工程即将启动，基金以黄河三角洲高效生态经济区为重点，对新技术、新能源、重要资源、节能减排、高效生态农业、高端装备制造、金融、文化和现代服务业等产业进行战略投资。2011 年出台的《山东省海域海岛使用权抵押贷款实施意见》规范了海域海岛使用权抵押贷款办理程序和要求，截至目前，开展海域使用权抵押 51 宗，抵押金额 119 亿元。2012 年成立的黄三角产权交易中心，成功实施了多项林权、股权交易及实物资产转让项目。

(三)黄河三角洲四大港区发展的问题

1. 港口规模有待提升

区域经济发展滞后，港口建设趋于迟缓。国务院于 2009 年 11 月正式批复《黄河三角洲高效生态经济区发展规划》，此时，中国三大三角洲之一的黄河三角洲地区在被提出 21 年后，才正式上升为国家战略。与珠三角、长三角相比，区域经济发展严重滞后，港口建设更是趋于迟缓。黄三角沿线的 4 个主要港口——莱州港、潍坊港、东营港和滨州港，港口规模小、等级低、较分散，疏港公路、铁路基建极为落后，严重束缚了黄三角高效生态经济区的快速发展，更是对与之相应的产业集聚、城市建设形成了阻碍。

地区港口规模差距明显。尽管近年来黄三角所属四个港口的规模在逐渐提升，建设进度在加快，但不管年货物吞吐量，还是泊位长度，与秦皇岛、大连、营口、唐山、连云港等港口相比，规模差距巨大，即使与距离相近的省内青岛港和烟台港相比，差距也很大。

开发成本提高，建设压力较大。港口和临港产业区建设面临成本提高压力。一方面，劳动力价格上升、运输成本的提高以及建材价格的回升，使建设成本提高；另一方面，临港产业区在地价、税收、政策方面优势不明显。临港地区农民动迁补偿标准、居民社会保障标准、职工工资福利等方面也在逐渐提高，使港口和产业区面临综合成本迅速提高的压力。

2. 支撑产业有待升级

临港产业规模较小，产业结构有待升级，产业辐射带动能力和抗风险能力较弱。黄三角地区港口业尽管总吞吐量增长迅速，但是产业结构层次较低，港口规模在行业竞争中优势并不明显。港口盲目建设导致沿海及内河港口资源得不到

合理分配，一些较小的港口企业竞争力水平低下，港口产业整体的经济功效无法得到有效发挥。一方面，由于各自为政，有的港口因没有充足的货源而使资源闲置；另一方面，有的港口虽有充足的货源但因缺乏港口资源而显得力不从心。东营港临港产业开发区三大主导产业依次是生态化工、机械制造和现代物流，合计占到开发区总产值的近 90%，形成了一定程度的产业集聚；第一大主导产业是生态化工，占经济开发区总产值的 84%，主导产业单一化使地区抗风险能力较弱；第三大主导产业现代物流，实现主营业务收入 50 亿元，占总产值不足 3%，其他行业较为分散。

高端价值链环节缺失，产业优势不明显。对于其他临港产业，诸如装备制造产业，投入产出周期较长，产出规模有一个逐步提高的过程。特别是 2008 年国际金融危机爆发，产业发展的外部环境日益严峻。刚刚有望快速发展的以船用发动机曲轴为核心的船舶配套关键件，遭遇订单大幅减少的市场变故，其他如海洋工程等产业集群也在一定程度上受到冲击，使得落地企业的产出离预期有一定差距。同时，由于与落地企业相关的上下游价值链高端环节尚未形成，使产业优势没有得到充分显现。

港口产业辐射带动能力不强，口岸外贸发展存在瓶颈。黄三角四大港口中潍坊港规模较大，虽已初步建立起国际货运航线，但对东北亚辐射能力十分有限。潍坊港口岸对外开放以来，先后开通了潍坊至韩国、日本等国家 20 多个港口的国际货运航线。但由于潍坊港口岸目前开放泊位无法靠泊大吨位和远洋船舶，一定程度上制约了口岸向更高层次、更深广度发展。

3.重复建设问题凸显，港口同质化竞争激烈

重复建设普遍化，功能趋同化。2000 年以来，我国港口进入大规模投资扩建阶段，投资项目都在上亿元甚至数十亿元，一些沿海、沿江地区，平均每公里就有一个码头，吞吐能力都很大，有吃不饱的现象。以环渤海港口竞争为例，环渤海区域的港口存在结构同质化、相同腹地经济的问题，竞争异常残酷。这种竞争目前仍在继续。天津将内陆“无水港”的领地扩展到青岛的后方腹地德州市，并在陕西、四川等省份的 14 个省会城市或主要的集装箱货源生成地建立“无水港”；辽宁宣布，除营口港外，锦州、丹东、葫芦岛港等沿海港口都要以股权合作的形式并入大连港集团；河北将在沿海港口建设煤炭、矿石、集装箱、原油、粮食等 6 大货种运输体系，以改变秦皇岛、唐山和黄骅三个港口“一煤独大”的不利竞争局面。曹妃甸港 2011 年已经建设成 30 万吨级铁矿石接卸码头。但环渤海经济圈几乎每个亿吨大港都建有铁矿石码头，仅铁矿石码头的竞争就十分激烈。

环渤海港口之间竞争激烈。开发区竞争趋于白热化，尽管临港产业区在高端制造、石油化工领域取得了一定的先发优势，但全国开发区竞争日趋白热化，

各地建设装备制造业基地势头迅猛，省内青岛港、威海港、烟台港、日照港发展完善，且大部分处于同一海域，对黄三角内四大港口形成了激烈的竞争；省外，天津黄骅港对滨州港压力巨大，直线海域不足 100 公里，且发展完善，是河北省沿海的地区性重要港口，也是我国的主要能源输出港之一，历史最好年份吞吐量达到 70 万吨。到 2015 年，黄骅港港口吞吐量将达到 2 亿吨，集装箱达到 170 万标准箱。到 2020 年，港口吞吐量达到 2.5 亿吨，集装箱达到 200 万标准箱，对尚待建设的滨州港乃至黄三角各港口形成了巨大的威胁。

4.新城承载能力严重滞后

新城发育先天不足，人口聚集能力不强。黄三角区域大部分为盐碱地，人口较少、地广人稀的状况使人口分散居住现象突出。黄三角几大港口属于地理空间和交通网络的末端，港口和产业距离旧城较远，本就不利于人口的集聚，使得新城发育先天不足。黄三角高效生态经济区包括东营市、滨州市、寿光市、昌邑市和莱州市，以及寒亭区、庆云县和高青县，共涉及 6 个地级市的 19 个县（市、区）。陆域面积为 2.65 万平方公里，占山东省省域面积的 1/6。

新城发展基础薄弱，依托临近村镇发展。滨州港离沾化县直线距离 70 多公里，东营港离河口区政府也有一定的距离也较远，莱州港离三山镇距离也较远。港口和产业与旧城形成了一定的地理分割，带来的是河口区与东营港开发区虽同处一地，却一直各自发展的局面。一方面，产业集聚受牵制；另一方面，临港新城对人口的吸引聚集能力大大降低。同时，人口的非有效聚集使城市建设相对滞后，城市规模相对较小，道路、交通、供水、供电、供气、污水处理以及通信、网络等基础设施配套不完善。

5.投资环境亟待改善

（1）交通体系不健全，无法满足产业发展的需要

对外交通体系不够健全。产业区距离市中心较远，属于城市地理空间的边缘、交通网络的末端，产业区与中心城区联系的主要通道是东港高速以及几条省道，尚无铁路支线和轨道交通，给产业的发展和园区市民出行带来很大的不便。

（2）综合配套不完善，不利于港产发展的持久支撑

由于远离市区，中心城区成熟的配套设施体系无法辐射到产业区；产业区所在区域经济基础薄弱，生产生活配套设施十分缺乏，无法支撑产业区高强度、大规模、快节奏的开发建设需求。每天产生大量往来市中心的通勤交通，给道路交通带来巨大压力的同时，也造成企业营运成本偏高。另外，电力供应、输油管道，液体输送管道以及工业、生活用水等设施在四大港口虽已配备，但处于相对紧张状态，随着临港产业规模的扩大、临港新城的建设以及人口的聚集，难以提供持久支撑。

(3)人才引进难度较大,后续发展缺乏智力支撑

人才引入难度较大,后续发展缺乏智力支撑。由于产业区综合配套能力较差,特别是户口政策、子女教育、家属安置、人文环境、创新氛围等方面明显对中、高端管理和技术人才缺乏吸引力,出现人才引不进、留不住的尴尬局面,已落户的企业中,管理人才流失比较严重。同时,由于当地经济基础落后,缺乏完善的劳动力培养和实训机制,难以充分提供符合企业需求的熟练的制造业技术工人,对企业的长远发展缺乏足够的智力支撑。

(4)资金平衡机制需进一步完善

①财税扶持调节手段薄弱。财税扶持调节手段薄弱,招商引资难度加大。目前,临港产业区的招商引资工作,主要依靠开发主体本身的品牌资源优势和产业区超前的整体规划、未来的发展远景来吸引重点企业落户,财税扶持调节手段薄弱。一些重点项目在谈及具体财税扶持政策时,管委会难以承诺,直接导致许多企业最终仅将制造这一附加值较低的环节放在临港产业区,而将研发、技术、贸易、核算、品牌营销服务等一些增值业务注册在其他区域,从根本上造成临港税源的流失,影响产业区产业链延伸拓展和企业集聚。

②基础设施建设任务重,资金筹措压力大。开发之初,基础设施从零开始建设,涉及到填海、防潮堤、引堤、港池、排水管道以及道路建设等工程,单位建设成本高,建筑面积大,投入成本回收期很长,仅防潮标准为50年一遇防潮堤单位价格为5000万元/公里,百年一遇防潮堤单位价格为1亿元/公里。仅东营港陆上段工程新建防潮堤全长2.81公里,海上段工程共建设防潮堤全长7.06公里,未来仍有很长距离需要建设,仅靠中央预算内资金拨付是远远不够的。随着资金成本的上升,开发商的资产负债率升高到很高的水平,"十三五"期间,黄三角临港产业区将进入开发建设的关键时期。

③事权财权界定不清晰,市级建设项目前期费用数额巨大。按照市区分工原则,市级建设项目的前期拆迁补偿应由地方政府承担。但由于临港开发的特殊性,本应由地方政府承担的前期工作和费用,往往落在管委会身上。

三、黄河三角洲四大港区发展的重点工作

黄河三角洲四大港区发展的总体思路是港口牵引、港产支撑、港城配套,以港口为龙头、产业为抓手、城市为平台,实现"以港聚产,以产兴城,以城育港"。使四大临港产业区成为"海洋经济核心区、现代产业集聚区、生态宜居新城区"。

近期要着重突出港口扩容、产业集聚、新城建设和强化支撑体系等四方面工作。

(一)加快扩容港口规模

1.着力港口体系建设,突出龙头港优势带动作用

根据国家重点发展黄河三角洲四大港口的良机,要充分利用区位优势,建设适应船舶挂靠的大型化深水泊位,拓展智能化程度比较高的集装箱装卸设备,以带动相关产业发展。东营、滨州、潍坊和莱州应合理分工,避免恶性竞争,实现多赢局面。在黄三角地区形成布局科学、结构合理、层次分明的港口体系,防止重复建设和资源浪费,形成黄三角港口群的整体优势,既能服务区域内沿海和内陆的经济社会发展,对外又能与日本、韩国的港口展开竞争。

黄河三角洲四大港口要服务于山东经济"北翼"临港工业发展。环渤海港口主要运输方式包括集装箱、原油进口、铁矿石接卸、煤炭下水等的发展格局已经基本确定,各港口专业化码头能力已经基本饱和。受自然条件限制,黄三角四个港口无法直接参与在煤炭下水主通道、集装箱枢纽港、大型原油和大宗铁矿石直接接卸等方面的竞争。黄河三角洲港口群力求避免与环渤海港口群直接竞争,从支线运输、喂给服务、二程船转运等多方面与环渤海中心大港开展多维度合作。

从山东省内沿海港口发展的角度看,黄河三角洲港口群将面对省内其他港口群的竞争。从服务山东省经济"一区三带"中的蓝色经济区、胶东半岛高端产业制造带和鲁南精品钢产业带发展的角度,山东省重点发展以青岛为中心、日照、烟台为两翼的半岛港口群。加快黄河三角洲港口群发展也已经列入山东省相关规划,但对于黄河三角洲高效生态经济区的港口运输,仍然侧重于由北翼的烟台港承担,而且烟台、青岛等港口也把黄河三角洲地区作为其主要的腹地,尤其是集装箱运输。

发挥黄河三角洲区域中心港的带动作用。围绕建设深水大港的目标,以扩大吞吐能力、提升综合功能为重点,优化港口布局,完善集疏运体系,提高服务黄河三角洲开发建设的能力。注重与国内外大型企业开展合作,引进战略合作伙伴,创新合作模式,突破资金瓶颈。探索采用财政投入与市场化相结合方式进行投资建设,不断提升港口吞吐能力。

2.建设区域性国际航运物流中心体系

集团化战略创新。黄三角港口体系作为一个区域港口群,应成立某种协议组织,如港口集团化,在一定程度上使港口的分工演变为经营上的广泛合作,以达到优势互补、互为发展的作用。而集团化的动作应以产权的合并、重组为先导,以资产为纽带,打破现行的港口经营的条块分割,以实现区域内物流生产、经营及资产的一体化。

合作共赢,整合各个港口的资源。要逐步打破抢岸线、货源、腹地的争夺,形

成“合作共赢”的局面。随着全球航运重心向亚洲转移，提升核心竞争力，是四大港口做大做强、应对国际竞争的有效手段。要破除行政区域束缚，扫清体制障碍，扭转港口各自为政、无序竞争的局面，实现生产调度、港政、航政、引航、规划建设、统计管理“六统一”，使港区之间的功能布局更加合理。

加快推进四大港口一体化建设。整合四大港区资源，优化港口布局，理顺工作机制，完善通关环境，形成港口发展的整体优势。全面拓展海铁、海空、海陆、水水联运及多式联运，加快物流配送中心和物流园区建设，大力发展第三方物流，打造完备、快速、便捷的港口大宗商品交易平台，建设集疏运体系和金融信息支撑的平台。积极融入全球物流供应链，逐步开辟新的国际航线，特别是远洋集装箱航运干线。充分发挥海沧保税区的政策优势，争取更多的国内外大型航运企业挂靠四大港口，构建集散并重的面向东北亚的国际航运港。

3.以物联网和智慧港口建设提升港口质量

物联网和智慧港口建设要实现管理、监管和服务一体化。实现港口与船公司、铁路、公路、场站、仓储等港口相关物流服务企业的无缝连接，通过物流信息平台实现信息集成和共享，优化物流供应链管理。提高港口管理和决策水平，如实现远程调度，信息自动化采集、存储和加工，优化港口物流流程和生产组织提高港口物流服务质量。实现港口与海关、海事、商检等口岸单位的信息一体化。搭建港口物流市场信息服务平台，拓展港口物流市场交易、金融、保险等配套服务功能。

利用物联网技术，促进海关监管科学化。实现海关监管场所之间的集装箱运输的可视化。借助网络通信技术在操作终端上远程监控、管理集装箱在不同监管场所之间的运输。实现车辆和货物的实时可视化监控管理。推动集装箱电子铅封等技术在黄三角口岸和国内、国际口岸的互相认可、数据共享。利用3G移动通信技术，在远程终端上实现物流通关的移动化操作。建立智能港口口岸统一监控中心。利用信息技术实现进港的集装箱通过自动识别车号、箱号，自动判断海关放行信息，自动抬杆，自动打印行车指南，实现过卡口不停车，加快卡口通行速度。

4.不断拓展腹地，增强港口的辐射力和影响力

积极拓展西向腹地，发展内支线和“陆地港”，争取货源。实施走出去战略，鼓励和引导本地港口企业与其他沿海、沿江港口合作，争取当地货源，构建起覆盖四大港区、辐射周边地区和接轨国际的物流网络。充分发挥港口对物流的带动作用，构建以四大港口为枢纽、连接黄三角区域与山东省内及周边省份、国内与东北亚之间的多式联运体系，形成对区域内现代物流业的强力拉动。加快建设石油、煤炭、石材等大宗商品交易中心，积极发展液体化工等现、期货业务，统

筹规划重要资源战略储备和商业储备基地。

(二)着力壮大临港产业发展与集聚

1. 突破临港加工业

东营港区围绕装备制造产业和生态化工业,临港装备制造产业重点发展海上钻井平台、化工专业船舶、石油化工机械装备、新能源机械装备等制造业。按照绿色、低碳、循环发展理念,重点发展石油化工、盐化工、生物化工相结合的生态化工产业,打造环渤海地区重要的生态化工产业聚集区。

滨州港区依托原盐生产基地重点发展盐化工,适度发展石油化工,高效率地利用产业链上的资源,带动整个产业链的发展。以石油天然气下游产品开发、延长产业链条为目标,建设精细化工产业园;依托现有工业企业,通过引进、扩建,启动一批医药、建材、机械制造和农副产品加工等生产企业;重点发展精细化工产业链,建设下游深加工、高附加值的高端石化产品生产基地和有色金属合金材料。

潍坊港区化学工业已经具备较好的发展基础,近期应在推进石化盐化一体化的过程中,重点培育精细化工,为未来生物医药、新材料等高端、高新产业的全面发展打下坚实基础。依托土地、卤水等资源优势,加快中海油海化集团、海王化工、新和成药业、国邦药业、联兴碳素、润丰化工、山东潍坊龙威等骨干企业发展,建成"两化"融合特征明显,产品技术和工艺装备世界先进的全国最大生态海洋化工产品基地。进一步调整油品与化工原料的结构,走"盐化石化一体化"和"油头化尾"的路子,重点发展精细油品、精细石油化学品和石油焦、重浇沥青等特色产品。

莱州港区按照创新驱动、集聚发展的要求,以重点园区和骨干企业为主体,以汽车及飞机零部件、专用设备制造和海洋装备制造为重点,着力打造一批规模大和带动能力强的优势产业集群,培育一批拥有自主品牌和较强自主创新能力的龙头企业,开发一批具有较高技术水平和市场竞争力的拳头产品,打造产业高端、产品高端、技术高端的现代制造业基地。

2. 壮大临港物流业

根据《黄河三角洲高效生态经济区现代物流业发展规划》要求,依托东营、滨州、潍坊、莱州四个港口,规划建设临港综合物流园区,形成黄河三角洲的沿海物流产业发展带。按区位优势、产业集群特点、交通条件和发展潜力等因素,确定各临港产业区物流整体功能定位。打造东营、滨州两个物流中心区域;依托东营、滨州、潍坊、莱州四个港口,建设环渤海湾物流产业发展带。重点发展石油化工和海洋化工物流,逐步发展形成油盐化工循环产业链物流优势。东营港区重点以石油化工和装备制造物流为主,兼顾建材物流发展;滨州港区重点以油盐化工、冶金和建材物流为主；潍坊港区重点以盐化工、石油、机械制造及煤炭物流为主；莱州港区依托大吨位码头，以石油、矿石、集装箱、散杂货为主，建设临港综合物流园区。

积极建设物流园区。园区是四大临港产业区和新城区重要的物流基础设施，是黄河三角洲经济区融入济南都市圈发展的主要物流枢纽。充分发挥园区的区位交通优势，整合周边物流资源，高起点规划园区的功能和空间布局。要加强统筹规划，明确功能定位，分工协作，错位发展，避免产业雷同、重复建设和无序竞争。服务于油盐化工、机械制造和装备制造等主导产业，围绕石油和煤碳物流，打造集批发交易、仓储、运输、电子网络配送于一体的工业产品集散中心和配送基地，成为重要的区域性物流集散地。

东营港临港物流园区。位于东营市东北部、渤海湾西南海岸的东营港经济开发区内，依托东营港，承接青岛、烟台港部分功能，建设成为集国际货运、商品展示、场站服务、流通加工、原油及成品油储存、保税仓储、金融与信息支持于一体的综合性物流园区。物流园区功能包括辅助港口功能、中转枢纽功能、仓储物流功能和综合服务管理功能，主要服务东营市，辐射鲁北、鲁中及晋冀部分地区，着力打造成为东营市重要物流产业园区、环渤海地区重要区域性物流中心和物资集散地。

滨州临港物流园区。拟选址在滨州港区的延伸区域，重点服务滨州北海新区城市和产业发展，建设以港口货物集散和区域生产物流配送为主的海港型物流园区。园区是滨州港实现港区联动的重要载体，是北海新区发展重要组成部分和支撑条件，是黄河三角洲经济区对接天津滨海新区，融入环渤海经济圈发展的重要物流枢纽。

莱州临港物流园区。选址于莱州工业园区，重点服务莱州市及其周边区域，以及鲁中和鲁西北地区，以港口货物集散、区域生产、加工配送为主的临港物流园区；重点建设以液体化工品、散杂货、制造业产品为主的集仓储、加工、转运为一体的物流区域，形成山东省液体化工品物流中心、散杂货物流中心、特色粮食物流中心和装备制造业产品物流中心。滨州港区重点开展集装箱港口运输装卸、货物中转、配送、采购、转口贸易和出口加工业务以及与航运配套的金融、保险、代理、理赔、检测等服务业务。重点加强对物流企业的招商，引进现代专业物流、航运和运输服务等企业，提升园区物流业发展水平，提供优质的物流服务。

滨海临港物流园区。潍坊市滨海开发区重点发挥石化盐化一体化、潍柴机械、瑞驰汽车等产业优势，规划建设占地 80 平方公里的临港物流区，推进潍坊港向亿吨大港目标迈进。

3.做大做强特色和高端产业

东营港区主要发展新能源、新材料、海洋生物、生态技术等国家战略性新兴产业。积极推进天然气替代煤改造项目和清洁油品生产项目，对外提供清洁能源。研究开发地热、浅海风能、潮汐等新能源，搞好废弃余热综合利用。进一步改造和完善电力设施，建设与电源输送相适应、能提供充足电能和优质服务的现代化电网。

滨州港区着力发展海水综合利用和高新技术产业。海水综合利用重点发展海水淡化、海水直接利用、海水淡化技术和装备制造、海水化学资源综合利用等优势领域。通过扩大海水利用的规模，带动海水利用装备制造业，最终形成海水利用、设备制造、技术创新、产业发展相互促进的良性发展模式。高新技术产业重点发展电子产业、轻工业加工业、新型材料产业和能源产业，使其成为科技创新和产业化发展的重要基地，在区域经济发展中发挥辐射和带动作用。

潍坊港区突出发展装备制造业和新能源产业。装备制造业一方面借助潍柴集团的产业基础，重点发展柴油机制造，作为远期发展工程机械、船舶制造的关键环节；另一方面在国家“十三五”高新产业发展方针的指导下，借助黄河三角洲高效生态经济区的政策嵌入优势，引入新能源汽车、新能源装备等功能，作为产业体系升级转型的主要功能。新能源产业一方面要有效利用风力资源，合理开发风电产业，发展新能源供应功能；一方面依靠先进制造业的产业基础，发展新能源装备制造功能，在服务本地新能源供应业的基础上，实现产品及服务对外输出与辐射。

莱州港区突出成长性强的龙头企业。要抓住国家大力培育和发展战略性新兴产业的重大机遇，立足优势领域，以重大建设项目为载体，以生物育种、新材料、新能源、节能环保等为重点，开发一批具有自主知识产权的核心产品，延伸产业链条，培育一批高成长性企业，建设全国重要的生物育种研发中心与生产基地、节能环保和清洁能源、新材料生产基地。

（三）合理谋划港口新城，形成城市集聚

东营港区着力推进东港新城建设进度，按照“一带一核六区”格局，建设现代化的生态滨海新城。“一带”即滨海观光休闲旅游带；“一核”即滨海新城国际商务核；“六区”即滨海新城国际商务区、港区综合配套服务区、高科技研发与科教区、国际滨海旅游服务区、生态水城居住区、仙河小镇宜居区。

滨州港区要以全面建设小康社会和率先实现现代化为目标，以满足不同收入层次居民住房需求为导向，实现滨州北海经济开发区住房供求总量平衡、结构合理、价格稳定。统筹落实国家住房建设要求，引导和促进房地产业持续稳定健康发展，保持北海经济开发区经济的快速增长，为滨州经济发展提供有力保障，营造宜居生态型新住区。结合临港产业的发展，通过提供包括限价商品房、经济适用住房、经济租赁住房、蓝领公寓等各类政策性住房，保障北海经济开发区的总体职住平衡。

潍坊港区以组团优化城区布局。结合中心城区总体布局，着力推进建设大家洼居住组团、太阳城居住组团、幸福城居住组团、央子居住组团和职教居住组团等五大组团。城市新开发居住用地时应以建设设施完善、环境优美、各具特色的现代化居住小区和居住区为目标。在建设时序上，到 2015 年和 2020 年住房的服务对象以外来产业工人为主，同时包括部分流动建设人口，因此本阶段应重点建设经济适用房和廉租房。到 2030 年，在保障经济适用住房和廉租住房的供应的基础上，可加大普通商品房的投放比例。

莱州港区要借助城市北融的有利时机，全力启动港区新城建设。全力抓好总投资 190 亿元的阳光海湾新城建设，抓紧推进项目审批，加大项目区环境综合整治和基础设施配套，抓好起步区和滨海高等级公路建设的前期工作，带动区域经济一体化发展。

(四)强化支撑体系建设

1.完善基础设施保障

加快重大交通设施建设，有效破解交通瓶颈的制约。要围绕构筑现代化立体交通体系，加强重大交通设施建设。东营港，要抓好已建成码头的管理运营，积极推进新上码头项目建设；加快南港池开发，完善配套设施，扩大港口吞吐能力；扎实做好滚装船复航工作，打通华北地区与东北地区的海上便捷通道。疏港铁路，要抓紧成立工作机构组织推进，尽快启动建设。广利港，要加快前期工作，及早开工建设。积极推进淄东铁路扩能改造、济东高速公路、环渤海高等级公路建设。规划建设滨海生态城防潮堤，逐步完善沿海防潮体系。

莱州港区要强化基础设施保障。启动修建永泰东路和永茂路，拉开临港工业发展框架，同时在疏港路、同舟路安装路灯；对港区南侧旧房进行拆除改造，提升港区形象；进一步完善集中供热、埃维然气管网铺设，提高区域发展的承载能力。

2.环境保护与生态建设

要重视港口建设可能对生态和环境保护的不利影响。为了扩张港口规模，东营、等四大港区都不同程度地进行了填海造地。作为一种彻底改变海域属性的活动，若论证不充分、管理不严格，定会对该海域生态及附近区域带来深远的影响，引起局部海域海洋生态系统的退化、破坏自然岸线，加剧海洋环境污染以及改变原有的水文动力环境等问题。

以生态建设促进港区发展。正确处理开发与保护的关系，严禁对自然保护区造成影响的化工项目入区建设。结合海堤建设，完善基干林带，打造沿海防护林生态屏障。加强“三网”绿化带建设，抓好园区绿化及水系工程建设，构筑良好的生态体系。

强力推进节能减排。严格执行环境保护标准和污染物总量控制制度，坚持预防为主、综合治理，建立健全环境风险和预警体系。严格行业准入和源头控制，加大重点领域、行业和企业监管力度，加快淘汰落后产能，完成万元 GDP 能耗同比下降的目标。积极发展循环经济，力争成为国家循环化改造示范试点园区。

强化环境治理。加强环境监督，严格限制高能耗、高污染企业进入产业区发展。推广应用新型工艺和“三废”处理设施，加大废渣、废水的综合回收利用，加强环境保护和治理，切实提高环境承载能力。加强各类污染治理基础设施建设，加强集中治污，确保污染物达标排放，避免对水系及临海造成环境污染。

黄河三角洲高效生态经济区城镇化发展报告

一、黄河三角洲城镇化的背景与意义

(一)黄河三角洲城镇化背景

新中国成立后,限制人口在城乡间的自由流动一直是我国压缩工业化成本、实现经济“赶超式”发展的重要途径之一。直到第十个五年计划,我国才正式把城镇化列为国家战略。国际金融危机以来,为应对全球经济增长乏力、有效扩大内需,党和国家一系列重要会议和领导人重要讲话均把城镇化提升到前所未有的高度,2014 年印发的《国家新型城镇化规划》更对我国如何走出一条中国特色新型城镇化道路作出了全面安排,这些政策、文件、论述均为黄河三角洲城镇化体制机制创新提出了要求。

表 1　　国际金融危机以来我国的城镇化发展政策

时间	重要文件
2009 年 12 月	中央经济工作会议:城镇化在下一步经济发展中扮演重要角色
2010 年 2 月	胡锦涛在省部级领导干部学习班上讲话
2010 年 6 月	李克强《求是》撰文:《关于调整经济结构促进可持续发展的几个问题》
2010 年 6 月	李克强上海讲话:要深刻认识城镇化在现代化建设全局中的战略意义
2010 年 10 月	十七届五中全会《关于制定国民经济和社会发展第十二个五年规划建议》
2012 年 11 月	十八大关于城镇化的重要论述
2012 年 12 月	中央经济工作会议

续表

时间	重要文件
2013年7月	习近平党外人士座谈会:积极稳妥推进城镇化,合理调节各类城市人口规模,提高中小城市对人口的吸引能力
2013年11月	十八届三中全会《中共中央关于全面深化改革若干重大问题的决定》指出,要完善城镇化健康发展体制机制
2013年12月	中央城镇化工作会议:提出了推进城镇化的六项主要任务,要求推进城镇化“方向要明,步子要稳,措施要实”
2014年3月	《国家新型城镇化规划》:明确了未来城镇化的发展路径、主要目标和战略任务,统筹了相关领域制度和政策
2015年5月	国家发展改革委召开深入实施国家新型城镇化规划重点工作会议,明确2015年新型城镇化建设将重点实施“一融双新”工程

近年来,山东省为促进城镇化健康协调发展不断加大工作力度。2000年省委七届四次全委会专题研究城市化问题,将城市化列为全省经济社会发展的四大战略之一,并出台了《关于加快城市化进程的意见》。2009年召开全省新型城镇化工作会议,出台了《关于大力推进新型城镇化的意见》,确定从2010年开展为期三年的“和谐城乡建设行动”。随后,又相继出台《山东省城市化领导小组关于加快推进新型城镇化工作的通知》《山东省人民政府关于开展“百镇建设示范行动”加快推进小城镇建设和发展的意见》《山东省城镇化发展纲要(2012～2020年)》等文件。2014年2月,首次由党委组织召开的全省城镇化工作会议在济南召开,提出了一系列体制机制创新要求。2014年8月,《山东省新型城镇化规划(2014～2020年)》进行公示,提出将黄河三角洲高效生态经济区纳入山东半岛城市群进行统筹考虑,为黄三角城镇化体制机制创新提出了外部框架和要求。2015年6月,山东省城镇化工作领导小组第三次全体会议召开,确定山东省将从2015年至2017年实施市民化、产城融合、县域城镇化、绿色城镇、文化传承、设施建设等六大行动。

《黄河三角洲高效生态经济区发展报告(2013)》曾经论证过,黄河三角洲由于其独特的自然环境条件和经济社会基础,在城镇化发展的现实情况和高效生态经济的发展要求下,对城镇化体制机制创新的需求尤为迫切。从截至2013年的区域发展形势看,本区域结构性矛盾突出、资源消耗型和高耗能产业较大、产业聚集度不高、园区特色不明显、科技支撑能力不强、防潮堤工程和沿海高等级公路等个别重大基础设施项目进展缓慢、金融服务实体经济发展和引领资源配置的作用发挥不够等问题依然存在。因此,在此背景下,在国家和山东省将城镇化提升至战略高度的形势下,以城镇化体制机制创新为抓手,推动黄三角全面深化改革,将有助于推动加快区域转型发展和跨越发展。

(二)城镇化对黄河三角洲的特殊意义

1. 城镇化是发展高效生态经济的必由之路

2009 年国务院批复的《黄河三角洲高效生态经济区发展规划》指出,“高效生态经济是指具有典型生态系统特征的节约集约经济发展模式”,要求“在产业类型上,形成由清洁生产企业组成的循环经济产业体系;在产业布局上,形成由若干生态工业园区组成的生态产业群;在生产工艺上,做到无废或少废,实现生产过程再循环、再利用,最终表现为整个经济体系高效运转,经济、社会、生态协调发展”。

众所周知,在空间上,城镇化就是人口、产业等各类要素向特定地域集中集聚的过程,是区域经济社会发展到一定阶段、市场机制和政策制度共同作用下出现的必然趋势。对应于高效生态经济的内涵,城镇化在发展高效生态经济中的重要性和必要性可从三个方面进行说明。首先,培育清洁生产企业群、建立循环经济产业体系,必然需要相应的产品需求、经济发展方式转变的外在动力和制度与技术创新的综合支持。城镇化通过人口、产业和创新资源在特定空间的集中,为循环经济发展提供了市场和不竭的动力,要素聚集的环境要求又为循环经济发展产生了外部压力,无疑将对循环经济产业体系建设发挥显著的推动作用。其次,生态工业园区的发展壮大,必然要求进行教育医疗、文化科技、商贸娱乐等生产性服务业和消费性服务业的配套,以满足园区运行过程中企业家、产业工人等不同群体的各类需要,同时实现园区内部的职住平衡,以节约园区发展成本。随着各类功能和设施的不断完善,将对周边居民产生进一步的吸纳作用,推动园区向新城镇转变,而这一过程本身就是城镇化的内容和基本表现。最后,通过推进城镇化进程,将提高人口、企业等生产主体和基础设施、公共服务设施等服务主体在空间上的聚集水平,为环境监测、废弃物处理、生态修复等活动的开展提供了更大可能,也使自然生态系统的环境承载力得到提升,有助于实现生产过程的再循环和再利用。因此,推进城镇化有助于经济发展模式的生态化和节约集约化,使其成为发展高效生态经济的必由之路。

2. 城镇化体制机制创新是探索高效生态经济模式的重要内容

由于城镇化是一项综合性、全局性工作,涉及经济社会发展的方方面面,因此城镇化体制机制所包含的内容也十分庞杂。党的十八届三中全会作出的《中共中央关于全面深化改革若干重大问题的决定》中,明确提出要“完善城镇化健康发展体制机制”，并从“推进城市建设管理创新”和“推进农业转移人口市民化”两方面作出了改革安排。2014年3月份发布的《国家新型城镇化规划(2014～2020年)》共有八篇三十一章，其中第七篇为“改革完善城镇化发展体制机制”，下列“推进人口管理制度改革”“深化土地管理制度改革”“创新城镇化资金保障机制”“健全城镇住房制度”“强化生态环境保护制度”五章。由此可见，城镇化体制机制创新不仅在我国全面建设小康社会、全面深化改革进程中具有战略性地位，而且还具有“牵一发而动全身”的突出作用。

《黄河三角洲高效生态经济区发展规划》中，对行政管理体制改革、财税体制改革、金融改革与创新、土地管理体制改革等重点领域和关键环节改革也作出了部署。从国家明确的黄河三角洲高效生态经济模式与推进城镇化所需进行的体制机制改革内容来看，两者所涉及的领域基本重叠，共有内容中深化改革的方向也大体一致，但从两者推动的侧重点和主从关系看，城镇化体制机制创新仍然是黄河三角洲探索高效生态经济模式的重要内容。首先，在政策地位上，对黄河三角洲高效生态经济区而言，城镇化工作仍要服从于区域在国家中的总体定位，围绕发展高效生态经济的战略使命进行推进。其次，在政策性质上，城镇化主要着眼于从各个方面协同促进人口向城镇、社区的地域转移及其优化，归根结底是一种空间政策，是区域政策体系的一部分。第三，在政策适用期限上，城镇化的历史性意义更强，而高效生态经济模式的探索则可长期持续。第四，在政策适用对象上，城镇化政策更多地需要关注农业转移人口、农村人口、城中村人口等重点群体，而高效生态经济的体制机制创新需要面向更广泛的社会群体，不仅要改善目前来看仍然属于“非高效生态”的经济主体运行状态，也要优化那些目前已经“高效生态”的经济主体运行模式。当然，这些理解较多地局限于在狭义上理解城镇化，但城镇化较多的属于区域发展一部分的地位应得到广泛认可。

二、黄河三角洲城镇化发展概况

(一)城镇化水平增长较快，总体水平仍较低

近十余年来，黄河三角洲围绕国家积极推进城镇化的政策方针，通过产业带动、园区布局和城镇建设的基本途径，引导本地和外来人口向城镇集中，城镇化工作取得了长足进展。2000～2013年，黄河三角洲城镇化水平达到52.18%，比第五次人口普查时提高了17.94个百分点，城镇化水平年均增速达到1.38个百分点，年均增速高出山东省0.18个百分点。但同时，黄河三角洲城镇化水平仍较低。2013年，黄河三角洲城镇化水平仍低于全省平均水平1.57个百分点。城镇人口总量占全省比重仅为9.83%，低于人口总量所占比重0.30个百分点

(见表 2)。

表 2　黄河三角洲与山东省城镇化发展对比

地区	常住人口占全省比重(%)	城镇人口占全省比重(%)	2013 年城镇化水平(%)	"五普"至 2013 年城镇化水平增幅	"五普"至 2013 年城镇化水平年均增速
黄三角	10.13	9.83	52.18	17.94	1.38
山东省	100.00	100.00	53.75	15.60	1.20

资料来源:山东省统计局:《山东省第五次人口普查资料》;山东省住房和城乡建设厅、山东省统计局:《山东省城镇化发展报告(2014)》。

(二)城镇化空间差异较大,推进速度不一

由于黄河三角洲空间跨度较大,城镇化水平的地域差异非常明显。除去市辖区,2013 年,垦利、广饶、寿光、博兴、邹平的城镇化水平最高,均超过 50%,莱州、无棣、沾化等县市也在 45%以上。但与之相比,利津、阳信两个县的城镇化水平还不足 40%(见图 1)。在县市之中,城镇化水平最高的邹平县和城镇化水平最低的利津县之间的差值达到 25.11 个百分点。

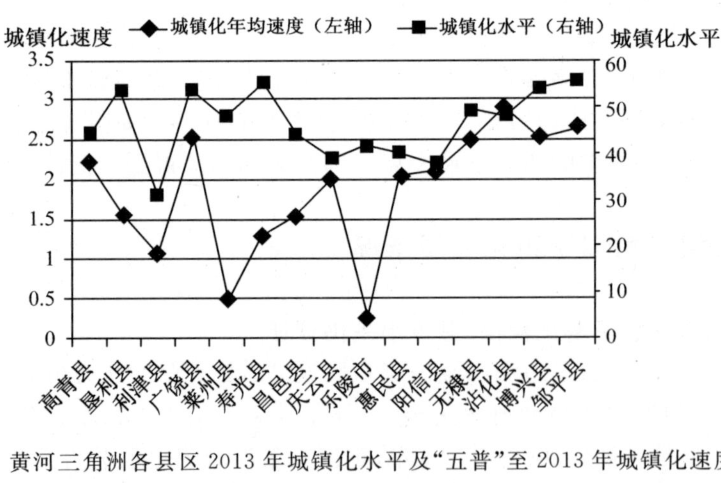

图 1　黄河三角洲各县区 2013 年城镇化水平及"五普"至 2013 年城镇化速度对比

资料来源:山东省统计局:《山东省第五次人口普查统计资料》;山东省住房和城乡建设厅、山东省统计局:《山东省城镇化发展报告(2014)》。

另外一个问题是,县区之间的城镇化速度也有明显差异。"五普"至 2013 年

的13年间，黄三角地区年均城镇化速度达到1.85个百分点。广饶、无棣、沾化、博兴、邹平等5个县市年均城镇化速度超过2.5个百分点。而莱州、乐陵分别仅为0.49个和0.27个百分点，与上述5县市的差距十分显著。这其中不可排除具有统计标准变化、统计技术不科学、数据不合理、县市内部行政区划调整等因素的影响，但可能还有发展动力、人口和产业集中政策、各地城镇化统计专业队伍的素质等深层次的原因。

（三）城镇分布相对稀疏，联动发展格局尚未形成

黄河三角洲人口密度仅为全省的60.1%，城镇密度亦相对稀疏。全区拥有2个地级市、4个县级市、11个县城、152个乡镇，乡镇以上居民点密度仅为0.64个/百平方公里，是全省城镇密度的77.11%。在占全省1/6的土地上，相对分散的城镇分布，加上缺乏大容量、高效率的交通联系，同时还受到矿产资源分布等因素的影响，导致该地区尚未形成显著的空间聚合态势，不利于形成高效率的城镇化空间布局。

表3　2013年黄河三角洲城镇发展现状统计

地区	面积（万平方公里）	人口密度（人/平方公里）	县级以上城镇（个）	乡镇（个）	城镇密度（个/百平方公里）
全省	15.71	619	106	1198	0.83
黄三角	2.65	372	18	152	0.64
占比（%）	16.87	60.10	16.98	12.69	77.11

资料来源：根据山东省统计局《山东统计年鉴（2014）》有关资料整理。

此外，本区域、尤其是在东营—滨州这一相对完整的经济区内，尚未形成具有较大规模的城市（见图2）。东营市由于成陆时间较晚，自20世纪60年代因胜利油田开始大规模开发以来，长期受到黄河尾闾摆动的影响，直到1980年代才正式建市。建市以来，虽然发生了巨大变化，但中心城市呈东西分布，城镇集聚带动能力也未能充分发挥出来。滨州市则是较为传统的鲁北经济塌陷地带，区位条件不利，传统农业比重较高，经济发展也比较迟缓，导致城镇规模一直偏小。

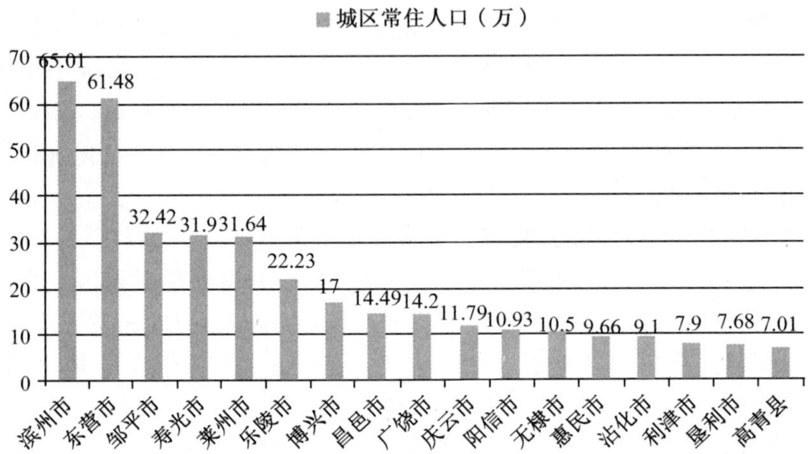

图 2　2013 年黄河三角洲县级以上城镇建成区人口规模

资料来源：根据山东省住房和城乡建设厅《山东城市建设统计年报(2013)》有关资料整理。

受到主要城镇当前的发展阶段限制，也由于各城市自身主观发展思路缺乏相互协调，近域城镇之间联动发展的格局尚未形成。近域城镇间已经开展的合作，包括信息交流、市场协作、互访、治安、由上级统一协调的基础设施建设等方面。但从目前的合作情况来看，要么是宽泛的多边合作，要么是针对治安管理等事务的一般性协调，缺少城镇组群内部、直接的、深层次的合作，更未构建起跨区域治理的平台和长效机制。尽管必须开展广泛深入的区域经济合作已经成为各地的共识，但在现有的政绩考核制度下，行政区划成为难以逾越的藩篱。同时在省政府上位指导缺位的情况下，城镇组群一体化的建设没有得到有效推动。

(四)产业发展特色明显，城镇化动力相对不足

黄河三角洲重工业比例较高，国有企业占有份额较大，在吸纳劳动力就业方面具有比较优势的轻工业、民营企业相对不发达，而产业结构调整的步伐不可能一蹴而就，这就导致了在其他地区城镇化取得相对较快发展的同时，保障黄河三角洲城镇化长期持续发展的动力相对不足。

从黄河三角洲对人口集聚的能力来看，除去市辖区，尽管黄河三角洲的净流入人口由五普时的 0.19 万人增加到 2013 年时的 9.72 万人，但常住人口占全省的比重却由 8.75%下降到 8.37%，这一比重比五普时的比重降低了 0.38 个百分点。从各县区净流入人口的对比可以看到，除广饶、莱州、寿光、昌邑、邹平、博兴等 6 个县市净流入人口有所增长或流出规模有所减小外，其他 11 个县市区对人口的吸纳能力均有所减弱(见图 3)。对人口的聚集能力直接体现了城镇化发展水平与质量的高低，值得予以关注。

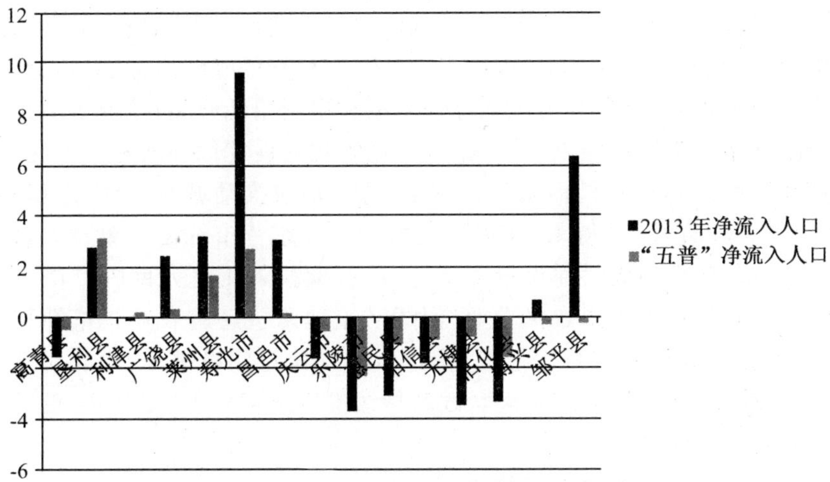

图 3　黄河三角洲各县市"五普"至 2013 年净流入人口变动对比

资料来源：山东省统计局：《山东省第五次人口普查统计资料》；山东省住房和城乡建设厅、山东省统计局：《山东省城镇化发展报告(2014)》。

三、黄河三角洲城镇化体制机制改革探索

2012 年 8 月，为加快推进小城镇发展，山东省政府办公厅公布了"百镇建设示范行动"示范镇名单。"百镇建设示范行动"是针对山东省小城镇规模小、经济实力弱、规划建设水平不高、辐射带动能力不强等问题，择优选择一批小城镇给予资金、土地、政策等方面重点扶持的专项行动。各地区根据省政府强镇扩权的基本思路，对小城镇积极配套各类发展条件，作了积极探索。

2012 年底山东省召开了全省城镇化工作会议，黄河三角洲各地结合实际，积极地贯彻落实。东营市召开了加快推进新型城镇化工作会议，出台了《东营市关于加快推进新型城镇化的意见》。滨州市从市住房城乡建设、国土资源、规划、城市管理行政执法等相关职能部门抽调人员成立城镇化指挥部，建立常态化工作机构，对全市城镇化工作进行统一组织协调。结合山东省城镇化工作领导小组办公室《关于做好城镇化发展规划编制工作的通知》要求，各地都在编制城镇化发展规划，对各自城镇化发展的目标、思路、总体布局和体制机制改革方向进行了整体谋划。目前东营、滨州、潍坊、淄博等地城镇化发展规划已经通过专家评审。

在政府自上而下推动和群众自下而上诉求的共同作用下，黄河三角洲城镇化进行了特色鲜明、途径多样的地方实践。博兴县积极引导大企业参与农村土地流转，促进农民转变为产业工人，推动农村社区建设。莱州市金城镇通过农村环境综合整治，改善人居条件，提高农村社区对群众的吸纳服务能力。沾化县利国乡借助土地资源优势，开展土地综合整治和未利用地开发，获取了城镇化建设所需资金和招商引资所需发展空间，进入城镇化的良性循环轨道。寿光市以“全域城镇化”为主线，以百姓需求为根本出发点，加快推动城乡一体、产城互动、建管并重，真正让百姓“进得来、住得下、过得好”。东营市推出首单新农村建设投资基金——黄三角新农村建设投资基金，第一期投入 1 亿元助阵广饶新型城镇化建设。乐陵联社推出了农民专业合作社、土地承包经营收益权抵押贷款等新业务，积极拓展农民住房贷款业务，推进城乡一体化建设进程，为农村社区建设提供信贷支持。在城镇化综合配套改革持续推进的背景下，更多元、更具特色的发展模式将不断涌现。

(一)小城镇行政管理体制改革

小城镇是县域经济的重要构成，是吸纳农业转移人口的重要载体和统筹城乡发展的基层平台。黄河三角洲高效生态经济区小城镇分布密度低于全省平均水平，小城镇规模较小、综合实力不强、发展层次低、特色不突出等问题普遍存在。针对这些问题，黄三角各地一方面积极争取国家和山东省各类扶持政策，开展多个领域的探索和试点工作；另一方面，主动出台符合各地特点的指导意见，引导要素资源向小城镇集中。截至 2014 年，黄三角共有国家发改委公布的全国改革发展试点小城镇 4 个(河口区孤岛镇、河口区新户镇、垦利县胜坨镇、利津县陈庄镇)，全国经济发达镇行政管理体制改革试点镇 1 个(广饶县大王镇)，山东省“百镇建设示范行动”24 个(全省共两批，每批 100 个)。有关市县相继出台了《中共东营市委、东营市人民政府关于加快试点强镇建设意见》《中共垦利县委、垦利县人民政府关于支持胜坨镇科学发展的实施意见》等政策文件。

表 4　　山东省“百镇建设示范行动”黄三角区域名单

地区		第一批名单	第二批名单	数量(个)
东营市	东营区	史口镇	牛庄镇	2
	河口区	—	—	0
	垦利县	胜坨镇	—	1
	利津县	陈庄镇	—	1
	广饶县	大王镇	稻庄镇	2

续表

地区		第一批名单	第二批名单	数量(个)
滨州市	滨城区	—	—	0
	惠民县	李庄镇	辛店镇	2
	阳信县	—	河流镇	1
	无棣县	车王镇	—	1
	沾化县	下洼镇	—	1
	博兴县	兴福镇	陈户镇	2
	邹平县	长山镇	魏桥镇、韩店镇	3
潍坊市	寒亭区	—	—	0
	寿光市	侯镇	羊口镇	2
	昌邑市	柳疃镇	饮马镇	2
烟台市	莱州市	沙河镇	—	1
淄博市	高青县	青城镇	—	1
德州市	庆云县	—	尚堂镇	1
	乐陵市	—	杨安镇	1
黄三角总计		13	11	24

资料来源：根据山东省“百镇建设示范行动”示范镇名单整理；寒亭区含潍坊滨海经济技术开发区。

在各级对小城镇出台的一系列扶持政策中，一般都包括人才、资金、金融、用地、项目和各类荣誉称号倾斜等内容，但其中最核心和最具长远效力的就是行政管理体制改革。在《山东省人民政府关于开展“百镇建设示范行动”加快推进小城镇建设和发展的意见》中，对百强示范镇的扶持政策首先就是“实施扩权强镇”。国家发改委设立的改革发展试点小城镇和中央编办推动的行政管理体制改革试点镇，都把小城镇行政管理体制改革作为重要甚至核心的试点内容。

从东营市垦利县胜坨镇的改革实践来看，其做法主要包括下放管理权限、优化机构设置、调整财政体制三大部分。第一，按照责权一致、依法下放、能放即放的原则，通过委托、授权和延伸机构等多种方式，县政府在产业发展、规划建设、环境保护、安全生产、市场监管、社会治安、民生事业以及项目审批等方面为胜坨镇下放权限 68 项。通过权限下放，胜坨镇政府能够在区域内直接行使部分县级行政审批许可和处罚权，所有委托下放权限的事项一律进入镇便民服务中心集中办理、实现“一站式服务”。第二，按照精简统一效能的原则，对接大部门体制，优化胜坨镇组织结构，使政府职能统分结合、责权清晰一致。对于县政府和县直部门派驻在胜坨镇的机构，胜坨镇党委、政府对其进行统一指导和协调，采取条块结合、以镇为主的考核办法，其主要负责人的任免须事先征得镇党委同意，镇党委可以建议其上级主管部门调整工作不力的机构主要负责人。整合城市管理、路政管理、道路交通管理、治安巡逻等执法管理力量，在辖区内建立高效的执法联动机制。第三，按照"区域内收入全留，支出自负，自求平衡"的思路，扩大县镇财政体制。在胜坨镇辖区内收取的土地出让金净收益、城市基础设施配套费、耕地占用税，属县部分县财政全额返还。以2011年度镇财政实际上缴额度为基数，3年内超收部分由镇财政全额留成。

通过系列改革措施，胜坨镇发展的能力、活力和实力不断增强。2014年1～7月份，胜坨镇预计实现地区生产总值106.2亿元，公共财政预算收入达到1.4亿元，固定资产投资63.5亿元，农民人均纯收入达到9845元，分别比上年同期增长24.2%、21.9%、23.9%和12.4%，均比体制改革前有了大幅提升。

(二)农村产权交易制度改革

在传统的城乡二元结构中，农民手中的耕地承包权、集体林权、宅基地使用权等只能在农村集体经济内部进行转让，无法进入市场、在交易竞价中发挥其最大经济效益，而且还造成了农村资源的抵押、担保能力不能充分实现。这一问题不仅导致了农村资源的浪费，也造成了农民财产性权利的损失，降低了农民流动能力，阻碍了城镇化进程。因此，使农民手中的农用地承包权、宅基地使用权转化为可交易、可流转的资产，是激发农村地区发展活力、提高农民就业创业能力、加快城镇化的有效手段。

党的十八届三中全会明确了推进农业经营方式创新、发展多种形式规模经营、建立农村产权交易市场、维护农民生产要素权益、建立城乡统一建设用地市场等改革方向。2014年中央1号文件强调，要通过地籍调查、确权颁证、修订法律法规、建立完善配套机制等手段，在落实农村土地集体所有、符合规划和用途管制的前提下，推动农村耕地、经营性建设用地和宅基地的入市、流转、抵押融资等工作。这些改革措施将促进农村经济发展活力，提高农民生活水平和地域选择能力，进而推进城镇化健康发展，而其中最核心的就是农村产权交易制度的改革。有关农村产权交易流程参见图4。

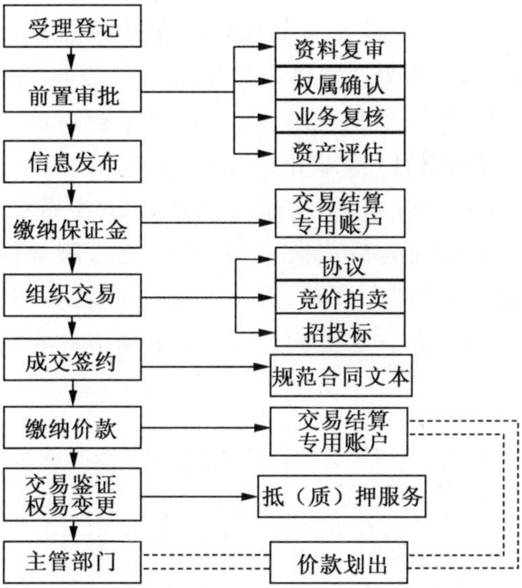

图 4　齐鲁农村产权交易中心农村产权交易流程

资料来源:齐鲁农村产权交易中心网站。

2008 年 10 月,中共山东省委、山东省人民政府确定潍坊市为全省唯一的综合配套改革试点城市,寒亭区承担了城乡户籍管理一元化配套改革试点任务。在试点过程中,寒亭区把农村物权资本化作为推进重点,在建立农村产权资本化交易市场方面进行了积极探索,并已形成了较为显著的引领和示范作用。2009 年起,寒亭区逐步启动了农村产权制度改革。一是推进农村集体资产股份化。该区以“所有权、经营权、受益权分离”为前提,首先对全区 321 个村的村集体经济组织成员进行确认,共确认成员 25.4 万余人。而后由政府主管部门牵头,委托第三方评估机构对村集体固定资产、债权债务、各类资源性资产进行摸底建档,在清产核资的基础上实施股份化改制。截至 2013 年底,共有 181 个村完成这一工作,可供流转交易的配股份额总计为 2.25 亿元,人均配股 2025 元。二是在现代测绘技术的支持下,通过地籍调查和宗地统一编码,加快农村土地承包经营权和农村宅基地使用权的确权发证,为农村产权交易制度改革做好基础性工作。三是成立企业化运作的农村产权交易平台。早在 2007 年,寒亭区就成立了农村土地承包经营权流转服务监管中心和土地流转信息网站。2010 年设立农村产权资本化交易市场,2013 年 5 月,该市场升格为潍坊市农村产权交易中心,而后又于 2014 年 1 月挂牌成为齐鲁农村产权交易中心。2014 年 9 月,山东省政府批复同意设立齐鲁农村产权交易中心有限责任公司,成为一家以农村土地承包经营权、农村集体林权、水域滩涂养殖权、农村集体股权、农村知识产权交易及相关信息发布、融资等配套服务为主要经营范围的现代企业,也是全省唯一的省级综合性农村产权交易机构。齐鲁产权交易中心按照“统一交易规则,统一交易鉴证,统一服务标准,统一交易监管,统一信息平台,统一征信建设”的运作模式,着力形成良好的资信条件、专业化的运作方式、完善的规则设计和风险防范机制。截至 2015 年 4 月,该中心已在潍坊设立了 15 个分中心及 134 个乡镇(街道)办事处,实现了所有涉农县(市、区)农村产权交易服务体系全覆盖。下一步将本着“就近办理、就近办结”的原则,进一步完善市县乡三级交易服务体系,并在全国和全省其他地市推进分支机构建设,为加快培育农村产权交易市场提供广阔平台。

表 5　　齐鲁农村产权交易中心有限责任公司股权结构表

序号	股东名称	出资额(万元)	出资比例
1	潍坊市金融控股集团有限公司	1250	25%
2	山东省国际信托有限公司	1250	25%
3	潍坊兴农土地整治有限公司	1250	25%
4	潍坊鑫汇投资担保有限公司	500	10%
5	潍坊富力商贸有限公司	500	10%
6	汇银融资租赁有限公司	250	5%
合计		5000	100%

结合国家和全省相关要求,黄河三角洲其他各地也普遍推开了农村集体产权的确权登记发证工作,并且在产权交易制度创新方面作出了有益探索。垦利县胜坨镇早在 2007 年就成立了土地流转管理服务中心,开展法律政策宣传咨询、搜集发布流转信息、土地确权审核、受让方资质审查、土地承包合同的登记备案及鉴证、纠纷调解处理等工作。沾化县利国乡建立了村集体从农户手中进行“反租倒包”土地、再流转给现代农业企业的交易模式,增强了价格谈判的话语权,也使农村产权交易过程中的风险得到有效控制。

(三)农业转移人口市民化制度改革

在传统城乡二元结构体制下,城市内部以户籍制度为基础、以一系列排他性配套政策为依托的公共资源配置方式,形成了城市内部的“二元结构”,严重阻碍了城市社会的包容性发展。因此,农业转移人口市民化既是社会公平的基本要求,也是真正以城镇化为引擎实现扩大内需、促进经济平稳健康发展和结构转型升级的必要保障。在国家推进“以人为核心”的新一轮新型城镇化进程中，农业转移人口市民化成为国家、地方关注和力图解决的首要问题。

经过三十多年的改革开放，农业转移人口与完全的城市市民之间在政治参与、子女教育、劳动技能培训、医疗卫生、住房保障、就业、失业、工伤、养老、生育等方面仍存在较大的权利和待遇差距，在社会关系和心理认同等方面也存在明显区别。政府长期没有对农业转移人口市民化问题进行足够关注具有复杂的历史背景，但归结起来不外乎以下几个方面：一是在传统农业国家工业化的跨越式发展过程中，以农业支持工业、以农村支持城市成为一个客观上的现实选择，按照身份上的先天划分降低地区经济扩大再生产所需成本是一个“看似说得过去”的制度设计，并因此得到了长期维持。二是传统农业国家所积累的大量剩余劳动力形成了一定时期内较为稳定的劳动就业市场，供大于求的市场结构使农村转移劳动力不具备议价权利。三是经济增长长期在更大程度上依赖投资和出口，也使国家政策体系中对居民消费所产生的经济增长动力重视程度不足，使中央和地方政府缺乏在较大程度上改善外来务工人员生活保障水平的动力。四是第一代进城务工人员对个人权利的追求较为单一，也尚未形成组织化、渠道化的诉求方式，使农业转移人口市民化缺乏足够的底层推动力。五是政府以“经济建设为中心”的施政思路，对社会稳定与和谐的统筹不够，系统化的社会发展政策长期没有得到建立健全。当然，这一问题也涉及跨地区利益协调等技术原因以及其他方方面面的原因。新时期中国特色社会主义的五位一体总布局，全面深化改革、经济发展新常态的出现，社会利益诉求多元化等情况变化，在主观上和客观上都在推动国家和各地展开这一工作，黄河三角洲各地也作了各具特点的制度探索。

东营市在山东省率先推进了城乡社会保障一体化工作，解决了城乡居民因户籍不同在统筹层次、就医选择、保障范围、待遇水平等方面存在较大差异的矛盾，也减小了进城务工人员与市民间的社会保障水平差距。一是完成了城乡居民医疗保险制度整合。除了加大财政投入、提高保障水平外，东营市建立了医改协调机构、人社部门、财政部门、卫生部门等部门共同参与、各有分工、归口负责的运行机制，体制更加顺畅。根据平稳过渡的原则，逐步实行了“一制两档”的参保政策，即一套城乡统一的居民基本医疗保险制度和两个个人缴费档次，兼顾了制度的统一性和灵活性。二是合并实施新农保和城居保两种养老保险，实现城乡一体化和制度全覆盖。在实施过程中，当地把基础养老金标准提高到全省第一(每人每月 120 元，比国家高出 65 元)，还通过增加缴费档次满足不同收入群体需求，对独生子女父母、双女父母、伤病残和失独父母等特殊群体给予特殊补助，代缴重度残疾人保费，建立丧葬补助制度等做法，使城乡养老保险方面的保障水平基本消除。三是促进社保经办服务的实体化和信息化，改善社会保障的综合服务水平。东营市已建成涵盖各项基本业务，贯通市、县、乡、社区四级的信息一体化系统，加快推进集成多个险种的“一卡通”建设，实现了参保登记、收缴保费、待遇发放、档案管理的信息化。另外，通过加强镇街、社区的公共服务平台实体建设，为进城务工人员提供了便利。

潍坊市 2013 年下发了《关于进一步加强户籍管理制度改革推进城乡统筹发展的意见》(潍政办发[2013]6 号，以下简称《意见》)，就推进户籍管理制度改革提出了指导意见。《意见》明确，要逐步建立以公民经常居住地登记常住户口为基本形式、以合法稳定住所和合法稳定职业为户口迁移基本条件的户籍管理制度。《意见》提出了明确的地区分类迁移政策，在潍坊市市区符合连续工作满 2 年、按规定参加社会保险、具有合法稳定住所(含租赁)等五类条件的人员，本人及其共同居住生活的配偶、未婚子女、父母均可在当地申请登记常住户口；各县市可根据实际情况，制定门槛不得高于潍坊市市区的落户政策；加快“城中村”改造，积极稳妥推进“村改居”工作，并将原居民统一登记为城镇居民，使其享受与城镇居民同等的公共服务；引导农村居民自愿、就近到城镇落户。同时，《意见》还对保护进城落户农民的土地权益和集体经济收益权、完善城乡一体的社会保险体系和就业服务政策、保留一定的生育政策过渡期、逐步建立统一的住房保障体系、政治参与权和子女受教育权等问题作出了配套安排，为加快推进农业转移人口市民化、提高城镇化质量提供了制度保障。

其他各地也都结合各自情况，扎实有效地推进转移人口市民化工作。滨州市 2011 年开展了针对农民工的就业帮扶、法律咨询与权益维护、送文化娱乐、关爱身心健康、解决子女教育、心理健康辅导等服务活动，提高外来务工人员的归属感。惠民等县落实公共财政和社会资金，加快建设公租房，为外来务工人员解决住房困难。邹平县韩店镇拓宽医疗保险覆盖面，把农村户口的外来务工人员纳入保障范围。庆云县推行流动人口“一证通”制度，全面提高对外来务工人员的管理服务水平。广饶县公安局以“亲情化，市民化”管理服务为支撑，加强流动人口管理，积极提高辖区暂住流动人口管理服务水平，有效地维护了流动人口的权益。

(四)城乡建设管理制度改革

城乡建设管理制度是增强城乡聚落综合承载能力、提升城镇化内涵发展水平的重要支撑。我国提出新型城镇化战略的出发点，在很大程度上就是要改变过去传统城镇化道路存在的资源过度消耗、环境破坏严重等粗放式发展模式，通过精细化管理提高城镇化整体效益。黄河三角洲依托高效生态经济发展的要求和特色，在提高资源环境利用水平、智慧城镇建设等方面作出了若干探索。

滨州市先后出台了《关于做好建设节约型社会重点工作的实施意见》《关于进一步加强节能减排工作的实施意见》《滨州市节约能源"十二五"规划》《滨州市循环经济发展"十二五"规划》等一系列政策文件，通过多种途径促进资源环境的集约利用。针对土地资源，滨州市积极开展全国低丘缓坡荒滩试点，编制了未利用地开发利用实验区方案和利用规划，通过规划确定了未利用地开发利用的规模和空间时序；落实土地利用计划的差别化管理，引导新增建设用地主要用于新兴产业、民生项目、重大项目和重点区域。针对水资源，滨州市先后制定了《滨州市节水型社会建设规划》《滨州市用水总量控制管理办法》等政策文件，实施了水价改革，建立和完善了用水总量控制与定额管理相结合的用水管理制度，对高耗水企业强制实施节水技术改造并严禁新上高耗水项目。2014 年，滨州市被确定为全国第二批水生态文明建设试点市，被授予"第三批全国节水型社会建设示范区"称号。此外，滨州市还大力实施"林水会战"，加大各类生态环境保护功能区的建设、保护和修复力度，推进水环境、大气环境和固废污染的治理工作，实现了经济较快增长前提下的资源环境改善与集约利用。

昌邑市在城乡环卫工作中，把信息化、资源再利用等手段结合起来，创造出智慧环卫的"昌邑模式"，在全国引起强烈反响。一是创新垃圾收集运输模式。通过实行委托服务的市场化运作途径，昌邑市建立了"统一收集，统一清运，集中处理，资源化利用"的垃圾处理新模式。该市改变了过去市、镇、村、户的分层管理模式，由昌邑康洁环卫公司与各镇街区签订托管协议，实现了管理主体整合基础上的服务水平和服务效率提升。二是强化信息化管理。全市为环卫作业车安装了 GPS 定位终端，为环卫一线管理人员配备了 GPS 定位终端和对讲手机，为 25000 余个垃圾桶安装了电子芯片，安装并整合各部门监控探头 25000 个，建立了统一视频监控平台，实现了对人员和车辆运行、垃圾清运、机械作业的即时精准管理。三是提升企业自我发展能力。除市镇村各级公共投入和补助外，昌邑市大力引导城乡环卫的产业化，以市场化途径推进企业良性运转。昌邑环卫集团下设康洁制衣、康洁物业、康洁环卫、康洁设备 4 个子公司，成立了 100 余处物业托管部，业务已拓展到 8 省 40 个县市区，年主营业务收入达到 48 亿元，正积极运作在新三板上市，在全国率先走出一条发展新路子。四是创新资源化利用模式。昌邑市环卫局与潍坊金丝达环境工程有限公司共同开展了城乡生活垃圾资源化利用项目，日处理垃圾 300 吨，可实现垃圾的循环利用和当前处理规模下的项目不亏损。昌邑大力推进城乡环卫管理制度创新，使人居环境明显改善、生态环境和社会文明和谐程度明显提升。

东营市和寿光市也被国家住建部确定为首批智慧城市建设试点城市，围绕城乡建设管理模式创新，两地也做了大量的制度改革工作。东营市早自 2009 年就与IBM共同建设黄河三角洲云计算中心，以支撑其数字城市建设，目前该市正在进行智慧城市的顶层设计与规划工作，并着手开展智慧社区试点、智慧管网、智慧城管等重点项目建设。寿光市的智慧城市建设主要围绕三个平台一张卡开展，即基于云计算和大数据分析工具，整合现有各类信息系统，打造行政服务平台、城市公共服务平台、电子商务平台和市民卡系统。通过智慧城市建设，将实现各类终端的系统整合、数据实时掌握与更新、可视化查询及资源供需的智能管控，并推动多部门的联合协同，减少城乡建设管理层级，降低资源环境消耗，提高管理的精细化水平和城镇承载容纳能力，从而促进城镇化进程。

（五）城镇化资金保障制度改革

城镇化是一个复杂的系统工程，其所涉及的资金需求领域宽广、规模巨大。笼统地说，城镇化所需资金无非用于四个方面，即提高城镇综合承载力和宜居度以吸纳更多人口、提升公共服务供给水平以促进农业转移人口的市民化、建立顺畅的要素流通渠道以降低人口流动成本、为支撑城镇化健康持续发展进行非城镇地区的综合治理。在特定地区的资金来源渠道上，可以有上级政府政策性资金、地方公共财政收入、民间资本、农民自筹等投入方式，以及银行信贷、债券融资、信托基金、私募基金等现代融资手段。因此，城镇化资金保障制度就是要在有效控制资金使用风险的前提下，更好地满足城镇化需要。

建设农村新型社区是通过资源整理、实现农民就地就近城镇化的有效途径，但与城镇相比，农村缺乏产业集聚的条件和需要，因此其资金瓶颈一直没有得到很好解决。德州市通过“两区同建”，即以农民居住社区和农村产业园区同步建设推进新型城镇化，努力破解农村社区建设的资金瓶颈，黄河三角洲高效生态经济区范围内的乐陵市和庆云县也参与其中。德州市是一个传统农业大市，农业人口众多，且村庄数量多、规模小、居住分散，农民收入水平不高，在农村社区建设过程中面临的资金问题尤为突出。首先，该市在坚持规划引领、群众自愿的基础上，将原来的8319个行政村合并为3070个社区，将社区并居点压缩到641个，规划农村社区规模达到5000人以上、乡镇驻地社区规模达到1万人以上。而后对被撤并农村居民点的建设用地进行复垦，将整理出来的建设用地指标纳入城乡增减挂钩政策的实施范围，通过土地资源的优化配置，得到土地增值收益带来的统筹性资金，再整合中央和山东省设立的农村危房改造与农田建设整理等政策性资金、一部分农民和企业投资带来的社会性资金，形成农村社区建设的主要资金来源。在三类资金中，统筹性资金占主要地位。因此，德州市特别把群众意愿、规划设计方案和土地增值收益的用途作为重点监管内容，防止农民“被上楼”、社区建设不符合农民生产生活特点等现象的发生。其次，也是最为关键的一点，就是农村产业园区的规划建设，这也是保障农民收入有持续资金来源的核心。德州市根据宜农则农、宜商则商、宜工则工、宜游则游的思路，与农村社区同步规划设立农、工、商等产业园区1500余处，实现了每个社区都有产业园区的目标。这些园区仍以农业园区为主，通过农业生产的组织化、规模化、企业化，提高了农村土地规模经营程度，使其能够满足农民就地就近就业的需要，也改善了农民的收入和生活水平，推动农村社区建设得以进入良性轨道。截至2014年7月，德州市已建和在建的新型农村社区达到378个，容纳农民30万户，配套建设产业园区876个，40万农民实现了就近就业。2015年，中央编办、财政部等11部委下发了《关于印发国家新型城镇化综合试点方案的通知》，确定德州入围国家新型城镇化综合试点。

四、黄河三角洲城镇化发展思路建议

从黄河三角洲推进城镇化的情况看，各地都积极贯彻落实了中央和省政府提出的基本思路，因地制宜地选择不同重点进行了体制机制改革与创新，较好地促进了经济社会发展，有的做法在全国和全省产生了强烈反响。但总体而言，当前黄河三角洲的城镇化体制机制改革仍存在三个方面的问题：一是还没有把高效生态经济建设与城镇化体制机制创新有机地统一起来，在观念上存在两项工作缺乏关联、互不影响的认识，在做法上没有统筹考虑、单纯地解决工作中存在的问题，在组织上也没有从黄河三角洲高效生态经济区层面上进行区域统一推进；二是缺乏系统性，各地往往根据自身工作基础和现实性问题进行推进，具有一定程度上的偶然性，而依赖以往基础的特点导致以少数部门为主进行组织，从而使体制机制创新过于碎片化，难以发挥整体合力；三是各地所谓的体制机制创新行为，很多做法仍未上升到机制层面，缺乏长期稳定效力，如对城乡人居环境的集中整治，针对资金约束组织的银企对接洽谈，针对务工人员进行的志愿服务等行动，就很明显具有这一特征。

在改革开放进入深水区、中央推进全面深化改革的背景下，黄河三角洲城镇化发展应在充分借鉴发达国家、国内先行地区的基础上，深入总结本地以往改革经验，进一步对接区域发展战略，加强顶层设计，加强区域统一协调工作组织，不断健全完善制度和法律法规保障，推动城镇化实现健康持续发展。

（一）优化城镇化空间布局

黄河三角洲高效生态经济区横跨近300公里，并不是一个完整的经济区，作为黄河三角洲中心地带的东营、滨州两市并不足以辐射带动东西两翼及南部部分县市。其中，莱州与烟台、青岛的联系更为紧密，南部邹平、广饶等县还受到淄博的影响，寿光、寒亭、昌邑三个地域单元本属潍坊，受其影响也更加明显，庆云、乐陵则更倾向于独立发展。同时，区域内部经济发展水平的区域差异明显，应根据自身实力和区位条件选择合理的组群化发展途径。因此，全区应因地制宜，分别建设跨区域、区域内和县域内部三级城镇组群。

以三级城镇组群为基本骨架，发挥不同地域、不同规模城镇组群的优势和特色，构筑起坚实有力、互动融合、功能完善的城镇化发展载体。促进邹平与淄博一体化发展，推动昌邑和寒亭融入大潍坊发展格局，建设跨区域城镇组群，最大限度地利用外部力量。以地缘因素、经济社会联系强度和黄河三角洲区域发展需要为出发点，加快规划建设东营—垦利—利津—滨州城镇组群、惠民—阳信—无棣城镇组群和庆云—乐陵城镇组群。莱州、寿光、广饶等地，以县市城区为核心，以紧密联系乡镇为支撑，建立组团发展、敞密有致的城镇发展格局。其他地区，如沾化、高青、博兴三县以及四大临港产业区等新开发地域，在集聚发展、积极做大做强的同时，也应把组团式布局的理念融入到城镇规划建设中，并逐步探索城镇组群体协同发展的有效途径。

对城镇布局进行统一规划。由黄三角建设领导小组或省直有关部门，会同国家相关部委，制定各城镇组群发展目标，重新梳理城镇定位、城镇发展方向、用地布局、重大基础设施和公共服务设施建设等各项任务，作为各城镇进行总体规划修编的重要依据。按照责权利相符的原则，因地制宜地构建多样化的城镇组群治理协调机制。可对规划实施和项目建设中付出的各项成本、收益进行货币化计算，并通过财政转移支付、政策优惠等综合措施，保证地区之间能够通过合理的制度安排，共享一体化所带来的发展机会和成果。

积极稳妥推进行政区划调整。按照尊重民意、延续历史、积极稳妥的原则，充分论证其必要性和可行性，择机加以实施。在地级市层面上，可通过成本—收益分析，讨论东营、滨州合并的可能性。相关结论可以作为远期目标，在适当时机加以推动。在县市级层面上，可组织论证垦利县设区、河口区改县、昌邑市改区、庆云县和乐陵市合并的具体方案、时机选择，以及相应的保障措施。及时开展对乡镇级行政区划的针对性调整，一是对强镇进行扩权，二是对具有明显区位优势、资源优势的战略性乡镇进行扩权，三是考虑在自然保护区、重点开发地区设置新的区划单元，四是改革一般性乡镇政府职能，使其向公共服务供给为主转变。

（二）提升城镇综合承载力

加快城中村综合改造。对于城中村农民，应以“四改两化”为途径加快推进城中村综合改造。“四改两化”是在“三改一化”基础上进行的完善，即：将城中村改为社区，撤销农村村委会，建立社区居委会，完善配套的社区管理和服务体系；将农民改为居民，农业就业改为非农就业，与城市居民享受同等的待遇和生产生活方式；将村集体经济组织改为股份制公司，采取资产变股权、村民变股东的方法，实施股份制改造，社区村民委员会主要负责人与社区集体经济组织脱钩制度，实现经济职能与社会职能相分离；推广社区“网格化”管理和市场化物业管理，建立社区管理和物业管理联动机制。

适度超前配置城镇设施供给。按照适度超前的理念，提高基础设施和公共服务设施的建设标准，统筹城市基础设施和各种公用设施的建设、运营和管理，进一步提升城镇综合承载能力。建立健全突发事件的预警和应急机制，提高应对突发事件和抵御风险的能力，加强市政公用产品的质量安全监督，保障城市供水、燃气、地铁、公共交通等市政公用产品和服务的供给和安全。

提高城镇资源利用效益。强化以资源的有效持续利用和生态环境的良好维护为目标的底线思维，建立可持续的城镇化发展模式。要高度重视土地、水等资源的稀缺性和不可再生性，建立和完善重大环境质量预警、检测和反馈系统，设置更高的资源环境保护目标和准入门槛，建立资源环境消耗总量和使用效益的硬约束，倒逼经济社会发展转型，保障城镇化的长期、稳定、健康发展。

彰显城镇特色和建设品位。在综合分析评价各地区域和城镇用地条件的基础上，以保护展示当地自然山水格局、地方文脉、建设现代生态宜居城镇、提升人居环境品质为目标，全局性、前瞻性地统筹谋划区域城镇化和城镇用地组织方式，建立符合当地发展实际的、独一无二的空间布局和城镇景观风貌，彰显当地城镇化的文化品位和本土特色，提升其对外来人口的吸引力。

(三)深化城镇化体制机制改革

户籍管理制度改革。积极稳妥地推进建立城乡一体、以居住就业地户口登记制度为重点的户籍制度改革，鼓励有合法固定居所和相对稳定职业或合法生活来源的农业人口到城镇落户，使户籍制度回归人口信息管理的原本职能。加快住房、就业、社会保障、教育、征兵、退伍安置、优抚、计划生育等与户籍管理相关的配套改革，搞好相关政策之间的衔接，建立起新的管理体制和运行机制，落实进城落户农民与城镇居民同城同权，享有与迁入地城市居民同等的教育、养老、医疗、住房、低保、优抚、就业等公共服务保障，享有与迁入地社区居民平等的选举权、被选举权和民主管理权利。对自愿退出宅基地和承包地(集体林地)的农民，制定相关的退出机制和补偿办法。以解决城镇中低收入群体和农民工保障性住房为重点，坚持市场供应为主，以公共租赁住房为主，完善住房保障体系。短期内可以居住证为依据，推行城镇居民均等的公共服务待遇。

农村集体资产量化。借助现代测绘技术和已有的国土等各部门数据库，对土地承包经营权、宅基地使用权等农户权利和农村集体经济组织权利进行全面核查，并按照物权法对农村集体资产产权进行确权登记、宗地编码和发证工作。

积极引导和鼓励农户以土地承包经营权、宅基地使用权等资产权利入股农民专业合作社,将集体资产折股量化到成员个人并组建集体资产运营公司、完善法人治理结构,使农民通过农村集体资产的专业化、企业化运营管理获取收益,实现资产所有权、承包权和经营权的分离。

农村产权交易机制。一是按照依法、自愿、有偿的原则,将集体经营性建设用地使用权、集体林权、集体资产收益权、农村知识产权交易及土地承包经营权流转、农村住房所有权流转等纳入市场交易。二是逐步建立健全省、市、县、镇、村流转服务组织网络和农村土地流转信息系统(平台)。通过各层级的互动反馈,及时搜集整理农村产权流转供求信息,及时准确地将其纳入农村土地流转信息系统,运用现代网络及时向社会公布相关信息,为各类经营主体提供信息服务,形成公开、公平、公正的农村土地承包经营权流转市场,推进农村土地规范有序流转。三是建立多部门协调联动的农村产权交易纠纷调处机制,开展仲裁制度规范化建设,确保土地承包纠纷及时、公正解决。

就业创业支持机制。一方面,通过各级城镇及各类开发区的建设,为产业发展和扩大就业提供空间载体;另一方面,要通过综合性的公共政策,加强劳动力市场建设,切实保障农业转移人口的合法权益,积极落实税费减免、财政补贴等政策,支持构建政策扶持、创业服务、创业培训三位一体的就业创业扶持机制。优先扶持劳动密集型产业发展,提高农民实用技能水平,降低农民就业创业的资金、准入门槛,并积极解决农民工在医疗、养老、社会保障、子女教育上存在的诸多障碍,为农民城镇化提供便利条件。

(四)同步开展农村综合整治

完善功能,城乡一体。一是要通过采取加大资金投入和增加投入主体等措施,切实加大农村公共服务投入,加快文化、科技、教育、卫生、就业、社会保障等公共服务向农村覆盖,建成政府主导、覆盖城乡、可持续的基本公共服务体系。二是打破公共服务体制城乡二元分割状态,逐步推进养老、医疗保险和低保制度并轨,构建城乡一体、普惠均等的基本公共服务制度。完善农村养老、医疗、社会救助等保障标准自然增长机制,使之随群众生活水平提高和物价上涨幅度相应提高。探索农村工伤、生育保险,进一步丰富和完善农村社会保障。以对现有村庄河道、山体环境、道路、住宅、公共设施、环境卫生、村庄绿化的综合整治为重点,继续推进社会主义新农村建设,促进城镇化与新农村的协调发展。

积极稳妥,渐进集中。在农村新型社区组建和实施过程中,应坚持以基础设施和公共服务设施建设为引导,积极稳妥地推进渐进式集中。一是积极推进农村土地确权,做好农村产权变动调整的基础性工作,维护农民对承包地、宅基地和集体经济组织的合法权益。二是在农村社区建设各个环节,必须坚持群众参与、规范运作、依法推动，实现阳光操作。三是坚持制度保障。要以控制城乡用地增减挂钩中的节地率等为手段，并确保将土地增值收益全部返还农村，解决补偿标准偏低、先拆后建的问题，使群众对农村社区建设全过程满意。

两化联动，产业支撑。农村人口社区集中的一个重要支撑是实现土地的规模经营，因此应坚持农业现代化和城镇化的联动发展。进一步完善政策、优化环境，鼓励和支持各类农民专业合作组织加快发展。把培植壮大农业龙头企业作为农业发展的主要带动力量，加快推行“龙头企业＋农民专业合作社＋农户”的经营模式。在标准化生产、品牌创建、科技服务、土地流转等领域加快创新步伐，实现农业经营方式向集约化、组织化转变。通过持续推进农业产业化，把大量农民转变为产业工人，提高农民收入，增强农业发展效益，为农村社区发展提供基本支持。

大事记

2008 年 6 月，山东省人民政府印发了《山东省黄河三角洲高效生态经济区发展规划》，对加快黄河三角洲高效生态经济区建设进行了总体部署。

2008 年 9 月 2 日，中共山东省委、省政府出台了《关于支持黄河三角洲高效生态经济区又好又快发展的意见》，对推进黄河三角洲开发，加快建设特色经济区给予政策支持。

2009 年 3 月 24～31 日，国家发改委会同国务院 25 个部门和单位组成联合调研组，由国家发改委副主任杜鹰带队，在山东省黄河三角洲区域进行实地考察调研。

2009 年 11 月 23 日，国务院正式批复《黄河三角洲高效生态经济区发展规划》，标志着黄河三角洲建设上升为国家战略，这是山东省第一个国家级区域发展战略，也是我国第一个以“高效生态经济”为功能定位的区域发展规划。

2009 年 12 月 6 日，国家发改委正式印发《黄河三角洲高效生态经济区发展规划》。

2010 年 1 月，黄河三角洲高效生态经济区建设办公室正式成立。

2010 年 1 月 17 日，黄河三角洲高效生态经济区开发建设恳谈暨项目推介会在北京举行。现场共签约 77 个项目，总投资 2610 亿元。山东省人民政府与国家开发银行、中国进出口银行等 8 家银行签订了《支持黄河三角洲高效生态经济区发展战略合作协议》。

2010 年 2 月 24 日，黄河三角洲高效生态经济区建设领导小组第一次会议在济南召开。会议审议通过了 30 个专项规划编制方案、15 项政策研究开发分工，确定了黄河三角洲高效生态经济区建设领导小组成员单位和黄河三角洲高效生态经济区建设办公室主要职责。

2010 年 5 月 23 日，中共山东省委、省政府出台了《关于贯彻落实黄河三角洲高效生态经济区发展规划的实施意见》。

2010 年 5 月 27 日，山东省人民政府制定了《关于金融支持黄河三角洲高效生态经济区发展的意见》。

2010 年 6 月 11 日，山东省黄河三角洲高效生态经济区建设工作会议在济南召开。中共山东省委书记、省人大常委会主任姜异康，省委副书记、省长姜大明出席会议并讲话，要求深入贯彻国务院关于黄河三角洲高效生态经济区发展规划的批复精神，大力推进黄河三角洲高效生态经济区建设，促进全省区域经济协调发展。

2010 年 6 月 24～25 日，首届黄河三角洲高效生态经济区经贸洽谈会在东营市举办，共签约项目 198 个，签约金额 3245.3 亿元。

2010 年 9 月 9 日，民政部与山东省政府在济南签署了《共同推进黄河三角洲高效生态经济区民政事业发展合作协议》。

2010 年 9 月 17 日，农业部与山东省人民政府在烟台签署了《共同推进黄河三角洲高效生态农业示范区建设合作备忘录》。

2010 年 9 月 27～28 日，黄河三角洲高效生态经济区建设院士专家高峰论坛在滨州举办。

2010 年 12 月 5 日，中国气象局与山东省人民政府在济南签署了《共同推进气象为经济文化强省建设服务合作协议》。

2010 年 12 月 12 日，水利部与山东省人民政府在北京签署了《现代水利示范省建设合作备忘录》。

2011 年 2 月 13 日，国土资源部与山东省人民政府在济南签署了《关于创新国土资源管理体制机制共同推进黄河三角洲高效生态经济区发展及地质找矿合作协议》。

2011 年 3 月 11 日，卫生部与山东省人民政府在北京签署了《卫生部、山东省人民政府促进山东省医疗卫生事业发展合作协议书》。

2011 年 4 月 18 日，国家工商行政管理总局与山东省人民政府在济南联合召开新闻发布会，通报国家工商总局关于支持山东“一蓝一黄”经济区建设发展的意见。

2011 年 4 月 27 日，山东半岛蓝色经济区和黄河三角洲高效生态经济区建设工作领导小组第一次会议在济南召开。会议对促进“蓝黄两区”融合发展、错位发展、一体化发展，形成国家战略集聚效应，进一步加快山东半岛蓝色经济区和黄河三角洲高效生态经济区建设作了安排部署。

2011 年 6 月 16 日，环境保护部与山东省人民政府在济南签署了《环境保护战略合作框架协议》。

2011 年 7 月 23 日，交通运输部与山东省人民政府举行座谈会并签订了部省会谈纪要。

2011 年 7 月 29 日，黄河三角洲产业投资基金揭牌暨首期投资项目签约仪式举行。

2011 年 8 月 15 日，山东省人民政府召开常务会议研究黄河三角洲高效生态经济区未利用地开发问题。

2011 年 8 月 23 日，黄河三角洲高效生态农业冷链产业科技示范工程现场会议在济南召开。

2011 年 8 月 23 日，由山东省发改委和新华社山东分社联合主办的山东“蓝黄两区”网正式开通。

2011 年 9 月 14 日，山东省人民政府印发了《关于黄河三角洲高效生态经济区未利用地开发利用的意见》，明确了科学有序高效推进黄河三角洲未利用地开发的政策措施。

2011 年 9 月 15 日，黄河三角洲高效生态经济区未利用地开发工作会议在济南召开，安排部署黄河三角洲高效生态经济区未利用地开发工作。

2011 年 9 月 17～18 日，第二届黄河三角洲高效生态经济区经贸洽谈会在滨州举办，共签约项目 160 个，签约金额 2096 亿元。

2011 年 9 月 18～24 日，中共山东省委、省政府领导带队分三组赴相关地市对蓝黄两大战略实施情况进行督促检查。

2011 年 10 月 10 日，中共山东省委、省政府召开蓝黄两大发展战略实施情况督促检查工作总结会议。会议听取蓝、黄两大发展战略实施情况实地督促检查工作汇报，对下一步推进“两区”建设工作作出部署安排。中共山东省委书记、省人大常委会主任姜异康出席会议并讲话。省委副书记、省长姜大明主持会议。

2011 年 11 月 25 日，山东省发改委与大众报业集团联合成立了《大众日报》“蓝黄两区”记者站，进一步加强对蓝、黄两大发展战略的宣传，为“两区”建设营造良好的舆论氛围。

2012 年 2 月 15 日，山东半岛蓝色经济区和黄河三角洲高效生态经济区建设工作领导小组第二次(扩大)会议在济南召开。会议通过了《山东半岛蓝色经济区和黄河三角洲高效生态经济区建设年度绩效评价及考核暂行办法》，对《规划》提出的约束性和预期性指标尽可能量化细化，并与全省科学发展综合考核相衔接。

2012 年 2 月 29 日，山东省“蓝黄两区”建设工作会议在潍坊召开。

2012 年 5 月 9 日，国家发改委地区司巡视员陈宣庆督查调研组来鲁，对山东省黄三角高效生态经济区发展规划落实情况进行督导调研，督察组对山东省实施黄三角规划取得的成绩给予充分肯定。

2012 年 7 月初，随着东营市北李土地开发项目、滨州沾化县利国马营土地整理开发项目施工全部展开，山东省在黄三角地区 6 个未利用地开发项目正式启动，792 万亩未利用地开发建设如火如荼。

2012 年 7 月 11 日，“2012 香港山东周”鲁港经贸合作洽谈会在香港举行。山东省重点向香港经贸界推出了 300 个合作项目，山东半岛蓝色经济区和黄河三角洲高效生态经济区成为此次招商活动的重点。

2012 年 7 月 21～25 日，全国首个海峡两岸海洋食品展销会在荣成举行，达成外资及台资项目 19 个，总投资 3.78 亿美元，内资项目 13 个，总投资 28 亿美元。

2012 年 8 月 31 日，第十八届鲁台经贸洽谈会暨 2012 海外台商齐鲁行活动开幕式在潍坊举行，主题为“相聚齐鲁，携手蓝黄，共谱新篇”。

2012 年 8 月 31 日，首届中国绿色论坛在东营举办。论坛旨在推动生态文明指标体系及战略性新兴产业研究。

2012 年 9 月 24 日，“蓝黄辉映新山东——喜迎十八大两区成就图片展”在山东省博物馆隆重开幕。

2012 年 9 月 25 日，首届中国黑牛节在高青县开幕，山东在黄三角启动了 10 万头黑牛繁育及产业化省级重点工程。

2012 年 10 月 15 日，由中共山东省委宣传部、省发改委、省“两区”办、大众报业集团、省广播电视台联合举办的“科学发展 引领跨越——喜迎十八大“蓝黄两区”建设走基层大型采访报道活动”在济南正式启动。

2012 年 10 月 20 日，国家发改委会同山东省政府启动《黄河三角洲高效生态经济区发展规划》中期评估，为下一步全国开展区域性规划和政策性文件评估工作创造经验、提供示范。

2012 年 10 月 22 日，由山东省发改委、省“两区”办与山东广播电视台联合成立的山东广播电视台“蓝黄两区”记者站在济南举行成立仪式。

2012 年 10 月 26～28 日，2012 年“蓝黄两区”经贸洽谈会暨中小企业融资推介会在潍坊市成功举行。

2012 年 12 月 7 日，2012“蓝黄两区”十大新闻开评，9 市选报重大发展事件 31 件，《大众日报》“两区”记者站组织 30 家媒体与 30 名专家开始评选。

2012 年 12 月 17 日，“相聚魅力齐鲁 共谋蓝黄发展——海内外女企业家投资峰会”在潍坊市举行。

2013 年 9 月 2 日，中共山东省委、省政府下发了《关于成立省区域发展战略推进工作领导小组的通知》(鲁委[2013]509 号)，成立省区域发展战略推进工作领导小组，统筹“两区一圈一带”推进工作。

2013 年 11 月 24～28 日，中共中央总书记、国家主席、中央军委主席习近平在山东视察时指出,“两区一圈一带”区域发展战略要扎实向前推进,做好功能互补、相互促进、协调发展的文章。

2013 年 11 月 25 日,山东省区域发展战略推进工作领导小组下发了《关于“蓝黄两区”建设绩效评价及考核情况的通报》

2014 年 2 月 19 日,黄河三角洲高效生态经济区第一次党政联席会议在东营召开。会议审议通过了《黄河三角洲高效生态经济区联席会议制度》和《推进黄河三角洲高效生态经济区建设重点工作》。省委常委、常务副省长孙伟出席会议并讲话。

2014 年 3 月 20 日,《大众日报》“两区一圈一带”新闻专版正式创刊,该专版每周一期,每期 4 个版,随《大众日报》全省全量发行。

2014 年 6 月 10～20 日,根据山东省人民政府“蓝黄两区”《规划》实施情况检查推进工作方案,省工作组赴“蓝黄两区”各市进行检查。

2014 年 7 月 30 日,山东区域发展战略主题展馆设计方案汇报会在省政府第一会议室召开。

2014 年 9 月 23 日,山东半岛蓝色经济区与黄河三角洲高效生态经济区投资洽谈会在潍坊召开。

2014 年 10 月 23 日,第十五届西博会山东半岛蓝色经济区和黄河三角洲高效生态经济区重点园区推介会在成都举行。

2014 年 10 月 29 日,山东省区域发展战略推进工作领导小组扩大会议在济南召开,会议全面总结“蓝黄两区”《规划》实施情况,交流经验,分析形势,进一步明确任务、强化措施,加快推进全省区域发展战略实施。中共山东省委书记、省人大常委会主任姜异康,省委副书记、省长郭树清出席会议并讲话,副省长夏耕谈了意见,山东省发改委主任、省区域办主任张务锋通报了“蓝黄两区”《规划》实施检查推进工作有关情况。

后　记

黄河三角洲高效生态经济区建设上升为国家战略以来，中共山东省委、山东省人民政府高度重视，深化思路，强化措施，统筹全省之力谋篇布局、强力推进，全省各市各部门埋头苦干、锐意进取。五年岁月，弹指一瞬，黄河三角洲高效生态经济区已发展成为全省经济社会发展的新引擎、实施创新驱动发展战略的新平台、生态文明建设的新典范，得到了国家有关部委的充分肯定，中组部、国家发改委把黄河三角洲高效生态经济区确定为全国区域经济科学发展典型范例。

为总结黄河三角洲高效生态经济区五年来改革增动力、创新谋发展的科学规律，进一步鼓舞干劲、提神凝气，推动全省跨越发展，山东省区域发展战略推进办公室编辑出版了《走向高效生态之路——黄河三角洲高效生态经济区发展规划实施五年回顾与展望》一书。在本书的编辑过程中，山东省发展改革委、区域办高度重视，加强指导，研究确定了本书的大纲框架、典型案例，省区域办黄三角建设指导处和东营、滨州、潍坊、德州、淄博、烟台市区域办工作人员，山东大学山东发展研究院的有关专家负责具体编写。编写工作自2015年4月到2015年12月，历时9个月时间，期间编写组深入黄河三角洲高效生态经济区各市县调研观摩，组织相关部门人员座谈，在分析挖掘相关数据基础上，注重普遍规律的提示和归纳，突出典型个案的解剖分析，于2015年9月形成本书初稿，而后在广泛征求相关市县等单位意见基础上，经过多次修改形成了本书。

山东省发展改革委主任、省区域发展战略推进办公室主任王忠林高度重视本书的编辑工作，对编写工作提出了明确要求；省发展改革委副主任、省区域发展战略推进办公室常务副主任秦柯，省区域发展战略推进办公室副主任梁文跃、李永红，省发改委总经济师李涛亲自指导编写工作，提出了很多宝贵的意见。

本书由山东省区域办黄三角建设指导处负责统筹、协调编写工作，综合协调处梁金光处长、沈秀莉副处长对书稿进行了认真审阅，李晓冬、项国峰、王洪兴、刘光良、王彦金、李国峰和山东大学山东发展研究院的专家学者参与了本书的编写工作，各市县提供了大量详实的基础数据和资料，在资料整理方面做了艰苦细致的工作，在此一并深致谢意！由于时间仓促，书中难免存在错误和疏漏之处，敬请广大读者批评指正。

编　者

2016 年 1 月

图书在版编目(CIP)数据

走向高效生态发展之路:《黄河三角洲高效生态经济区发展规划》实施五年回顾与展望/王忠林主编.
—济南:山东大学出版社,2016.2
ISBN 978-7-5607-5497-0

Ⅰ.①走… Ⅱ.①王… Ⅲ.①黄河—三角洲—生态经济—区域经济发展—研究 Ⅳ.①F127.52

中国版本图书馆 CIP 数据核字(2016)第 021622 号

责任编辑:米克荣
封面设计:曲永欣
美术编辑:牛 钧

出版发行:山东大学出版社
社 址 山东省济南市山大南路 20 号
邮 编 250100
电 话 市场部(0531)88364466
经 销:山东省新华书店
印 刷:济南新科印务有限公司
规 格:720 毫米×1000 毫米 1/16
16 印张 296 千字
版 次:2016 年 2 月第 1 版
印 次:2016 年 2 月第 1 次印刷
定 价:32.00 元
